行业生命周期
影响复杂债务融资行为：
理论与实证

HANGYE SHENGMING ZHOUQI
YINGXIANG FUZA ZHAIWU
RONGZI XINGWEI：
LILUN YU SHIZHENG

梅波 王焦／著

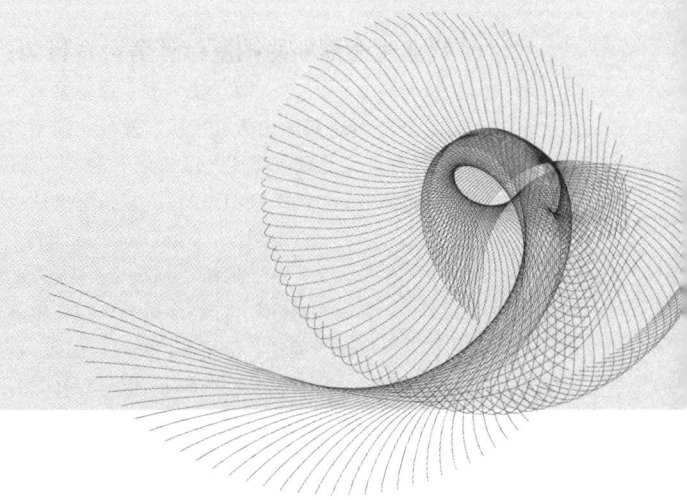

中国财经出版传媒集团

经济科学出版社
Economic Science Press

图书在版编目（CIP）数据

行业生命周期影响复杂债务融资行为：理论与实证/梅波，王焦著.
—北京：经济科学出版社，2018.7
ISBN 978-7-5141-9597-2

Ⅰ.①行⋯ Ⅱ.①梅⋯ ②王⋯ Ⅲ.①企业债务-企业融资-研究 Ⅳ.①F275.1

中国版本图书馆 CIP 数据核字（2018）第 175807 号

责任编辑：王柳松
责任校对：隗立娜
责任印制：邱　天

行业生命周期影响复杂债务融资行为：理论与实证

梅　波　王　焦　著

经济科学出版社出版、发行　新华书店经销
社址：北京市海淀区阜成路甲 28 号　邮编：100142
总编部电话：010-88191217　发行部电话：010-88191522
网址：www.esp.com.cn
电子邮箱：esp@esp.com.cn
天猫网店：经济科学出版社旗舰店
网址：http://jjkxcbs.tmall.com
固安华明印业有限公司印装
880×1230　32 开　8 印张　240000 字
2018 年 7 月第 1 版　2018 年 7 月第 1 次印刷
ISBN 978-7-5141-9597-2　定价：46.00 元
（图书出现印装问题，本社负责调换。电话：010-88191510）
（版权所有　侵权必究　举报电话：010-88191586
电子邮箱：dbts@esp.com.cn）

基金项目：感谢教育部人文社会科学研究项目"复杂环境下厘清多周期叠加的债务资源错配机理及风险防控机制研究"（17YJC790108）和重庆市教育委员会人文社科重点研究基地项目"经济新常态下融资模式创新驱动重庆市产业发展的路径研究"（16SKJD19）的资助。

前　言

　　公司财务和产业组织的交叉融合,是学者们关注的重要领域。不同行业发展阶段在公司行为中产生了重要作用,认识行业发展的客观规律对于资源的优化配置是有益的。融资行为是公司资金运营的重要方面,债务融资尤其关键,其有效配置是公司绩效产生的重要渠道之一。行业效应作用于公司的债务融资行为,影响债务资源的优化配置,进而对价值创造产生效应的内在机理,但现有文献忽视了这方面的研究。为进一步探寻价值创造的内在机理,本书的研究路径是分析我国的市场化进程、国有控股公司和非国有控股公司、中央控股公司和地方控股公司、股权分置改革等制度环境下行业生命周期对债务融资结构、债务资本成本和债务代理成本的效应,以期发现行业生命周期作用于价值创造的内在理论机理。

　　本书首先,阐述了研究的背景、目标和意义,确立了研究思路和研究框架,阐述了研究方法、技术路线、主要内容和可能的创新。其次,对与本书研究主题相关的理论进行溯源,相关的重要文献进行了系统的归类、分析和述评,为本书进一步分析奠定了理论基础和文献基础。实证分析不同行业生命周期对债务内部结构、债务资本成本和债务代理成本的效应,体现出行业生命周期对于复杂债务资源优化配置的重要性。

本书通过理论分析并提出研究假设,然后,运用上市公司和非上市公司的数据构建单阶段模型或两阶段模型对研究主题进行了实证检验。通过理论与实证研究主要得出以下结论:

本书第 1~4 章分别为导言、理论溯源、文献述评和制度环境。

(1) 第 5 章通过分析委托代理、信息不对称等理论因素和制度因素在债务结构配置中具有重要作用,研究发现,成长期行业的资产负债率相对更低,衰退期行业的资产负债率相对更高;在市场化程度越高地区的成长期行业,对资产负债率的影响越显著。在资产负债率一定的情况下,相比于非成长期行业,成长期行业的债务期限更长。市场化程度越高地区的公司,长期债务比例越低。市场化程度越高地区的行业特征,对债务期限的影响越显著。相对于民营企业,国有企业更能获取债务资源以及获取债务的期限更长。

本书同时还对中国公司的终极控制人差异、股权分置改革和货币政策变化做出了进一步分析,发现中央控股的上市公司其债务率更高、债务期限更长,中央控股上市公司比地方控股上市公司能够获得更多的债务资源。行业效应在地方控股上市公司中的市场化程度较高组中更显著。在非成长性行业中,中央控股上市公司和地方控股上市公司具有显著差异。在股权分置改革后,公司债务融资比例增加,股权融资偏好下降,债务融资上升,但在债务融资中,长期债务占总债务的比率下降了。在股权分置改革之前,市场化程度越高的地区行业特征更显著,而在股权分置改革之后,市场化程度分组下的差异并不明显。货币政策处于紧缩时,贷款利率越高,长期债务比例越低,融资成本的提高降低了对长期债务的获取,此现象在股权分置改革之后更加明显。研究从行业的层面在一定程度上支持理论模型提出的清算风险等假说(Diamond,1991a;Flannery,1986)。同时,也有助于理解我国不同行业生命周期对债务融资结构的效应。

(2) 第 6 章分析不同行业生命周期对债务来源结构的效应，在商业信用的融资相对优势假说和信贷配给假说等理论分析的基础上，通过多种计量模型研究发现，相比成熟期行业和衰退期行业，成长期行业的商业信用比例更低；商业信用是一种建立在信用基础上的债权债务契约，组织之间信用可靠程度在市场化程度越高的地区更高，所以，市场化程度高的地区的公司其商业信用高的比例越大；在资产负债率一定的情况下，商业信用与银行贷款存在替代效应；依据商业信用融资相对优势假说，相比成熟期行业和衰退期行业，成长期行业缓解了银行贷款对商业信用的替代效应；银行资源存在向大城市和发达地区集中的趋势，市场化程度越高地区的公司加剧了银行贷款对商业信用的替代效应；相对企业成长性特征，行业特征对债务来源的影响效应更大。在股权分置改革之后，商业信用比例增加，另外，行业效应在股权分置改革之后的市场化程度更低的地区更显著。研究有助于理解不同行业生命周期对债务来源结构效应的理论机理。

(3) 第 7 章从理论角度与实证角度分析行业生命周期影响债务资本成本。生命周期的早期阶段信息不对称比较严重 (Petersen and Rajan, 1994)，清算风险较高的公司会尽量选择期限较长的债务，但面临着贷款利率较高的风险 (Diamond, 1991a)，通过两阶段模型发现，相比于非成长性行业，成长性行业的利息率更高，债务资本成本更大；相比于非成熟性行业，成熟性行业的利息率更低，债务资本成本更小；衰退期行业的利息率偏高。市场化程度越高的地区行业特征表现得越明显，市场化越低地区的政府干预可能成为行业特征发挥效用的替代机制。国有企业贷款利率更低，市场化程度较低的地区产权性质特征越明显。

进一步分析发现，中央控股的上市公司其贷款利息更低，中央控股的上市公司比地方控股的上市公司能够获得更多贷款优惠。行业效应在地方控股的上市公司中的市场化程度较高组中更显著。在股权分置改革之后，债务资本成本呈现增长趋势，成长性行业其债务资本成本越高，成熟性行业其债务资本成本越低，而在股权分置改革之前并不显著，行业特征在其后更加明显。在股权分置改革之后的市场化程度越低的地区，产权性质仍然在资源配置中具有重要的作用，越是国有企业其贷款成本越低。在货币政策紧缩时期，经济形势比较低迷，行业特征的效应更加明显；而在货币政策比较宽松的时期，行业特征的效应并不明显，产权性质效应更大，产权性质效应在一定程度上替代了行业特征效应，更能发挥资源配置的效应。

(4) 第8章对不同行业生命周期影响债务代理成本进行了理论分析，在不同行业发展阶段，信息不对称存在差异，信息不对称下委托代理问题可能导致资产替代或投资不足等损害债权人利益的行为，有损于公司的整体价值（Jensen and Meckling, 1976; Myers, 1977）。结合理论模型提出的信贷配给假说（Stiglitz and Weiss, 1981）等提出本书的研究假设，研究发现，越是成长性行业，其投资风险性更大，资产替代现象越严重；而成熟期和衰退期其变异系数更小，资产替代现象相对不严重。市场化程度越高，其投资风险性越小，资产替代现象越不严重；在市场化程度高的地区，行业特征比较明显。成长性行业与投资不足正相关，投资不足问题越严重，债务代理成本更高；而成熟期和衰退期的投资不足问题较少，债务代理成本相对较低。市场化程度越高，投资不足问题越不严重；在市场化程度高的地区，行业特征还是比较明显的。进一步分析发现，在股权分置改革后，投资风险性降低、资产替代行为减少；在货币政策紧缩时期，贷款利率越高、资产替代行为越低，而在货币政策相对宽松时期，则相反。在股权分置改革之后，投资不足现象减少，债务代理成本降低；在货币政策紧缩时期，投资不足问题较轻，对债权人利益的侵害更小。

本书明晰了行业生命周期效应在企业价值创造中具有重要性，实现路径之一是行业生命周期效应作用于债务融资行为，体现其价值效应，现实中各会计主体应该重视不同行业的债务资源优化配置，以期能够更好地实现价值最大化。本书发现，成长性较好的行业其债务率不能太高，债务期限也不能过短。行业层面的证据在一定程度上支持理论模型提出的信贷风险假说和清算风险假说（Stiglitz and Weiss，1981；Diamond，1991a），拓展了行业生命周期、债务内部结构、债务资本成本和债务代理成本等方面的文献。

本书通过对研究主题进行分析，丰富了生命周期演化论下不同行业发展阶段作用于债务融资行为的效应机理和理论依据，在一定程度上丰富了战略管理作为连接中观行业与微观复杂债务融资行为的理论依据。在理论分析基础上还得出了一系列研究结论和启示，当然研究也存在一定的局限性。总之，本书的研究具有一定的理论意义与实践意义，是对研究主题的一次有益探索。

梅 波 王 焦
2018 年 2 月

目 录

第1章 导言 ··· 1
  1.1 研究背景和目标 ····································· 1
  1.2 研究意义 ··· 7
  1.3 研究方法、技术路线、主要内容及可能的创新 ······ 7

第2章 理论溯源 ··· 12
  2.1 生命周期演化论 ···································· 12
  2.2 战略管理理论 ······································ 14
  2.3 融资结构理论 ······································ 18
  2.4 信息不对称下的信息传递理论 ···················· 20
  2.5 委托代理理论 ······································ 21

第3章 文献述评 ··· 24
  3.1 中观行业的重要性 ································· 24
  3.2 产品市场与金融市场存在效应 ···················· 26
  3.3 行业生命周期揭示了行业发展的规律 ············ 26

3.4 行业生命周期测度 ·················· 28
3.5 企业增长机会与融资结构 ············· 32
3.6 市场有效性与融资效率 ·············· 33
3.7 债务融资重要性和债务成本 ············ 35
3.8 述评结论 ····················· 38

第4章 制度环境 ···················· 39
4.1 市场化进程差异 ·················· 39
4.2 终极控制人差异 ·················· 45
4.3 股权分置改革 ··················· 48

第5章 行业生命周期对融资结构和债务期限的效应 ······ 51
5.1 理论分析与研究假设 ··············· 52
5.2 实证分析 ····················· 57
5.3 本章小结 ····················· 119

第6章 行业生命周期对债务来源结构的效应 ·········· 121
6.1 理论分析和研究假设 ··············· 122
6.2 实证分析 ····················· 125
6.3 稳健性检验 ···················· 146
6.4 本章小结 ····················· 147

第7章 行业生命周期影响债务资本成本的理论与实证 ····· 149
7.1 理论分析与研究假设 ··············· 149
7.2 实证分析 ····················· 153

7.3 稳健性检验 …………………………………………… 177
7.4 本章小结 ……………………………………………… 177

第8章 行业生命周期影响债务代理成本的理论与实证 …… 179
8.1 理论分析与研究假设 ………………………………… 179
8.2 实证分析 ……………………………………………… 183
8.3 稳健性检验 …………………………………………… 212
8.4 本章小结 ……………………………………………… 212

第9章 全书研究结论 ……………………………………… 214
9.1 研究结论 ……………………………………………… 214
9.2 研究启示 ……………………………………………… 218
9.3 研究的局限性与后续研究方向 ……………………… 220

参考文献 ……………………………………………………… 221

第1章

导　言

1.1　研究背景和目标

1.1.1　研究背景

行业选择在人生命运中具有重要性，对于企业而言，同样存在类似的问题。认识行业发展的客观规律是很重要的，尤其对于政府制定科学的行业发展规划以及企业制定发展战略具有重要意义。可见，不同行业生命周期特征在公司行为中产生了重要效应。

行业效应在公司绩效中发挥了重要的作用（McGahan and Porter，1997；Misangyi et al.，2006；Karniouchina et al.，2013）。公司绩效差异的主要来源首先为行业，其次为公司和业务部（Business Segment）的观点，得到了产业经济学和战略管理研究者的认可（Misangyi et al.，2006）。研究表明，行业、公司环境和业务部对公司绩效存在效应，三者发挥着重要作用，尤其是投资者考察公司绩效时应考虑行业效应和公司环境（Misangyi et al.，2006）。研究表明，行业直接影响了业务利润的19%；行业影响了股东对业务利润的影响；行业的影响比业务所属特征的影响更久远（McGahan and Porter，1997）。可见，行业效应在价值创造中具有重要作用。另外，前述案例表明，认识行业发展的客观规律是很重要的，尤其对于政府制定科学的行业发展规划以及企业制定发展战略具有重要的意义。总之，行业效应在公司行为中产生了重要作用，认识行业发展的客观规律对于资源的优化配置是有益的。

　　融资行为是公司资金运营的重要方面，债务融资尤其关键，其有效配置是公司绩效产生的重要渠道之一，存在行业效应作用于公司的债务融资行为，进而对价值创造产生效应的内在机理。世界上主要国家的债务融资比例较大，如美国的债务融资比例为66.1%、日本为66.8%、德国为72%、法国为68.8%、意大利为67.4%、英国为57.8%、加拿大为60.3%（Rajan and Zingales，1995）。另外一些欧洲国家上市公司债务率的均值分别是，比利时为59%、芬兰为51%、法国为57%、德国为54%、意大利为57%、葡萄牙为62%；而非上市公司债务率的均值分别是比利时为72%、芬兰为65%、法国为71%、德国为73%、意大利为81%、葡萄牙为72%（Joeveer，2013）。可见，债务融资比例在融资结构中的比例较大。全球的公司平均负债率为53.1%，国内主板上市公司的平均负债率为55.96%（周业安等，2012），另外，本书收集中国工业企业数据库中2005~2010年的1 551 789个公司的年度样本发现，资产负债率的均值为55.7%，中位数为57.1%，数据表明无论是上市公司还是一般的非上市公司其债务融资比例均较高。

　　总之，债务融资已经成为公司融资渠道的主要方面，债务融资结构和成本也成为大家的重点关注对象，2009~2011年共有

129篇文章发表在《金融杂志》《金融经济学杂志》《金融研究评论》(Journal of Finance, Journal of Financial Economics and Review of Financial Studies),可见,此领域的研究是如此有趣和重要(Denis,2012)。在现实中,企业最佳债务融资比例是多少,确定不同行业与之相匹配的企业债务率等问题尚未解决,形成了"资本结构之谜"(Myers,1984;Berens and Cuny,1995;Devos et al.,2012;Strebulaev and Yang,2013)。然而,债务融资内部不同债务期限以及多种债务来源为什么会存在,单一存在或同时并存,其最佳比例如何等问题尚未解决,适当的债务融资能够增加企业价值,但债务过度也会使其结构不合理,所以探寻"债务内部结构之谜"已成为广大学者关注的焦点。

长期以来,资本结构属于公司财务的研究范畴,行业成长性特性则属于产业组织理论的研究范畴,这两个概念看似属于不相关的学科。但从布朗德和刘易斯(Brander and Lewis,1986)在《美国经济评论》上发表的"独占与财务结构:有限责任效应"开始,学者们的研究范围涉及公司财务和产业组织理论的交叉融合,成为其关注的重要领域。之前关注更多的是企业成长性特征,企业成长性与融资结构间效应(Myers,1977;Myers and Majluf,1984;Kim and Sorensen,1986;Titman and Wessels,1988;Berger and Udell,1998;Hovakimian et al.,2004;Barclay et al.,2006;Hirsch and Walz,2009;Chakraborty,2009;Robb and Robinson,2009;Bulan and Yan,2009;等),而对于行业成长性特征的探讨较少。

行业生命周期揭示了行业发展的客观规律,戈特和克莱珀(Gort and Klepper,1982)分析了产品创新和行业发展的关系,提出了行业发展规律的周期特征。行业从发展、成熟到衰退的过程时常表现出行业产量、企业数量等发生变化,体现出行业不同发展阶段的内部特征是存在差异的(Klepper and Graddy,1990;Jovanovic and MacDonald,1994;Agarwal and Gort,1996;Klepper，1996；Bhaskarabhatla and Klepper，2014，等）。围绕行业进入与退出的研究，通过创新进入率迅速上升（Gort and Klepper，1982；Jovanovic and Macdonald，1994；等），当行业处于高销售价格和低发展成本时，也能引起更多的行业进入（Bayus et al.，2007）。在行业维持方面，进入时机很重要，更早进入某行业存在更高的生存率。行业先进入者在产品设计上占主导地位，另外，后进入者在技术学习、营销和分销互补上也存在劣势（Suárez and Utterback，1995；Buenstorf，2007；Rothaermel and Hill，2005；Sosa，2009；Taylor and Helfat，2009；等），技术创新有利于保持生存能力，避免失败（Agarwal，1996；Cefis and Marsili，2006；等）。

在行业生命周期与企业行为方面，哈里斯和拉维夫（Harris and Raviv，1991）总结出广泛认同的一些行业，如医药、仪器、电子和食品行业的财务杠杆比率较低，而造纸、纺织品、钢铁、航空和水泥行业的财务杠杆较高。管制行业（电信、电力、煤气和航空）的财务杠杆比率是最高的（Bradley et al.，1984）。姜付秀，刘志彪和李焰（2008）从产品市场竞争、成长机会、资产流动性等行业特征进行分析，发现我国不同行业之间的资本结构具有极大的差异。陆正飞和辛宇（1998）认为，行业周期阶段存在差异，在同一时期，不同行业所处的周期阶段存在差异，处于不同周期阶段的行业会具有不同的经营风险等级。由于预期的财务拮据和代理成本的存在，经营风险大的行业中的企业就不能过多负债。研究人员通常利用设置虚拟变量删除行业的固定效应，利用剩余的变化来测试公司特征对财务政策的影响，然而这种做法并没有体现行业如何影响公司的财务结构（MacKay and Phillips，2005）。

近年来，国内才开始探讨行业特征影响财务杠杆的问题，郭鹏飞和孙培源（2003）研究了资本结构的行业特征，指出其存在显著的差异，但并没有具体指出导致此差异的具体因素。姜付秀和刘志彪（2005）及闵丹和韩立岩（2008）研究了企业资本结构与行业周期之间的关系，但主要是基于总债务问题的探讨，缺乏更深入的内部结构问题探讨，更少见嵌入市场化进程、产权性质和股权分置改革等进行探讨。

萨缪尔森（Samuelson，2013）解释了效率的内涵。公司融资过程将发生一定的融资成本并产生一定的融资风险，体现出一定的融资效率（高西有，2000；佘运久，2001；杨兴全，2005；田满文，2009；朴哲范，2011）。公司债务融资是公司融资的重要类型，债务融资效率在某种程度上表现为债务融资产生一定的债务融资成本和一定的债务融资风险，具体的财务特征则表现为事前的债务资本成本和事后的债务代理成本。事前债权人为获取信贷资源而付出的资金成本形成债务资本成本，事后由于债权人和公司之间存在信息不对称而发生的损害债权人利益的行为形成了债务代理成本，这一部分成本往往可能是难以观测的，这是两种不同类型的成本。我国公司债券市场不发达，债务的表现形式更多地为银行借款和商业信用，一般来讲，商业信用的融资成本较低，还存在商业折扣等，所以有息债务主要还是金融性负债，债务资本成本的研究更多地集中于金融机构的信贷融资等金融负债成本。

现有文献关于贷款成本高低的影响因素方面的研究，主要体现在财务信息、关系借贷、审计信息等。财务信息视角（Abdel-Khalik，1973；Blackwell et al.，1998；Berger and Udell，1992；Berger and Udell，1995；Machauer and Weber，1998；胡奕明，谢诗蕾，2005；胡奕明等，2008）、关系借贷视角（Petersen and Rajan，1994；Cole，1998；Diamond，1991b；Boot and Thakor，1994；Angelini et al.，1998；Blackwell et al.，1998；Harhoff et al.，1998；Degryse et al.，2000；Baas and Schrooten，2006）和审计信息视角（Blackwell et al.，1998；Mansi et al.，2004；kim et al.，2007）。代理人的决策会与委托人福利的决策之间存在分歧，由于这种分歧而导致委托人福利的减少也是代理关系中的一种成本，称之为剩余损失（Jensen and Meckling，1976）。债务代

理成本是比较难以观测的，债务人获取资源后由于信息不对称，债权人很难有效地监督债务人的行为，从而构成了代理成本中的剩余损失。会计主体存在资产替代和投资不足行为，在一定程度上形成了债务代理成本（Jensen and Meckling, 1976; Myers, 1977; Parrino and Weisbach, 1999; Jensen, 1986; 童盼和陆正飞，2005；江伟和沈艺峰，2005）。上述分析发现，行业生命周期对于债务代理成本和债务资本成本的作用机理如何，现有文献并没有清晰地回答。

我国各个地区的资源和地理环境均存在差异。在经济转型时期，政府与市场的关系、政府干预程度以及法治环境等，不同地区的市场化进程这几方面呈现出较大的差异。另外，我国企业产权性质和股权分置改革等环境对资源的优化配置产生了影响。本书基于我国市场化进程、股权分置改革等特征，探寻行业中观视角下行业生命周期效应在企业债务融资行为中的重要作用，行业对于债务融资结构、债务代理成本和债务资本成本的效应，以期从行业层面寻找更多的经验证据，探寻行业生命周期作用于价值创造的内在理论机理，所以，研究具有一定的理论意义和现实意义。

1.1.2 研究目标

为了进一步探寻价值创造的内在机理，本书的研究路径是分析我国的市场化进程、国有控股公司和非国有控股公司、中央控股公司和地方控股公司、股权分置改革背景下行业生命周期对债务融资结构、债务资本成本和债务代理成本的效应，以期发现行业生命周期作用于价值创造的内在机理。理论上有助于大家进一步理解"债务结构之谜"和债务资本成本及债务代理成本中的行业效应；有助于理解价值创造的深层次来源；在我国市场化进程等特征下，行业生命周期对于企业债务融资决策中的重要性和效应机理。现实中，有利于认识行业发展的客观规律，企业价值创造的内在机理；对于政府主导下科学的行业规划制定和企业发展战略制定，具有一定的现实意义。

1.2 研究意义

理论意义：为了进一步探寻价值创造的内在机理，本书研究路径是分析我国市场化进程等特征下行业生命周期对债务融资结构、债务代理成本和债务资本成本的效应，以期发现行业生命周期作用于价值创造的内在机理。本书在一定程度上有助于大家进一步理解"债务结构之谜"、债务代理成本和债务资本成本中的行业效应；有助于理解价值创造的深层次来源；行业生命周期在企业债务融资决策中的重要性和效应机理。

现实意义：在现实中，某些行业存在貌似繁荣的假象，政府主体和企业主体可能缺乏对行业自身发展的客观规律的系统的认识，导致其存在"误判"现象。所以，本书的研究在一定程度上有利于认识行业发展的客观规律，企业价值创造的内在机理；对于政府主导下科学的行业规划制定和企业发展战略制定，具有一定的现实意义。

1.3 研究方法、技术路线、主要内容及可能的创新

1.3.1 研究方法

（1）综合多学科交叉运用。

本书注重将产业经济学、财务学、战略管理学和计量经济学

等多个学科的理论进行交叉分析与运用,来诠释研究主题的相关问题。

(2) 主要采用大样本实证研究。

本书在第1~4章进行理论分析,在第5~8章采用大样本进行实证研究。计量方法:主要采用连续变量回归模型,用到调整标准误的方法,如稳健聚类公司回归、稳健聚类年度回归;固定效应模型、随机效应模型、两阶段模型进行参数估计。本书中使用的数据来源为《中国统计年鉴》、中国工业企业数据库、色诺芬(CCER)数据库、国泰安(CSMAR)数据库和樊纲等(2011)。

1.3.2 技术路线

本书的技术路线,见图1-1。

1.3.3 主要内容

本书共分为9章,具体内容安排如下:

第1章,导言。本章主要对本书的选题视角以及研究意义进行阐述。同时,围绕研究主题,对本书研究方法、技术路线、主要内容及可能的创新作出说明,最后,是对本书的主要发现及可能的创新之处进行简要概述。

第2章,理论溯源。本章结合本书研究主题涉及的相关理论如生命周期理论、战略管理理论、融资结构理论、信息不对称理论、委托代理理论和金融理论等进行阐述。

第3章,文献述评。本章结合本书研究主题涉及的主要文献进行阐述,比如,中观行业的重要性;产品市场与金融市场存在效应;行业生命周期揭示了行业发展的规律;行业生命周期测度。由于资料获取的限制等,中外文文献在测度行业生命周期上

第1章 导言

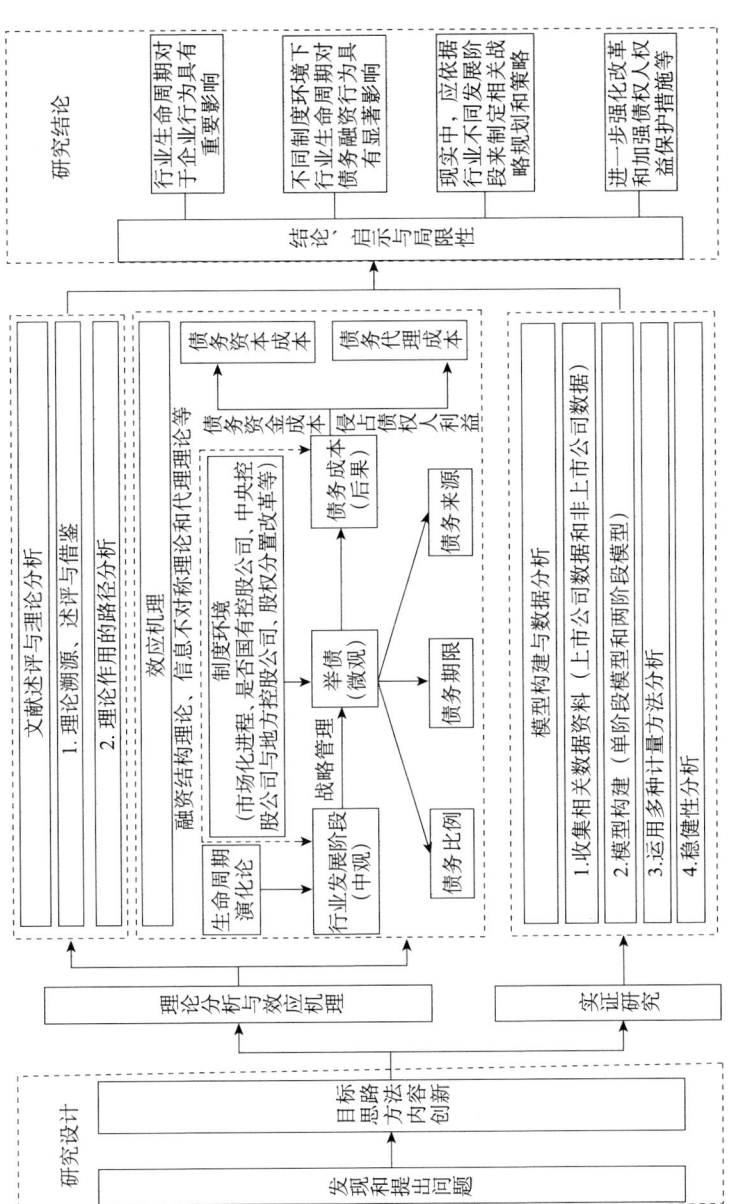

图1-1 技术路线

存在差异，并介绍本书测度行业生命周期的方法；企业增长机会与融资结构；市场有效性与融资效率；债务融资重要性和债务成本等方面进行阐述和评价。

第 4 章，制度环境。如市场化进程、国有控股公司和非国有控股公司、中央控股公司和地方控股公司、股权分置改革等制度环境的差异，导致了资源配置的不同。

第 5 章，行业生命周期对融资结构和债务期限的效应。本章的理论与实证研究将主要回答以下几个问题：（1）我国上市公司债务结构存在行业效应和区域效应吗？（2）为什么我国不同生命周期的行业其负债率、债务期限存在差异，行业效应如何影响债务资源配置？（3）为什么不同市场化进程下，同一生命周期的行业其债务期限存在差异？（4）我国市场化进程、产权性质、股权分置改革下，行业生命周期对融资结构和债务期限存在怎样的影响？

第 6 章，行业生命周期对债务来源结构的效应。本章的理论与实证研究将主要回答以下几个问题：（1）我国不同生命周期行业的债务来源存在怎样的差异？（2）不同行业生命周期下，商业信用与银行贷款之间替代效应是减弱还是加强？（3）不同市场化进程下，替代效应是减弱还是加强？（4）行业的生命周期特征与企业成长机会存在怎样的差异？

第 7 章，行业生命周期影响债务资本成本的理论与实证。本章将债务资本成本划分为全部利息、短期利息和长期利息分别进行探讨，探讨不同市场化进程和产权性质差异下，不同行业发展阶段下债务资本成本差异。同时，也探讨了股权分置改革和货币政策等差异下，债务资本成本的差异。

第 8 章，行业生命周期影响债务代理成本的理论与实证。债务代理成本主要包括资产替代和投资不足，借鉴并刻画相关变量实证分析不同市场化进程下的债务代理成本的差异。同时，也探讨了股权分置改革和货币政策差异下债务代理成本的差异。

第9章，全书研究结论。本章主要是对全书进行总结，内容包括研究结论、研究启示、研究的局限性和未来的研究方向。

1.3.4 可能的创新

可能的创新为，本书通过对研究主题的分析，丰富了生命周期演化论下不同行业发展阶段作用于债务融资行为的效应机理和理论依据，在一定程度上丰富了战略管理作为连接中观行业与微观债务融资行为的理论依据，明晰了行业生命周期效应在企业价值创造中具有重要性，实现路径之一是行业生命周期效应作用于债务融资行为，体现其价值效应。现实中各会计主体应该重视不同行业的债务资源优化配置，以期能够更好地实现价值最大化。本书发现，成长性较好的行业其债务率不能太高，债务期限也不能过短，对某些行业的债务率不合理现象具有较好的启示作用。行业层面的证据在一定程度上支持理论模型提出的信贷风险假说和清算风险假说（Stiglitz and Weiss, 1981; Diamond, 1991a），同时结合我国制度的环境进行了进一步分析。丰富了行业生命周期、债务内部结构、债务资本成本和债务代理成本等方面的文献。

第2章

理论溯源

2.1 生命周期演化论

2.1.1 演化经济学

1982年，尼尔森和温特（Nelson and Winter）出版了《经济变迁的演化理论》，标志着演化经济学的正式兴起。演化经济学的形成是由达尔文提出生物演化论发展而来的。演化经济学在经济学中是具有很好发展前景的新领域，与传统经济学相比，演化经济学注重对"变化"的研究，强调时间、历史在经济演化中的重要地位，强调事物的动态变化。演化经济学采用的是整体分析法，而主流经济学采用的是简化分析法。演化经济学对主流经济学相关假设进行了修正（Nelson and Winter，2002），对主流经济学是一种发展。演化经济学是对经济、社会、文化等事物进行演变的系统，而主流经济学是一个相对固定的静态系统。演化经济学具有分类特性，把经济系统划分为不同属性的子系统，如制度、技术和行业发展等。环境变化对组织的影响很大，存在对组织和组织内部结构的效应，具体体现在对组织的产生、发展、规模变化、稳定、衰退等具有重要影响。行业作为一种组织形态，生态环境学有利于行业演化的研究。

将演化经济学运用到具体的行业中，来描述行业的发展、变化，即行业生命周期。行业生命周期指，行业从出现到成长、成熟、衰退到最后退出社会经济活动所经历的过程，忽略了具体的企业、产品型号、质量、规格等差异，仅仅从整个行业的角度考虑问题。研究对象是企业集合形成的行业类型，区别于单一企业的发展规律。行业生命周期能够帮助企业根据行业是否处于成长、成熟、衰退或其他阶段来制定适当的战略。

2.1.2 创新和行业演化

熊彼特对创新和行业演化的关系有深入的分析，揭示了创新如何促使行业发展、结构转变等行业特征的变迁（Schumpeter，1912）。创新可以总结为两种：一种是革新速度式的创新；另一种是渐进性的创新。创新和行业演化具有以下特征：一是企业主体和个体学习过程的产物；二是在阐释行业特征这种特有的知识基础上发展的；三是对于那些拥有不同知识和能力的主体通过竞争和合作、市场和非市场、正式和非正式的互动产生的；四是在特殊环境中产生的，一些环境是广泛的，而另一些环境是具体的；五是不仅使产品和生产过程发生变化和转化，也使得行动者、相互关系、制度和知识发生变化（Malerba，2006）。创新对行业演化是具有效应的，不同行业技术、国家或地区的差异，创新对行业演化的效应是存在差异的（Pavitt，1984；Audretsch，1997；等）。创新累积到一定程度必然带来生产力的提高，产品性能的大幅度提高，具有广阔发展前景的行业的产品，从而促进了行业的发展。

行业内企业发展的差异，在一定程度上导致产业结构的变化。传统理论认为，进入壁垒主要在于设置的价格障碍可以阻碍新企业的进入。最近的研究则指出，企业有可能为了获得最大利益而在短期内定高价，在长期内允许一些新的企业进入该行业并在行业中共存。其假说是，行业结构会在很大程度上决定企业进入行业的速度（海，A. 莫瑞斯·J，2001）。①

无论是从生态环境学的视角还是组织技术创新的视角看待行业自身，可以得出的启示是行业不是与生俱来的，也不是一成不变的，更不是如股市的走势一般频繁变动，行业具有自己的发展规律。在不同行业阶段下，行业组织结构存在差异，另外市场对行业的预期也是存在差异的，内部和外部的综合差异导致了行业内部的个体组织战略会依据行业不同的发展阶段制定合适的远期发展战略和近期发展策略。

2.2 战略管理论

1965 年，美国著名学者安索夫（Ansoff）将战略一词从军事领域拓展至经济管理领域，在其著作《企业战略》一书中开始使用"战略管理"一词，将战略定义为一个主体围绕其目标和使命，制定一系列计划和方案，包括具体的方案和最终可行的实施方案。②

---

① 参见［英］海，A. 莫瑞斯·J著；张维迎等译. 产业经济学与组织下［M］. 北京：经济科学出版社，2001.

② "没有了战略，组织就像是一艘没有舵的船"——Joel Ross and Michael Kami。转引自［美］汤普森等著. 战略管理：概念与案例［M］. 北京：北京大学出版社，2009.

战略管理理论的发展，大体可以总结为行业资源学派和内部资源学派。随着产业组织理论的发展，产业经济学中的有关理论和分析方法更多地被应用到战略管理研究。行业资源学派主要是从行业所处的发展阶段、发展机会、行业结构等方面进行阐述，依据行业的不同发展阶段制定适合公司的发展战略。另外，行业结构决定了行业内的发展优势、劣势，决定了企业的发展战略及其行为，进而最终影响公司绩效（Porter，1980）。这样一种逻辑思路后来演变成行业结构—行为—绩效（SCP）模式，此模式在产业组织理论中有着广泛运用。

内部资源学派主要是从公司内部的特有资源来制定适合公司发展的计划，从而实现公司的大力发展。

温那佛特（Wernerfelt，1984）表明，公司内部资源的运用比外部资源的运用更具有优势，更能发挥主导作用，内部组织管理能力、知识的积累等是公司保持竞争力的关键。

巴尼（Barney，1991）表明，公司资源包括公司所控制的、能用于制定和实施战略来提高效率的所有财物、综合能力、企业特质、组织结构、知识等。

安米特和斯哥美克（Amit and Schoemaker，1993）表明，公司资源是被公司所拥有或控制的有形资产和无形资产，能够为公司的发展提供服务的那些资源。

巴尼（Barney，1991，1995）表明，公司资源应该具有以下特征：（1）公司资源是有价值的，能够缓解外部环境变化带来的风险；（2）公司资源是公司具有一定特质的资源，具有稀缺性；（3）公司资源应该是不可完全被仿造，具有不可复制性；（4）公司资源不能被其他资源所替代。

内部资源的有效开发和运用能够给企业带来更好的发展，但公司不是孤立存在的，公司一般从属于某个行业组织，该行业组织，有着自身的发展阶段。在不同的发展阶段下企业的竞争对手是不同的，影响了公司的战略战术，所以，不同行业组织阶段下的企业应该依据行业环境的变化来制定合理的企业规划。行业因素作为外部环境中的重要部分，严重影响了公司的发展，但是外部环境还有很多种类，如公司外部的经济、社会、文化等环境，这些外部因素也可能影响公司的战略规划制定。比如，作为一个海外公司，如何适应不同国家或地区的经济、社会、文化等环境，只有更好地熟悉环境，掌握信息，了解行业的发展现状，发挥公司自身潜力等才能更好地运筹帷幄，见图2-1。

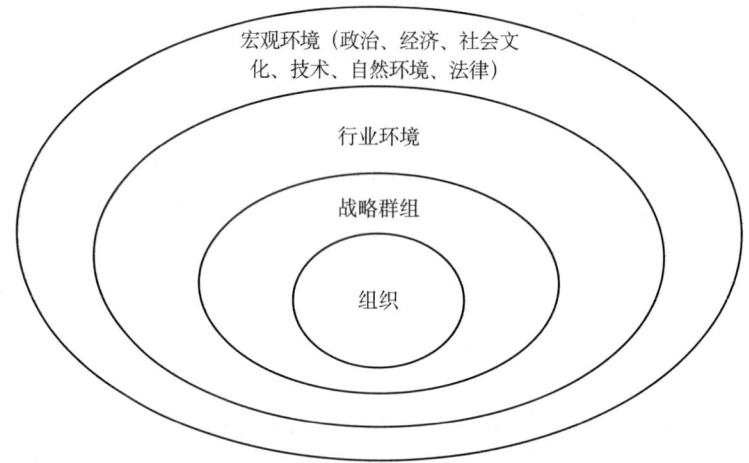

图2-1　组织的外部环境

资料来源：[美] 梅森·A. 卡彭特（Mason A. Carpenter），杰瑞德·桑德斯（Wm. Gerard Sanders）著. 战略管理：动态观点. 机械工业出版社，2009.

每个公司都是在一个宏观环境下运营的，宏观环境包括人口统计因素、社会价值观和生活方式、政府的法律法规、技术环境和行业状况等。一般来讲，外部的宏观环境对公司的业务状况影响不会太大，它只是确定公司的方向和战略优势。然而，对公司战略制定有最大影响的宏观环境因素和力量几乎总是与公司所在的行业环境有密切联系。① 另外，卡彭特和桑德斯（2009）表明，外部环境主要由两部分组成：宏观环境和产业环境。产业环境由多个战略群组组成，群组内的企业要比产业中其他企业在某些方面更加相似。

产业组织理论的战略管理模式被描述为：研究外部环境，尤其是产业环境；选择超额利润潜力巨大的产业；寻找此产业赚取超额利润所需的战略，购买实施战略所需的资产或培养所需技能；利用公司优势来实施战略；获取超额绩效。② 产业战略管理定义为产业发展战略的制定和实施，其中，产业发展战略的制定包括战略分析和战略选择。战略分析即对产业系统的内外部环境进行分析，从而确定产业发展的目标；战略选择即对达到目标的各种方案进行评价和选择；战略实施即将产业发展战略转化到产业内部各个部门，最终落实到产业中人们的行动中去（汪群等，2008）。

战略一致性是企业战略五要素之间的均衡匹配，是指与这些要素相关的职能领域，如财务、生产、营销等部门的政策相互一致，以及在公司框架下不同事业领域之间整体上相互适应。企业的成功取决于许多的关键因素在经营中的一致与平衡。从内部视角来看，一致性战略包括了战略中所有战略性、战术性和设计上的要素；从外部视角来看，一致性战略将战略与行业环境和企业未来的发展统一起来。③ 使得公司战略与具体的行业和公司形势相匹配。④ 公司所处的行业发展阶段很重要，不同行业所面临的

---

① ［美］汤普森等著. 战略管理：概念与案例［M］. 北京：北京大学出版社，2009.
② ［美］迈克尔·A. 希特（Michael A. Hitt）等著，吕巍等译. 战略管理：竞争与全球化概念［M］. 北京：机械工业出版社. 2002. 转引自汪群、丁源、张阳著. 战略管理拓展［M］. 北京：科学出版社，2008.
③ ［美］梅森·A. 卡彭特（Mason A. Carpenter），杰瑞德·桑德斯（Wm. Gerard Sanders）著. 战略管理：动态观点［M］. 北京：机械工业出版社，2009.
④ "对于一家特定的公司来说，最优的战略从根本上来说是一幢很独特的建筑，它反映了公司所处的具体环境"——迈克尔·E. 波特（Michael E. Porter）。转引自［美］汤普森等著. 战略管理：概念与案例［M］. 北京：北京大学出版社，2009.

外部环境和内部环境差异较大，微观的融资行为是公司价值创造的重要部分，如何更好地制定出适合自身行业发展的融资行为则会影响主体的价值创造，战略管理则发挥连接中观行业与微观融资行为的纽带作用。

2.3 融资结构理论

一个会计主体的融资来源主要是债务融资和股权融资，世界上主要国家的债务融资比例较大。可见，债务融资在融资结构中的比例较大，成为主导力量。适度的债务融资具有价值效应：（1）缓解企业经营资金缺失的状况。（2）具有税盾价值（Modigliani and Miller, 1963; Miller, 1977）。（3）债务融资具有公司治理价值效应，表现在：①当企业的外部融资总额和管理者的持股数量不变时，通过债务融资能间接提高管理者的持股比例（Jensen and Meckling, 1976），在某种程度上缓解了股东与管理者的利益冲突，降低了股权融资代理成本发生的概率。②清偿到期债务的硬约束，约束了企业自由现金流的支出，从而抑制了管理者的过度投资行为（Jensen, 1986），表明债务具有约束力。③企业现金流少而不能清偿到期债务时，债权人具有强制清算的权利（Harris and Raviv, 1990），更能激励管理者努力工作。债务融资和股权融资的比例如何搭配，最佳资本结构是多少，现在还是一个谜。

融资结构理论的演化：

以杜兰特（Durand, 1952）为代表的早期融资理论学派的学者们围绕其投资收益率中的核心问题——资本化率进行了探讨：融资方式的选择采用股权融资还是债务融资，其相加的总价值是一致的，此假设下采用经营净利润法；融资渠道的选择差异会导致主体总价值的差异，债务的增加有利于总价值的提高，此假设下采用净收益方法；① 另外一种观点是，债务的增加在某一时点内有利于企业价值的提升，超过某时点则会导致企业价值的降低，此观点是对净收益方法的修正。

莫迪里安尼和米勒（Modigliani and Miller，1958）将均衡理论运用于资本结构中，提出著名的无税MM定理，在一系列完美条件和假设下，证明公司的市场价值与其资本结构的配置无关，债务公司的权益成本等于同一风险等级中无债务公司的权益成本加上与其财务风险相关联的溢价。② MM定理的提出，为现代融资结构理论奠定了坚实基础，标志着现代资本结构理论的诞生。在此基础上，后来发展为税差学派、破产成本学派、权衡理论学派。

税差学派主要研究公司所得税、个人所得税和资本利得税间的税差与企业融资结构的内在关系。负债杠杆对企业价值和融资成本确有影响（Modigliani and Miller，1963；Farrar et al.，1967；Brennan et al.，1978；等）。③

破产成本学派。文献研究了企业破产成本对企业融资结构的影响（Altman，1968；Stiglitz，1974；等），表明随着债务的增加，企业财务风险也增加，从而使企业发生财务危机甚至破产的

---

① 现代投资者在实际工作中会受到环境的影响，如法律、税收、个体差异等，环境的限制给企业提供了一个通过有效的债务融资来获取收益差异的机会（沈艺峰，1999）。

② MM定理主要包括三个命题。命题1：公司的市场价值大小与其资本结构无关；命题2：每股股票未来收益率等于其同一风险等级上权益资本化率加上与其财务风险相关的溢价；命题3：公司投资决策的选择在所有风险等级下的权益资本化率，不受其投资证券类型的影响。

③ 公司价值是财务杠杆和税率的函数，债务的税收好处来自这一事实，对于任一给定的税前利润，利息支付的税收抵扣意味着更多的税后利润（Modigliani and Miller，1963）。

概率增大，最终导致破产成本的提高。①

权衡理论学派。相关文献研究表明，债务融资应进行利弊分析，主要是在税差学派提出的债务税收优惠和破产成本学派提出的债务引起破产成本之间进行权衡（Myers，1984；等）。该学派的相关文献表明，企业最佳融资结构应当在债务税收优惠和债务引起破产成本之间选择最佳点。②

2.4 信息不对称下的信息传递理论

信息不对称理论（asymmetric information theory）指，市场交易中的供求双方对于交易物品信息的了解存在差异，对信息优势的一方比较有利，而对信息缺失的一方则不利。该理论表明，市场交易中供给方比需求方更了解交易商品的信息，信息优势的一方可以通过向信息缺失的一方传递可靠的信息而受益，供求双方中信息缺失的一方会尽可能获取更多的信息以免造成更大的损失。阿可洛夫（Akerlof，1970）和斯彭思（Spence，1974）较早提出了"信息市场"概念，市场中存在不对称信息，建立了相关的信息模型。利兰德和派尔（Leland and Pyle，1977）及罗斯（Ross，1977）较早地把信息不对称运用于财务领域，探索信息不对称对于融资的效应。利兰德和派尔（Leland and Pyle，1977）模型表明，传统的财务理论一般建立在完美信息条件下，而在信息不对称的情况下，内部人对其投资项目的质量比较了解，而外

---

① 破产成本对资本结构有很大影响，债务融资不是没有边界的，一旦超过某一临界点，过度负债会导致公司财务风险的增大，不利于价值的提升（Baxter，1967）。

② 权衡理论，即债务企业的价值等于无债务企业价值加上税盾效应，减去相对应的财务困境成本的现值；最优资本结构存在于税收成本节约与财务困境成本相互平衡的临界点上。

部投资者或债权人则对其投资质量缺乏了解，市场表现出来的是其平均质量。为了缓解信息不对称，外部人会尽可能地了解其项目质量，内部人也会传递相应的信息，外部人会依据相应的信息给予资产定价。信息不对称环境下存在逆向选择问题和道德风险问题，罗斯（Ross，1977）表明，由于存在道德风险，质量差的公司也可能向市场传导出与质量较好公司较一致的信息，从而使得外部人判断其真实价值存在困难。① 相关的财务指标可以作为企业价值的传递信号，如债务水平，因为过高的债务水平与破产成本呈正相关，破产成本高，企业价值则较低。

2.5　委托代理理论

企业是由构成企业的各利益相关主体之间缔结的契约集合，企业内各利益相关主体间的契约构成了主体间的委托与代理关系，由于各主体间存在信息不对称，相互签订的合约具有不完备性，代理主体有追求私利的道德风险和逆向选择等机会主义行为。于是，为了监督、约束代理人的行为就会发生代理成本，即委托人支付的监督成本，代理人支付的保证成本和剩余损失（Jensen and Meckling，1976）。债务融资的资金提供者——债权人，把资金提供给企业，企业拥有资金的使用权，由于信息不对称，企业存在损害债权人利益的倾向，如公司投资高风险的项目以及存在非效率投资引发的投资不足等问题均损害了债权人权

---

① 在现实中，内部人为了获取外部资源存在虚构业绩等行为，此现象较普遍，但可能在不同的环境下概率的大小存在差异，如在违规成本较低的环境下内部人更具有动机，因为一旦成功，公司则获益良多；一旦失败，公司则承担较少的处罚，即违规成本与违规收益不成比例。如果违规成本大于或等于违规收益，在被发现与否的概率相同的情况下，内部人虚构信息的概率则会更小。

益。詹森和迈克林（Jensen and Meckling，1976）提出资产替代行为，当存在债务融资时所有权人和经理具有很强的激励去从事高风险投资，因为如果成功便会有高回报的收益，此收益大部分归公司所有，如果失败债权人将承担大部分损失。对于债权人而言，风险与报酬不成比例，形成了债务代理成本。梅耶斯（Myers，1977）认为，债务融资还会引发投资不足问题。因为股东控制投资决策，承担整个项目的成本，但只得到公司再增加价值的小部分，它的另一部分是与债权人共享。上述行为形成了企业的债务代理成本。詹森和迈克林（Jensen and Meckling，1976）的研究表明，代理人的决策与委托人福利的决策之间会存在分歧，由于这种分歧导致委托人福利的减少也是代理关系中的一种成本，我们称之为"剩余损失"。[①] 债务代理成本是比较难以观测的，由于信息不对称，债务人获取资源后，债权人很难有效地监督债务人的行为，从而构成了代理成本中的剩余损失。

由于契约不是无成本的签订和执行，契约全部执行成本超过了收益，产生了代理成本（Fama and Jensen，1983），[②] 契约签订之后，委托人很难准确地对代理人实施监督和控制，成本太高超过了其收益，给代理人侵占委托人利益提供了机会。

另外，制度因素对于公司行为具有重要的效应。国家对投资者的法律保护如何，可以解释一国金融体系中的各种要素，从法律对投资者利益的保护更好地理解国家间融资模式和公司治理的

[①] 剩余损失往往难以观测，事前的契约难以穷尽所有的约束，信息不对称环境下债务人存在道德风险问题和机会主义行为。事前的贷款合约可能约定债务人不能投资较高风险的项目，然而较高风险的项目本身难以界定，债权人作为外部人更无法知晓其投资的去向。我国上市公司募集资金改变投资方向的案例也较多。如2011年上证联合研究计划一项题为《蓝筹股上市公司募集资金投向变更及后果研究》的研究报告，在对沪深300指数样本股公司进行统计分析后发现，募集资金投向变更的现象在蓝筹股公司中普遍存在。

[②] Fama E. F., Jensen M. C. Agency problems and residual claims [J]. Journal of law and Economics, 1983：327 - 349.

差异（LLSV，1998）。在普通法系国家中，股权相对分散，国家对投资者的法律保护较强，内部人对小股东和债权人的利益损害较小；而在大陆法系国家中，股权相对集中，国家对投资者的法律保护较弱，内部人对小股东和债权人的利益损害可能较大，可见，法律环境对于公司的行为具有重要的效应。制度环境对资本结构具有重要的效应（Rajan and Zingales，1995；Demirguc-Kunt and Maksimovic，1999；Booth et al.，2001；Giannetti，2003；Fan et al.，2011）[①]。我国各个地区的文化、资源、地理环境均存在差异，另外，国家在改革开放的过程中针对部分地区实行了优惠政策，如特区建设、试验区设置、税收优惠政策、产业重整等区域政策，使得各个地区的市场化程度差异更大。要素市场发育指数作为市场化进程中的一部分，包括了金融业的市场化情况，另外，市场中介组织的发育和法律环境指数包括了地区法律环境的情况。可见，地区的市场化发展、法律和金融对于公司的财务行为具有重要的作用。

  本书阐述的主题主要涉及上述理论，生命周期演化论下的行业演化；公司注重行业效应的重要性，在战略管理理论下使得公司更好地发展；信息不对称下的信息传递理论和委托代理理论产生的债务代理成本；法与金融等制度因素。这些理论假说为后面的分析提供了理论指导，在一定程度上解释了我国上市公司或非上市公司中的债务融资行为。

---

  ① 如国家间制度环境的差异会影响企业的融资决策（Rajan and Zingales，1995；Booth et al.，2001）。不同国家的法律对债权人的保护程度存在差异，会影响企业的财务杠杆和债务期限（Giannetti，2003；Fan et al.，2011）。

第3章

文献述评

3.1 中观行业的重要性

德国学者汉斯·鲁道夫·彼得斯在20世纪70年代较早提出了"中观经济",区别于传统宏观经济和微观经济,中观经济主要包括行业经济和地区经济。中观经济的研究对象主要包括,国民经济中的行业经济和区域经济。中观经济是宏观经济和微观经济之间信息传导的枢纽;中观经济管理是宏观经济管理和微观经济管理相互衔接的中介;中观经济是宏观经济和微观经济相互作用的纽带。可见,中观经济在经济社会活动中具有重要作用(张朝尊,1992)。中观经济承上启下,作为宏观经济和微观经济的中间聚合体,在国民经济中具有重要地位(王慎之,1988)。行业经济是中观经济的重要部分,行业经济的研究对象是具有某些共同特征的企业经济活动的集合。既不属于宏观经济所研究的国民经济,也不属于微观经济研究的企业经济活动或居民消费行为，它是介于宏观经济和微观经济之间，属于中观经济的范畴（汪群等，2008）。刘伟等（1987）对社会主义经济从微观层面、中观层面、宏观层面进行了分析，认为产业结构是国民经济结构的核心。故中观行业在国民经济中具有重要作用。

中观层面和微观层面可以紧密联系起来，会计领域的学者已经把中观经济的概念引入会计、审计领域。如，王化成等（2012）从宏观层面、中观层面、微观层面阐述了会计指数的构建，其中，在中观层面，行业评价会计指数是利用企业会计信息编制的综合评价某一行业中企业在特定会计期间内整体经营情况和财务状况的指数。[①] 易仁萍等（2006）的研究表明，随着经济活动的聚合扩张，以宏微观为特点的传统经济学科出现了新的分野，产生了中观经济，提出中观审计作为中观经济发展产物的观点。所以，中观行业在经济社会中具有重要性，可见，把中观行业与微观的财务与会计相结合具有一定研究意义。

目前的研究主要从宏观经济政策和微观企业特征研究企业行为，而基于行业中观视角下探讨行业自身发展规律往往被忽略了。在现实中，某些行业存在貌似繁荣的假象，政府主体和企业主体可能并没有对行业自身发展的客观规律有系统地认识，导致其存在"误判"现象。从行业中观视角进行研究，在一定程度上有利于认识行业发展的客观规律，企业价值创造的内在机理；对于政府主导下科学的行业规划制定和企业发展战略制定，具有一定的现实意义。以下是相关文献回顾和述评。

---

① 另外，王化成等（2012）阐述了其中的宏观层面，价值创造会计指数是利用企业会计信息编制的反映企业经营对宏观经济的综合贡献，进而反映宏观经济运行状况的指数；微观层面，会计投资价值指数是利用企业会计信息及其市场表现构建的反映企业长期投资价值的指数。三个层面的有机结合，能够更好地反映国民经济活动。

3.2 产品市场与金融市场存在效应

从莫迪里安尼和米勒（Modigliani and Miller，1958）开始，以资本结构为主题的研究出现了，时至今日，围绕其主题的相关研究仍然不断涌现。2009~2011年，129篇文献发表在《金融杂志》《金融经济学杂志》《金融研究评论》，可见，此领域的研究是如此有趣和重要（Denis，2012）。长期以来，资本结构属于公司财务的研究范畴，行业特性则属于产业组织理论的研究范畴，看似不相关的学科。但从布朗德和勒维斯（Brander and Lewis，1986）在《美国经济评论》上发表的《独占与财务结构：有限责任效应》研究产品市场竞争和资本结构开始，学者们的研究范围涉及公司财务和产业组织理论的交叉融合，成为学者们关注的重要领域。行业效应在融资结构中发挥着重要作用，主要的研究体现在产品市场行为与财务结构相互关系上并提供经验证据（Opler and Titman，1994；Phillips，1995；Chevalier，1995；Almazan and Molina，2002；Campello，2003；Istaitieh and Rodriguez，2003；MacKay and Phillips，2005；Clayton，2009；Kayo and Kimura，2011）。研究财务决策在竞争性行业内怎样被决定（Maksimovic and Zechner，1991；Fries，Miller and Perraudin，1997；等）。

3.3 行业生命周期揭示了行业发展的规律

行业生命周期指，行业从出现到成长、成熟、衰退到最后退出社会经济活动所经历的过程，忽略了具体的企业、产品型号、质量、规格等差异，仅仅从整个行业的角度考虑问题。研究对象是一系列企业集合的整体形成的行业类型，而区别于单一企业的发展规律。行业生命周期能够帮助企业根据行业是否处于成长、成熟、衰退或其他阶段来制定适当的战略。[①] 行业生命周期比企业生命周期时间更长、范围更广，存在本质性差异。

戈特和克乐普（Gort and Klepper，1982）分析了产品创新和行业发展的关系，提出了行业发展规律的生命周期特征，中间阶段是成长期、成熟期和衰退期。围绕行业进入与退出的研究，通过创新进入率迅速上升（Gort and Klepper，1982；Jovanovic and Macdonald，1994；等）。[②] 在行业维持方面，进入时机很重要，更早进入某行业存在更高的生存率。行业先进入者在产品设计上占据主导，后进入者在技术学习、营销和分销互补上也存在劣势（Suárez and Utterback，1995；Buenstorf，2007；Rothaermel and Hill，2005；Sosa，2009；Taylor and Helfat，2009；等），技术创新有利于保持生存能力，避免失败（Agarwal，1996；Cefis and Marsili，2006；等）。在行业生命周期与企业行为方面，哈瑞斯和冉维（Harris and Raviv，1991）总结出广泛认同的一些行业，如医药、仪器、电子和食品行业，财务杠杆比率较低，而造纸、纺织品、钢铁、航空和水泥行业的财务杠杆比率较高。管制行业（电信、电力、煤气和航空）的财务杠杆比率是最高的（Bradley et al.，1984）。姜付秀，刘志彪和李焰（2008）从产品市场竞争、成长机会、资产流动性等行业特征进行分析，发现我国不同行业之间的资本结构具有极大差异。陆正飞和辛宇（1998）认

[①] 卡彭特，桑德斯（2009）表明，行业环境可以为战略领导者提供信息，并且影响企业的战略制定。当然，并不是所有的企业都会对不同的行业环境做出类似反应，但是，行业生命周期中不同阶段的状况确实为企业提供了差别化的机会和限制。

[②] 当行业处于高销售价格和低的发展成本时，也能引起更多的行业进入（Bayus et al.，2007）。

为，行业生命周期阶段存在差异，在同一时期，不同行业所处的生命周期阶段存在差异，处于不同生命周期阶段的行业就会具有不同的经营风险等级。由于预期的财务拮据和代理成本的存在，经营风险大的行业中的企业就不可过多负债。研究人员通常利用设置虚拟变量删除行业的固定效应，利用剩余的变化测试公司特征对财务政策的影响，然而，这种做法并没有体现出行业如何影响公司的财务结构（MacKay and Phillips，2005）。

近年来，中文文献开始探讨行业特征影响了财务杠杆，郭鹏飞和孙培源（2003）研究了资本结构的行业特征，指出其存在显著的差异，但并没有具体指出导致此差异的具体因素。姜付秀和刘志彪（2005）及闵丹和韩立岩（2008）研究了企业资本结构与行业周期之间的关系，但主要是基于总债务问题的探讨，缺乏更深入的内部结构问题探讨。

3.4　行业生命周期测度

行业从发展、成熟到衰退等过程，时常表现出行业产量、企业数量等发生变化，体现出行业不同发展阶段中的内部特征是存在差异的（Klepper and Graddy，1990；Jovanovic and MacDonald，1994；Agarwal and Gort，1996；Klepper，1996；Bhaskarabhatla and Klepper，2014；等）。从目前的中外文文献看，外文主要文献大多针对企业进入或退出的数量来衡量行业的不同发展阶段，而中文文献主要基于行业产量的变化来衡量行业的不同发展阶段，可能的主要原因是制度环境的差异。一是我国企业种类复杂，兼并重组的很多，因为我国的债务往往存在预算软约束，所以真正破产倒闭的企业难以得到有效的识别；二是部分数据统计不够规范，目前尚不能提供非常齐全的数据，一些国内学者寻找其他方法对行业生命周期进行衡量。如范从来和袁静（2002）、姜付秀和刘志彪（2005）及闵丹和韩立岩（2008）等采用行业产量的变化来衡量行业的不同发展阶段。

发达国家资本市场存在近百年历史，数据资料齐全，国外主要基于行业内公司进入数量或退出数量的变化来衡量行业的发展，而我国资本市场只有20多年，另外，我国上市公司数量占全部公司数量比例还很低，很难按照此方法较准确地进行衡量。划分方法主要参考了中文文献，如范从来和袁静（2002）等。鉴于划分方法在我国上市公司中的适用性，本书采用增长率产业分类法划分行业生命周期。这种方法的核心是，比较行业在两个相邻时期的增长率与相应时期所有产业部门的增长率。如果该产业部门的增长率在两个时期都显著高于平均增长率，则为成长产业；如果在前一时期高于平均增长率，而在后一时期产业部门增长率逐渐低于平均增长率，则为成熟产业；如两个相邻时期的产业部门增长率都低于平均增长率，则为衰退产业。

中国的证券市场发展从1990年开始，跨越了两个世纪，2000年作为一个分界点。① 由于中国证监会行业标准与《中国统计年鉴》中各个行业的界定并不完全一致，作者翻阅《中国统计年鉴》按照一定标准整理出各年的行业总产值，有些统计年鉴的数据一致性和披露完善性还有待提高。基于数据的可比较性，选取1994年作为起点，分成1994~2000年和2001~2009年两个阶段，按照增长率产业分类法进行比较。同时，作者又以2001年作为分界点，查阅了2010~2012年的行业总产值，增加样本值进行划分后结果基本一致，原因是行业生命周期的时间往往较长，判断出此行业属于成长性行业、成熟性行业或衰退性行

---

① 选择2000年作为分界点，能够使得后面章节实证分析的样本更多，作者同时也选择了2001年作为分界点，统计结果没什么差异。2013年的《中国统计年鉴》中，没有披露2012年的工业企业的总产值，导致2012年的行业总产值大量缺失，故暂未考虑2012年工业企业的行业总产值。

业。本书计算行业每年总产值时均剔除了通货膨胀的影响，当年实际总产值＝当年统计总产值/当年商品零售价格指数，其中，商品零售价格指数以 1978 年为基准。此方法与范从来和袁静（2002）比较类似，方法并非完全准确，只是一个宏观参考。

笔者整理后，按照以下标准计算各行业的总产值：A. 农、林、牧、渔业：包括农业、林业、牧业和渔业。B. 采掘业：煤炭开采和洗选业、石油和天然气开采业、黑色金属矿采选业、有色金属矿采选业以及非金属矿采选业。由于 1998～2002 年其他采矿业的相关数据未披露，缺乏比较所以未列入。C0. 食品、饮料：农副食品加工业、食品制造业、饮料制造业。C1. 纺织、服装、皮毛：纺织业、纺织服装、鞋、帽制造业、皮革、毛皮、羽毛（绒）及其制品业。C2. 木材、家具：木材加工及木、竹、藤、棕、草制品业，家具制造业。C3. 造纸、印刷：造纸及纸制品业、印刷业和记录媒介的复制。C4. 石油、化学、塑胶、塑料：石油加工、炼焦及核燃料加工业；化学原料及化学制品制造业；化学纤维制造业；橡胶制品业；塑料制品业。C5. 电子：通信设备、计算机及其他电子设备制造业。C6. 金属、非金属：非金属矿物制品业、黑色金属冶炼及压延加工业、有色金属冶炼及压延加工业、金属制品业。C7. 机械、设备、仪表：通用设备制造业、专用设备制造业、交通运输设备制造业、电气机械及器材制造业；通信设备、计算机及其他电子设备制造业、仪器仪表及文化、办公用机械制造业。C8. 医药、生物制品：医药制造业。D. 电力、煤气及水的生产和供应业：电力、热力的生产和供应业、燃气生产和供应业、水的生产和供应业。

《国务院批转国家统计局关于建立国家普查制度改革统计调查体系请示的通知》中关于实施工业普查的决定，1995 年为第三次全国工业普查年，国务院已于 1995 年 1 月 1 日发出了《关于进行第三次全国工业普查的通知》。基于数据的可比较性，选取 1994 年作为起点。依据《中国统计年鉴》中 2005 年信息以及第一次全国经济普查结果,增加了 2004 年国内生产总值行业构成资料和全口径工业主要统计指标按注册登记类型、行业分组的资料,对能源生产和消费、部分工业产品产量、社会消费品零售总额以及相关的国民经济核算指标的历史数据进行了调整。同时,还将 2003 年因经济普查而简化的工业、建筑业、房地产投资业和批发零售贸易业等资料恢复为正常年报内容。作者发现,2004 年与 2003 年之前的数据差异较大,2004 年和 2005 年的行业增长率差异太大,如 C2. 木材、家具,2004 年的增长率为 0.986 631,而 2005 年的增长率为 -0.076 94;C3. 造纸、印刷,2004 年的增长率为 0.564 734,而 2005 年的增长率为 -0.027 368,故未考虑 2004 年和 2005 年的行业增长率。在资料缺失的情况下,这种方法得到广泛运用,虽然并非完全准确,但可能是一种比较好的选择,也许是一个较好的宏观参考。行业生命周期阶段划分,见表 3-1。

表 3-1　　　　　　　　行业生命周期阶段划分

行业生命周期	行业名称
成长阶段	C5. 电子、C8. 医药生物制药、F. 交通运输仓储业、G. 信息技术业、K. 社会服务业、L. 传播与文化产业
成熟阶段	B. 采掘业、C0. 食品饮料、C2. 木材家具、C3. 造纸印刷、C4. 石油化工塑料橡胶、C6. 金属非金属、C7. 机械设备仪表、C9. 其他制造业、D. 电煤水的生产和供应业、M. 综合类
衰退阶段	A. 农林牧渔、C1. 纺织服装皮革、E. 建筑业、H. 批发零售业

注:部分行业由于缺乏比较基础,参考相关文献,姜付秀,刘志彪(2005)认为,由于缺乏比较的基础,将其他制造业以及综合类上市公司归为成熟性产业。交通运输、仓储业参考姜付秀和刘志彪(2005)、闵丹和韩立岩(2008)划分出成长性行业。G. 信息技术也缺乏比较基础,与电子行业发展类似定性为成长性行业;K. 社会服务业;L. 传播与文化参考闵丹和韩立岩(2008)定性为成长性行业。另外,其中,建筑业以及批发和零售由来已久,按照闵丹和韩立岩(2008)计算划分为衰退性行业。

资料来源:笔者整理。

3.5　企业增长机会与融资结构

梅耶斯和迈克洛夫（Myers and Majluf, 1984）发现，存在预期增长机会的公司会保持低杠杆来避免与新权益资本带来新的逆向选择和道德风险冲突。高成长性企业趋向于使用更少的负债（Kim and Sorensen, 1986）。成长的机会是资本资产有助于增加价值，但不能被抵押，不产生当期纳税收入（Titman and Wessels, 1988），这也表明债务和成长机会呈负相关关系。倍格和俞德（Berger and Udell, 1998）以小型企业为对象，分析了融资结构随着企业规模和年龄的变化而不同，证实了融资周期的存在，认为公司从初期开始，依靠最初的内部融资、风险资本和贸易信贷，以及后来的中期银行贷款和 IPO 融资。卢斯班德和凯斯沃德（Ruth Bender and Keith Ward, 2003）在其《公司财务战略》（*Corporate Financial Strategy*）一书中认为，成长性企业经营风险较大，财务风险会较低。胡娃堪绵等（Hovakimian et al., 2004）发现，更高的市场前景好的公司有更低的资产负债率。[1] 芭克雷等（Barclay et al., 2006）分析了随着成长预期的增加，投资不足和债务代理成本会增加，自由现金流会下降。如果企业价值随着成长期权而增加，那么最佳债务水平也下降，即财务杠杆与增长机会负相关。基于初始阶段和扩展阶段建立模型，分析了公司融资决策的周期模式与未来的增长和发展间的相互作用（Hirsch and Walz, 2009）。处于信息不对称环境下，债权人可能会限制

---

[1] 正如梅耶斯（Myer, 1977）认为，财务杠杆的成本之一，过度杠杆的公司应适当放弃一些有价值的投资项目。为了最大限度地减少未来投资不足的预期成本，有价值增长机会的公司有相对较低的目标债务比率。

投资，从而抑制公司的成长机会（Chakraborty，2009）。如博和若宾逊（Robb and Robinson，2009）利用考夫曼（Kauffman）公司的调查数据，发现初始期的公司严重依赖外债来源，如银行融资，而不是来自朋友和家人的经济资源。布兰和颜（Bulan and Yan，2009）表明，增长企业与成熟企业相比需要更多的外部融资和更小的债务容量（debt capacities），意味着增长的企业将更容易达到其债务容量，成熟的企业则相反。

3.6 市场有效性与融资效率

法码（Fama，1970）提出了有效市场假说，表明证券价格能够充分体现所有可以获知的信息变化。① 依据市场中信息种类的差异和证券价格包含的信息含量差异，可以划分为三种类型。弱式有效市场，即过去交易的历史信息已经反映在当前的证券价格中。半强式有效市场，即证券价格既包括了资本市场的历史信息又包括了上市公司公开发布的年度报告、新闻资讯等公开信息。强式有效市场，即证券价格既包括所有的公开信息，也包括相关的内幕信息。由于信息不对称的存在，强式有效市场目前还不存在，国外的经验证据主要支持弱式有效市场和半强式有效市场。我国资本市场发展20多年来，资本市场的规模、效率、透明度、影响力、开放度大幅提升，在基础建设、体系完善、秩序维护、功能发挥等多方面取得了重要突破，初步具备了在更高层面服务经济社会发展的基础和条件（尚福林，2012），② 可见，我国资本

---

① "有效市场假说"得到了广泛运用，在其基础上发展了较多的金融理论，如资产组合理论、资本资产定价模型、套利定价模型和期权定价模型等。

② 中国证券监督管理委员会编．中国资本市场二十年［M］．北京：中信出版社，2012．

市场取得了一定的发展，对资源的优化配置能够发挥一定的作用。

效率概念由经济学家帕累托（Pareto）提出，即对于某种资源的配置，如果不存在其他生产上可行的配置，使得该经济中的所有个人至少和他们初始时的情况一样良好，而且至少有一个人的情况比初始时更好，那么资源配置就是最优的。[①]萨缪尔森表明，在资源和技术既定的条件下，如果一个经济体能够为消费者最大可能地提供各种物品和劳务的组合，那么该经济体就是有效率的。[②]一个更精确的定义，使用了帕累托效率（或称分配效率、帕累托最优）。[③]关于融资效率的内涵，佘运久（2001）的研究表明，企业的融资效率是指，企业能以尽可能低的成本融通到所需要的资金。杨兴全（2005）的研究表明，公司融资效率是指，公司在为生产运营融资的财务活动中所实现的效能或功效。公司融资过程将发生一定的融资成本并产生一定的融资风险，公司融资的主要微观功效就是通过融资政策的选择使公司在融资过程中产生的成本与风险最小，最终促使企业价值提高。[④]朴哲范（2011）的研究表明，企业融资效率的含义，主要表现为企业融资效率的质的方面。从企业的角度看，企业所取得的资金能否得到高效使用、所投资的项目能否获得最高的效益，直接

[①] ［英］约翰·伊特韦尔等编. 新帕尔格雷夫经济学大辞典［M］. 北京：经济科学出版社，1992。转引自杨德银. 金融效率论［M］. 北京：中国金融出版社. 1999。

[②] ［美］保罗·萨缪尔森，威廉·诺德豪斯著. 萧琛译. 经济学［M］.（第19版·教材版）. 北京：商务印书馆，2013。

[③] 当任何可能的生产资源重组都不能在不使其他人情况变坏的条件下，使得任何一个人的福利变好时，就达到了帕累托效率（Pareto efficiency）。因此，在实现了配置效率的条件下，只有降低某个人的效用才能增加另一个人的满足或效用（萨缪尔森，2013）。

[④] 高西有（2000）的研究表明，企业融资效率主要是指，企业融资能力大小及融资成本高低。田满文（2009）的研究表明，融资效率的高低直接制约农业上市公司的业绩与公司价值，研究了农业上市公司债务融资导致的代理成本问题，主要目的之一就是发现债务融资代理成本的变化规律，以促使农业上市公司适当安排融资结构，降低代理成本，进而提高融资效率，促进农业上市公司的健康发展。

决定了企业融资成本和融资效率的高低。另外，还表现在企业融资效率的量的方面。从企业自身角度看，在给定市场约束条件下融资效率量的表现，是在这个资金配置过程中，企业能否以尽可能低的成本和适度的风险融到所需要的资金。从这个意义上说，企业融资效率的提高是企业和市场相互影响的结果，需要考察企业所处的市场环境。可见，融资效率的提高与企业自身密切相关，还与其外部的行业等环境相关。公司债务融资是公司融资的重要类型，按上述学者的界定，债务融资效率在某种程度上表现为债务融资产生一定的债务融资成本和一定的债务融资风险，具体的财务特征则表现为事前的债务资本成本和事后的债务代理成本。[①]

3.7 债务融资重要性和债务成本

适度的债务融资具有价值作用：(1) 缓解企业经营资金缺失的处境。(2) 具有税盾价值 (Modigliani and Miller, 1963; Miller, 1977)。(3) 债务融资具有公司治理价值效应的，表现在：①当企业的外部融资总额和管理者的持股数量不变时，通过债务融资能间接提高管理者的持股比例 (Jensen and Meckling, 1976)，在某种程度上缓解了股东与管理者的利益冲突，降低股权融资代理成本发生的概率。②清偿到期债务的硬约束，约束了企业自由现金流的支出，从而抑制管理者的过度投资行为 (Jensen, 1986)，表明债务具有约束力。③企业现金流少而不能清偿到期债务时，债权人具有强制清算的权利 (Harris and Raviv, 1990)，更能激励管理者努力工作。

事前债权人为获取信贷资源而付出的资金成本形成债务资本

---

① 债务融资效率可能还包括其他维度，但本书主要探讨其债务成本方面。

成本，事后由于债权人和公司之间存在信息不对称而发生的损害债权人利益的行为形成了债务代理成本，这一部分成本可能往往是难以观测的，这是两种不同的成本类型。国外公司融资渠道较广泛，发行公司债券较多，公司债券成本方面的研究相对较多。而我国公司债券市场不发达，债务的表现形式更多为银行债务和商业信用，一般来讲，商业信用的融资成本较低，还存在商业折扣等，所以有息债务主要还是金融性负债，债务资本成本的研究更多的集中于金融机构的信贷融资等金融负债成本。现有文献关于贷款成本高低的影响因素方面的研究，主要体现在财务信息、关系借贷、审计信息等。从财务信息视角来看，债权人会关注债务人的财务信息状况（Abdel-Khalik，1973）。会计主体（债务人）的经营状况与贷款成本的关系，债务人的风险是个重要的因素，风险较高的债务人的贷款利率更高（Blackwell et al.，1998）。通过企业信贷相关调查发现，企业的财务指标与进行贷款付出的成本、贷款是否抵押等有关（Berger and Udell，1992，1995）。① 胡奕明和谢诗蕾（2005）的研究表明，银行的贷款利率，无论长期还是短期，都与借款企业当前财务状况和公司治理状况有一定的关系。胡奕明等（2008）的研究表明，贷款利率与借款人财务状况之间有正向压力传导效应，即业绩越好，贷款利率越低。

关于关系借贷的相关文献如下：关系借贷能够增加小企业的信用可获得性（Petersen and Rajan，1994；Cole，1998），并有助于借款人获得银行优惠利率或减少抵押品，从而降低企业的融资成本（Diamond，1991b；Boot and Thakor，1994；Berger and Udell，1995），另外，也表明债务人与债权人合作关系越长，利率可能更优惠（Blackwell et al.，1998）。关系能够降低利率，在

---

① 研究了银行贷款与债务人风险的关系，发现贷款期限不会随着债务人信用级别的变动而变化，但贷款的利率和授信的额度则会发生变化（Machauer and Weber，1998）。

学术界还是存在一定争议的，有学者发现，如皮特森和让坚（Petersen and Rajan，1994）研究表明，债务人与债权人的合作关系可能使得债权人监督成本下降，但债权人对债务人的贷款利率并没有明显降低。哈何夫等（Harhoff et al.，1998）的调查发现，与银行合作的长期化并没有显著降低贷款抵押物，反而发现随着合作的深入，贷款利率还可能上升。如在意大利银行和比利时银行中，随着合作的深入，债权人对债务人的利率反而上升（Angelini et al.，1998；Degryse et al.，2000）。另外，由于银行对中小企业有较高的监督成本，关系借贷会导致高利率的贷款（Baas and Schrooten，2006）。导致利率上升的可能原因是，随着时间的延长，债权人对债务人更加了解和熟悉。一般来讲，公司的盈利信息存在一定的盈余操作现象，当对客户的信息掌握得越多，也更了解客户，反而使得贷款变得更加谨慎。

关于审计信息的相关文献如下：经审计的企业比未经审计的企业利率显著地低（Blackwell et al.，1998）。审计师的自身素质和审计任期与债券融资成本间存在一定的关联（Mansi et al.，2004）。审计师的特征对企业贷款成本影响显著（kim et al.，2007）。审计作为一种外部监督机制，在一定程度上保证了公司财务信息的真实、客观。经过审计尤其是出具了标准审计意见的公司，应该更值得债权人信赖。

詹森和迈克林（Jensen and Meckling，1976）提出的资产替代行为。当存在债务融资时所有权人和经理具有很强的激励去从事高风险投资，因为如果成功便会有高回报的收益，此收益大部分归公司所有，如果失败债权人将承担大部分的损失。[①] 对于债权人而言，风险与报酬不成比例，形成了债务代理成本。梅耶斯（Myers，1977）认为，债务融资还会引发投资不足问题。因为股

---

① 加维什和卡莱（Gavish and Kalay，1983）研究了由债务引起的资产替代问题，发现在一定的债务水平下，债务比例的上升会加大资产替代行为的发生。

东控制投资决策，承担整个项目的成本，但只得到公司价值增加的小部分，它的另一部分是与债权人共享。运用模拟的方法，验证了股东与债券持有者之间存在投资扭曲行为（Parrino, Weisbach, 1999）。由于债务代理成本难以量化，实证检验股东－债权人对投资行为影响的研究较少（童盼，陆正飞，2005）。童盼和陆正飞（2005）及江伟和沈艺峰（2005）研究表明，我国上市公司存在股东通过高风险项目的投资侵占债权人利益的行为，存在比较严重的资产替代问题。

3.8 述评结论

综述后发现，行业生命周期方面的研究较少，把行业生命周期融入财务战略进行系统研究的则更少。在现实中，总债务内部结构存在异质性、差异巨大，不同的债务组成（如长短期债务、长短期借款、债务来源差异）和债务资本成本以及债务代理成本与行业生命周期的关系如何，并没有得到有效研究。至于嵌入市场化进程、产权性质和股权分置改革等特征则更少见。不同行业发展阶段下的成熟度、风险等存在差异，债权人在提供资金时会考察债务人所处的行业环境和内部环境等各个方面，所以，公司在不同的行业阶段理论中存在不同的债务内部结构、债务资本成本和债务代理成本。另外，由于我国地区发展差异、企业产权性质和股权改革等制度，地方政府在资源配置中的作用是存在差异的，也可能影响到债务人的债务资源配置。本书基于我国市场化差异等环境，运用数据整理出行业生命周期阶段，探寻行业生命周期效应在企业债务融资行为中的重要作用。行业对于债务融资结构、债务资本成本和债务代理成本的效应，以期从行业层面寻找更多经验证据，此研究具有一定的理论意义和现实意义。

第4章

制度环境

4.1 市场化进程差异

近年来,中国的经济总量已经上升到第二位,成为全球第二大经济体。从1978年改革开放到1992年党的十四大确立的社会主义市场经济体制的改革目标,经历了一个艰苦的较长的理论和实践探索过程。建立社会主义市场经济体制,就是要充分发挥市场在资源配置中的基础性作用,根本转变社会资源配置方式,转变企业机制,转变政府职能,培养和完善市场体系。[①] 刘伟表明,中国的经济体制改革空前地促进了中国经济的发展,无论是经济增长指标还是经济结构指标的变化,无论是经济发展程度还是社会发展水平,无论是绝对指标的进展还是相对指标的提升,

---

① 李晓西. 中国经济改革30年(市场化进程卷)[M]. 重庆:重庆大学出版社,2008.

改革开放以来中国社会经济的进步是前所未有的。[①] 我国市场经济体制还不完善，某些方面的市场化程度还很低，还需要继续推进市场化改革。[②] 市场化改革在推动经济发展中具有重要的作用，正如樊纲等[③]研究表明，从1997~2007年，市场化进程对经济增长的贡献达到年均1.45%，市场化改革推进了资源配置效率的改善，这一时期全要素生产率的39.2%是由市场化贡献的。市场化改革的作用是明显的、有效的，但是我国的市场化改革尚不完善，我国各个地区的文化、资源、地理环境均存在差异。另外，国家在改革开放的过程中，针对部分地区实行了优惠政策，如特区建设、试验区设置、税收优惠政策、产业重整等区域政策，使得各个地区的市场化程度差异也较大。正如樊纲等（2010）表明，就区域而言，市场化的进程很不平衡，在一些东部沿海省市，市场化已经取得了决定性的进展，而在其他几个省区，经济中的非市场因素还占重要的地位。

从表4-1和表4-2中可以看出，2000~2012年中国的31个省区市[④]的经济总量的数据存在巨大的差异，东部沿海地区经济总量明显比中西部的经济总量高出很多。偏远地区的经济总量最低，就2012年的数据进行比较，各地区的经济总量差异很大，可能还存在差异增大的趋势。这种各地区经济总量的差异与市场化程度是密切相关的，东部沿海省市的市场化已经取得了决定性的进展，此进展在一定程度上推动了经济的发展，经济发展较快，而相对落后的地区市场化进程较低，其经济发展受到了较大的限制。

[①] 刘伟. 经济发展和改革的历史性变化与增长方式的根本转变 [J]. 经济研究, 2006 (1): 4-10.

[②] 樊纲, 王小鲁, 朱恒鹏. 中国市场化指数 [M]. 北京: 经济科学出版社, 2010.

[③] 樊纲, 王小鲁, 马光荣. 中国市场化进程对经济增长的贡献 [J]. 经济研究, 2011 (9): 4-16

[④] 在本书中，中国的31个省区市未包含中国港澳台地区。

表4-1 2006~2012年中国的31个省区市经济总量（GDP）单位：亿元

省区市	2006年	2007年	2008年	2009年	2010年	2011年	2012年
广东	26 587.76	31 777.01	36 796.71	39 482.56	46 013.06	53 210.28	57 067.92
江苏	21 742.05	26 018.48	30 981.98	34 457.3	41 425.48	49 110.27	54 058.22
山东	21 900.19	25 776.91	30 933.28	33 896.65	39 169.92	45 361.85	50 013.24
浙江	15 718.47	18 753.73	21 462.69	22 990.35	27 722.31	32 318.85	34 665.33
河南	12 362.79	15 012.46	18 018.53	19 480.46	23 092.36	26 931.03	29 599.31
河北	11 467.6	13 607.32	16 011.97	17 235.48	20 394.26	24 515.76	26 575.01
辽宁	9 304.52	11 164.3	13 668.58	15 212.49	18 457.27	22 226.7	24 846.43
四川	8 690.24	10 562.39	12 601.23	14 151.28	17 185.48	21 026.68	23 872.8
湖北	7 617.47	9 333.4	11 328.92	12 961.1	15 967.61	19 632.26	22 250.45
湖南	7 688.67	9 439.6	11 555	13 059.69	16 037.96	19 669.56	22 154.23
上海	10 572.24	12 494.01	14 069.87	15 046.45	17 165.98	19 195.69	20 181.72
福建	7 583.85	9 248.53	10 823.01	12 236.53	14 737.12	17 560.18	19 701.78
北京	8 117.78	9 846.81	11 115	12 153.03	14 113.58	16 251.93	17 879.4
安徽	6 112.5	7 360.92	8 851.66	10 062.82	12 359.33	15 300.65	17 212.05
内蒙古	4 944.25	6 423.18	8 496.2	9 740.25	11 672	14 359.88	15 880.58
陕西	4 743.61	5 757.29	7 314.58	8 169.8	10 123.48	12 512.3	14 453.68
黑龙江	6 211.8	7 104	8 314.37	8 587	10 368.6	12 582	13 691.58
广西	4 746.16	5 823.41	7 021	7 759.16	9 569.85	11 720.87	13 035.1
江西	4 820.53	5 800.25	6 971.05	7 655.18	9 451.26	11 702.82	12 948.88
天津	4 462.74	5 252.76	6 719.01	7 521.85	9 224.46	11 307.28	12 893.88
山西	4 878.61	6 024.45	7 315.4	7 358.31	9 200.86	11 237.55	12 112.83
吉林	4 275.12	5 284.69	6 426.1	7 278.75	8 667.58	10 568.83	11 939.24
重庆	3 907.23	4 676.13	5 793.66	6 530.01	7 925.58	10 011.37	11 409.6
云南	3 988.14	4 772.52	5 692.12	6 169.75	7 224.18	8 893.12	10 309.47
新疆	3 045.26	3 523.16	4 183.21	4 277.05	5 437.47	6 610.05	7 505.31

续表

省区市	2006年	2007年	2008年	2009年	2010年	2011年	2012年
贵州	2 338.98	2 884.11	3 561.56	3 912.68	4 602.16	5 701.84	6 852.2
甘肃	2 276.7	2 702.4	3 166.82	3 387.56	4 120.75	5 020.37	5 650.2
海南	1 044.91	1 254.17	1 503.06	1 654.21	2 064.5	2 522.66	2 855.54
宁夏	725.9	919.11	1 203.92	1 353.31	1 689.65	2 102.21	2 341.29
青海	648.5	797.35	1 018.62	1 081.27	1 350.43	1 670.44	1 893.54
西藏	290.76	341.43	394.85	441.36	507.46	605.83	701.03

资料来源：笔者根据中经网统计数据库相关数据计算整理而得。

表4-2 2000~2005年中国的31个省区市的经济总量（GDP）

省区市	2000年	2001年	2002年	2003年	2004年	2005年
广东	1 0741.25	1 2039.25	1 3502.42	1 5844.6	1 8864.6	2 2557.37
江苏	8 553.69	9 456.84	10 606.85	12 442.9	15 003.6	18 598.69
山东	8 337.47	9 195.04	10 275.5	12 078.1	15 021.8	18 366.87
浙江	6 141.03	6 898.34	8 003.67	9 705	11 648.7	13 417.68
河南	5 052.99	5 533.01	6 035.48	6 867.7	8 553.8	10 587.42
河北	5 043.96	5 516.76	6 018.28	6 921.3	8 477.6	10 012.11
辽宁	4 669.1	5 033.08	5 458.22	6 002.5	6 672	8 047.26
四川	3 928.2	4 293.49	4 725.01	5 333.1	6 379.6	7 385.1
湖北	3 545.39	3 880.53	4 212.82	4 757.5	5 633.2	6 590.19
湖南	3 551.49	3 831.9	4 151.54	4 660	5 641.9	6 596.1
上海	4 771.17	5 210.12	5 741.03	6 694.2	8 072.8	9 247.66
福建	3 764.54	4 072.85	4 467.55	4 983.7	5 763.4	6 554.69
北京	3 161	3 710.52	4 330.4	5 023.8	6 033.2	6 969.52
安徽	2 902.09	3 246.71	3 519.72	3 923.1	4 759.3	5 350.17
内蒙古	1 539.12	1 713.81	1 940.94	2 388.4	3 041.9	3 905.03

续表

省区市	2000年	2001年	2002年	2003年	2004年	2005年
陕西	1 804	2 010.62	2 253.39	2 587.7	3 175.6	3 933.72
黑龙江	3 151.4	3 390.13	3 637.2	4 057.4	4 750.6	5 513.7
广西	2 080.04	2 279.34	2 523.73	2 821.1	3 433.5	3 984.1
江西	2 003.07	2 175.68	2 450.48	2 807.4	3 456.7	4 056.76
天津	1 701.88	1 919.09	2 150.76	2 578	3 111	3 905.64
山西	1 845.72	2 029.53	2 324.8	2 855.2	3 571.4	4 230.53
吉林	1 951.51	2 120.35	2 348.54	2 662.1	3 122	3 620.27
重庆	1 603.16	1 765.68	1 990.01	2 272.8	2 692.8	3 467.72
云南	2 011.19	2 138.31	2 312.82	2 556	3 081.9	3 461.73
新疆	1 363.56	1 491.6	1 612.65	1 886.4	2 209.1	2 604.19
贵州	1 029.92	1 133.27	1 243.43	1 426.3	1 677.8	2 005.42
甘肃	1 052.88	1 125.37	1 232.03	1 399.8	1 688.5	1 933.98
海南	526.82	558.41	621.97	693.2	798.9	897.99
宁夏	295.02	337.44	377.16	445.4	537.1	612.61
青海	263.68	300.13	340.65	390.2	466.1	543.32
西藏	117.8	139.16	162.04	185.1	220.3	248.8

资料来源：笔者根据中经网统计数据库相关数据计算整理而得。

从表4-3中可知，市场化总指数（totalindex）在经济发达的地区是比较高的，在经济欠发达的地区市场化指数则比较低，类似的规律也体现在分指数政府与市场关系指数（govmar），非国有经济发展指数（nonstated），产品市场发育指数（promar），要素市场发育指数（factormar），市场中介组织的发育和法律环境指数（interlaw）。正如前述市场化改革在推动经济发展中具有重要的作用，樊纲等（2011）研究表明，从1997~2007年，市场化进程对经济增长的贡献达到年均1.45%，市场化改革推进了资源配置效率的改善，这一时期全要素生产率的39.2%是由市场化贡献的。

表4-3 2009年中国的31个省区市市场化总指数和分指数

省区市	totalindex	govmar	nonstated	promar	factormar	interlaw
北京	9.87	8.95	9.57	7.47	7.09	16.27
天津	9.43	9.32	9.14	8.62	8.52	11.57
河北	7.27	8.23	10.5	7.65	4.35	5.6
山西	6.11	6.54	5.4	8.47	4.58	5.55
内蒙古	6.27	6.39	8.17	7.18	4.27	5.32
辽宁	8.76	8.2	11.02	8.39	7.71	8.46
吉林	7.09	7.73	9.03	8.93	3.77	6
黑龙江	6.11	8.18	5.76	7.2	3.44	5.96
上海	10.96	9.75	8.74	8.72	7.69	19.89
江苏	11.54	10.15	13.63	8.34	6.87	18.72
浙江	11.8	9.69	12.99	9.01	7.45	19.85
安徽	7.88	9.39	9.66	8.29	4.74	7.32
福建	9.02	9.35	11.48	8.93	7.02	8.3
江西	7.65	8.51	9.85	8.91	5.08	5.9
山东	8.93	9.07	12.22	9.6	5.59	8.18
河南	8.04	8.62	10.96	9.07	5.48	6.07
湖北	7.65	8.67	8.9	8.56	4.97	7.15
湖南	7.39	7.93	9.22	9.11	4.68	6.02
广东	10.42	9.59	12.16	9	7.39	13.99
广西	6.17	8.49	8.6	4.88	4	4.88
海南	6.4	6.96	9.35	6.57	3.85	5.25
重庆	8.14	8.9	9.79	8.05	6.37	7.6
四川	7.56	8.66	8.9	7.66	5.22	7.39
贵州	5.56	6.4	5.12	7.15	4.66	4.47
云南	6.06	7.95	6.78	5.2	4.95	5.44
西藏	0.38	-4.66	4.14	-0.02	2.28	0.18

续表

省区市	totalindex	govmar	nonstated	promar	factormar	interlaw
陕西	5.65	6.6	4.51	7.04	4.22	5.88
甘肃	4.98	5.91	3.36	7.14	3.65	4.86
青海	3.25	5.04	5.16	-0.16	2.71	3.51
宁夏	5.94	6.1	8.32	5.99	4.65	4.66
新疆	5.12	5.44	4.62	6.56	4.01	4.98

注：市场化指数总得分（totalindex），政府与市场关系指数（govmar），非国有经济发展指数（nonstated），产品市场发育指数（promar），要素市场发育指数（factormar），市场中介组织的发育和法律环境指数（interlaw）。

4.2 终极控制人差异

市场不够完善，相关的法律法规的制定和执行尚不完善，政府在资源配置中发挥着重要作用，在一定程度上拥有资源的控制权和调配权。

我国处于经济转型时期，政府职能在转变，国有企业正进行改革，一系列的相关文件体现出国有企业改革的趋势，见表4-4。

表4-4　2000~2013年关于国有企业改革的主要文件

时间	文件
2013.11.12	中国共产党第十八届中央委员会第三次全体会议通过的《中共中央关于全面深化改革若干重大问题的决定》
2008.10.28	《中华人民共和国企业国有资产法》（第十一届全国人民代表大会常务委员会第五次会议通过）
2007.6.30	国务院国资委、中国证监会《国有股东转让所持上市公司股份管理暂行办法》

续表

时间	文件
2007.6.28	国务院国资委《国有单位受让上市公司股份管理暂行规定》
2006.12.31	国务院国资委、财政部《关于企业国有产权转让有关事项的通知》
2006.12.5	国务院办公厅转发国务院国资委《关于推进国有资本调整和国有企业重组的指导意见》
2006.9.30	国务院国资委、财政部《国有控股上市公司（境内）实施股权激励试行办法》
2006.8.27	《中华人民共和国破产法》（第十届全国人大常委会第二十三次会议通过）
2006.1.27	国务院国资委、财政部《国有控股上市公司（境外）实施股权激励试行办法》
2005.12.19	国务院办公厅转发国资委《关于进一步规范国有企业改制工作的实施意见》
2005.6.17	国务院国资委《关于国有控股上市公司股权分置改革的指导意见》
2004.8.25	国务院国资委《关于企业国有产权转让有关问题的通知》
2004.3.8	国务院国资委《关于做好贯彻落实〈企业国有产权转让管理暂行办法〉有关工作的通知》
2003.5.27	国务院《企业国有资产监督管理暂行条例》
2002.4.26	国家经贸委、财政部、教育部、卫生部、劳动和社会保障部、建设部《关于进一步推进国有企业分离办社会职能工作的意见》
2001.6.6	国务院《减持国有股筹集社会保障资金管理暂行办法》
2000.9.28	国务院办公厅转发国家经贸委《关于国有大中型企业建立现代企业制度和加强管理基本规范（试行）》

资料来源：张文魁，袁东明著. 中国经济改革 30 年——1978~2008 国有企业卷 [M]. 重庆：重庆大学出版社, 2008。

国有企业在中国经济发展中有重要的作用，尤其是在转轨经济时期，发挥了重要效用。国有企业在融资等方面与非国有企业存在差异。国有企业能够获得政府更多的支持，如通过补贴降低企业违约的风险，从而使得银行能够取得长期借款；直接参与银行信贷的决策，这种贷款更多的是长期贷款（Fan et al.,

2011）。银行在信贷过程中对资金需求者的产权性质存在歧视，银行信贷资金趋向于投放国有企业（Brandt et al.，2003）。中国处于经济转型时期，方军雄（2007）表明，在其他条件一定的情况下，国有企业相比非国有企业具有更高的资产负债率和更长的债务期限结构。袁淳，荆新和廖冠民（2010）表明，国有公司的信用贷款比例显著高于民营公司。李扬等（2012）表明，各级政府以及国有企业的负债以高于私人部门的增长率扩张。国有企业，尤其是国有大中型企业在融资方面具有较大优势的原因如下，一方面，国有大中型企业是国民经济的支柱，其资产规模庞大，可质押资产较多；另一方面，国有大中型企业承担着国家和地方政府的多元任务，如为国家和地区创造经济利益，安排相关人员就业，缓解社会的劳动力压力等，国有大中型企业承担着更多的社会功能，国家或地方政府应给与国有大中型企业一定的融资政策优惠。如地方政府通过干预国有银行的信贷决策，为辖区内的国有企业提供优惠贷款（巴曙松等，2005）。可见，国有控股公司和非国有控股公司的差异，影响了不同行业下会计主体的债务融资行为。

另外，国有控股依据终极控制人类型可进一步划分为中央控股企业和地方控股企业。对于正处于转型经济中的国家，政府控制在资源配置上起到重要的作用，在一定程度上弥补了市场机制的失灵。作为一个上市公司，能够获得优惠的融资是利于价值创造的重要方面（Fisman，2001；Faccio，2006；等），具有优先从金融机构获取信贷资源的优势（Sapienza，2004；Khwaja，Mian，2005；Berkman et al.，2009；等）。各家银行会对中央控股企业情有独钟，争相建立往来关系，在资金的融通方面，也是给予了包括优惠利率在内的各种照顾（李芸达，2011）。可见，国有产权特征的终极控制人差异，也会影响会计主体的债务融资行为。

4.3 股权分置改革

股权分置改革作为资本市场一次重要的制度改革，意在解决非流通股股权的流通性的问题，能够真正实现同股同权。解决股权分置本质上是推动资本市场的机制转换，消除非流通股与流通股的流通制度差异，强化市场对上市公司的约束机制。2004年1月31日，《国务院关于推进资本市场改革开放和稳定发展的若干意见》明确指出："积极稳妥解决股权分置问题""建立更加符合市场经济发展的资本市场，更有利于广大投资者的权益保护"。股权分置改革相关文件，见表4-5。

表4-5　　　　　股权分置改革相关文件

时间	文件
2004年1月31日	《国务院关于推进资本市场改革开放和稳定发展的若干意见》
2005年4月29日	《关于上市公司股权分置改革试点有关问题的通知》
2005年5月8日	《上市公司股权分置改革试点业务操作指引》
2005年5月30日	《关于做好股权分置改革试点工作的意见》
2005年5月31日	《关于做好第二批上市公司股权分置改革试点工作有关问题的通知》
2005年6月13日	《财政部　国家税务总局关于股权分置试点改革有关税收政策问题的通知》
2005年6月14日	《上交所权证业务管理暂行办法》
2005年6月16日	《关于上市公司控股股东在股权分置改革后增持社会公众股份有关问题的通知》
2005年6月16日	《上市公司回购社会公众股份管理办法（试行）》

续表

时　间	文　件
2005年6月17日	《国务院国资委关于国有控股上市公司股权分置改革的指导意见》
2005年8月23日	中国证监会、国务院国资委、财政部、中国人民银行和商务部联合发布《关于上市公司股权分置改革的指导意见》，中国证监会发布《上市公司股权分置改革管理办法》

资料来源：笔者根据相关网络资料整理而得。

国务院办公厅2007年的资料表明：截至2006年底，沪深两市已完成或者进入改革程序的上市公司共1301家，占应改革上市公司的97%，对应市值占比为98%，未进入改革程序的上市公司仅40家，股权分置改革任务基本完成。[①] 股权分置改革的基本完成，也标志着我国资本市场的投融资功能、定价功能、资源配置功能、公司治理功能和风险分担功能等能够得到更好的发挥。[②]

股权分置改革之后，我国资本市场的投融资功能更趋完善。廖理等（2012）表明，股权分置带来的非流通股股东和流通股股东之间的利益关系扭曲，使资本市场应有的资源优化配置功能无从发挥。股改前，大量国有股不流通，使大股东侵占中小股东的案例时常发生，严重损害中小投资者利益，扭曲股票市场的投融资功能，中国股市在一定程度上成为一些上市公司圈钱的工具，股利发放少，融资成本很低。股改之后，"一股独大"的现象将会减少，公司治理效应更能发挥，中小股东的利益保护也将得到一定的改善，资本市场的资源配置也会更优。

融资优序理论认为，企业先进行内源融资，再进行外源融

[①] http://www.gov.cn/ztzl/gclszfgzbg/content_554986.htm。
[②] 廖理等（2012）研究表明，截至2006年12月31日，我国的股权分置改革基本完成，长期阻碍我国资本市场发展的根本问题得到解决，这必将对我国资本市场健康、规范的发展产生长期的、深远的影响。

资，外源融资中先是债务融资，最后是股权融资（Myers，1984；Myers and Majluf，1984），股权融资需要受让较多的股份，从而可能失去对公司的控制权，故在资本市场比较完善的市场中股权融资是其最后的选择。然而，我国上市公司存在较严重的股权融资偏好行为（黄少安，张岗，2001；阎达五等，2001）。在股权分置的环境下，非流通股股东和流通股股东难以形成统一的利益关系，在"一股独大"、管理者缺位的现实背景下上市公司则首选股权融资，存在股权融资偏好。柳松（2005）表明，中国上市公司偏好股权融资的直接动因是，股权融资成本低于债务融资成本。① 研究结果在一定程度上表明，股改之前上市公司普遍偏好于股权融资，资产负债率较低，而在股改之后，股权融资相对变小，资产负债率增加。

总之，在经济转轨时期，政府在经济发展中发挥了重要作用，我国一系列改革措施也推动了经济进一步发展，市场化进程、终极控制人和股权分置改革等对企业主体的债务行为具有影响。

---

① 何丹和朱建军（2006）研究表明，在股权分置的制度安排下和存在控股股东对中小股东的利益侵占时，控股股东的股权融资成本远远低于债务融资成本，这是我国上市公司存在强烈股权融资偏好的重要原因；股权全流通改革使得大小股东的利益趋向一致，可以有力地增加控股股东的股权融资成本，从而可以在一定程度上抑制上市公司的过度股权融资偏好。

第5章

行业生命周期对融资结构和债务期限的效应

目前,成长性特征与融资结构的研究,主要体现在企业层面(Diamond, 1991b; Berger and Udell, 1998; Barclay et al., 2006; Hirsch and Walz, 2009; Robb and Robinson, 2009; Bulan and Yan, 2009)等。企业的成长机会影响其融资结构(Myers and Majluf, 1984; Kim and Sorensen, 1986; Titman and Wessels, 1988; Smith and Watts, 1992; Goyal et al., 2002; Hovakimian et al., 2004 等)。很少有从行业的视角研究周期性与融资结构关系的文献,近年来,姜付秀和刘志彪(2005),赵蒲和孙爱英(2005)及闵丹和韩立岩(2008)虽然探讨了行业生命周期与资本结构相关的议题,其主要探讨与总体债务的关系,并没有更多涉及具体债务的深入分析。在现实中,由于债务结构的异质性,差异巨大,不同的债务组成(如长短期债务、长短期借款等)与行业生命周期的关系如何,并没有得到有效研究,至于嵌入市场化进程后行业效应如何影响债务结构异质性的研究则更少。

我国各个地区的文化、资源和地理环境均存在差异;国家在改革开放的过程中针对部分地区实行了优惠政策,如特区建设、试验区设置、税收优惠政策、产业重整等区域政策,使得各个地区的市场化程度差异更大；在经济转型时期，政府与市场的关系、政府干预程度以及法治环境等在不同的地区呈现出较大的差异，导致不同的行业效应影响债务结构异质性也存在差异。另外，我国企业产权性质和股权分置改革等环境，也对资源的优化配置产生了效应。

本章的理论与实证研究将主要回答以下几个问题：（1）我国上市公司债务结构存在行业效应和区域效应吗？（2）为什么我国不同生命周期的行业负债率、债务期限存在差异，行业效应如何影响债务资源配置？（3）为什么不同市场化进程下相同生命周期行业的债务期限存在差异？（4）我国市场化进程、产权性质、股权分置改革等特征下，行业生命周期如何影响融资结构和债务期限？

5.1 理论分析与研究假设

成长机会在公司财务理论中发挥着重要作用，在决定一个公司的债务政策时尤其重要（Goyal et al., 2002）。梅耶斯（Myers，1977）认为，存在债务风险的公司在价值增加项目上容易发生投资不足问题。因为股东控制投资决策，承担整个项目的成本，但只得到公司价值增加的小部分，其另一部分是与债权人共享的。詹森（Jensen, 1986）认为，债务可以减少自由现金流的代理成本，在低增长机会的公司中是最严重的。经理和股东之间的利益冲突，经理有较强的偏好保留公司内部自由现金流，建筑自己的经营帝国，而股东更偏爱使用自由现金流来支出分红和股票回购。为了缓解经理和股东之间的利益冲突，通过债务融资，减少了经理浪费自由现金流的可能性。考虑到自由现金流的代理成本与公司的成长成反比（Goyal et al., 2002），公司的成长性越高，自由现金流的代理成本越低，就不需要更多债务减少自由现金流的代理成本，所以，公司的成长性与资产负债率成反比。基于投资不足和自由现金流的代理成本视角，成长性与财务杠杆负相关。通过经验研究发现，成长性与财务杠杆负相关（Myers, Majluf, 1984; Kim, Sorensen, 1986; Titman, Wessels, 1988; Smith, Watts, 1992; Hovakimian et al., 2004)。

此外，成长性行业往往面临较多的投资机会，可以利用自有资金进行内源融资，外源融资中股权融资成为其首选，债务契约中往往存在严格的限制条款，此时不利于企业较好的投资，投资项目存在信息不对称，企业自身也会考虑减少利用负债进行投资，存在反优序融资行为。成长性阶段过后处于成熟期，此时有形资产较多，有着成熟的经营管理和投资决策，风险相对较小，债权人对其融资也相对放心，债务的积极效应显著。成熟期过后处于衰退期，此时盈利能力下降，偿还债务的能力也下降，多重债务叠加导致其债务过度。[1]

另外，制度环境对资本结构具有显著的影响（Rajan and Zingales, 1995; Demirguc-Kunt and Maksimovic, 1999; Booth et al., 2001; Giannetti, 2003; Fan et al., 2011)。我国各个地区的文化、资源、地理环境均存在差异。另外，在改革开放的过程中国家针对部分地区实行了优惠政策，如特区建设、试验区设置、税收优惠政策、产业重整等区域政策，使得各个地区的市场化程度差异较大。在市场化程度高的地区，其地方政府对企业的干预更少，而在市场化程度低的地区，地方政府对银行等金融机构和企业信贷的干预更高。另外，政府干预越少的地区市场识别机制更强，越能识别出不同行业的特性，更具行业效应。而政府干预越

---

[1] 盛勇和程文（1998）表明，债权人给予债务人授信的基础中提到行业分析，对公司所处行业状况的分析，对公司来自国际经济周期和专门的行业周期的各种收益及其变化趋势进行估计。比如，行业发展的成熟程度等。

多的地区市场识别机制更弱，政府干预在一定程度上替代了行业效应的发挥，"政府干预"成为市场机制的替代机制，所以，可能导致市场化程度不同地区的行业特性对资产负债率的影响不同。银行在信贷过程中对资金需求者的产权性质存在歧视，银行信贷资金趋向于投放国有企业（Brandt et al.，2003），①银行在政府主导时，会给予国有企业更多的信贷资金（La Porta et al.，2002）。

我国处于经济转型时期，方军雄（2007）表明，在其他条件一定的情况下，国有企业相比非国有企业具有更高的资产负债率和更长的债务期限结构。袁淳，荆新和廖冠民（2010）表明，国有公司的信用贷款比例显著高于民营公司。李扬等（2012）表明，各级政府以及国有企业的负债以高于私人部门的增长率扩张。国有企业在融资方面具有较大的优势，一方面，其资产庞大，很多国有企业是掌握国家经济命脉的大中型企业，垄断性企业，可质押资产较多；另一方面，国家对于国有企业具有优惠和照顾，国有企业承担着政府机构的多元任务，如为国家和地区创造经济利益，扩大规模安排相关人员就业，缓解社会的就业压力等。在多元任务之下，国家或地方政府会给国有企业一定的政策优惠。地方政府通过干预国有银行的信贷决策，为辖区内的国有企业提供优惠贷款（巴曙松等，2005），所以国有企业更能获取信贷资源，资产负债率较高。

基于此，本书提出如下假设。

H5-1a：相比于成熟期行业和衰退期行业，成长期行业的资产负债率更低；相比于成熟期行业和成长期行业，衰退期行业的资产负债率更高。

H5-1b：在市场化程度越高地区的成长期行业，对资产负

---

① 布兰特等（Brandt et al.，2003）提出几点关于信贷歧视的因素：金融机构给国有企业信贷能获得更多的收益；获取和评估国有企业的信贷信息更容易，成本相对非国有企业更低；国有企业的政府背景，使其面临的信贷风险更低。

债率的影响越显著。

H5 -1c：相对于民营企业，国有企业更能获取债务资源。

长期债务相比短期债务有着更长的还款期限，从行业自身角度观察，成长性行业在较多的投资机会下，希望债务期限越长越好。在签订贷款合约时，愿意付出更高的资金成本来获取更长的债务期限，以利于有充足的时间获取收益来偿还债务。戴蒙德（Diamond，1991a）建立模型分析了债务期限与清算风险之间的关系，短期负债的利率往往较低，但短期负债带来的清算风险则较大，发展较好的公司面临的清算风险较低时可能选择利率较低的短期债务，而对于那些清算风险较高的公司则会尽量选择期限较长的债务，避免被清算的可能，但面临着贷款利率比较高的风险。理论上看，成长期行业面临的市场风险可能较大，清算风险较高，会尽量选择期限较长、贷款利率比较高的债务。佛兰瑞（Flannery，1986）表明，在市场交易成本为正的情况下，一种分离均衡是存在的，低质量的公司不能够支付短期债务带来的展期成本，它们则趋向于选择长期债务，而高质量的公司则释放出它们的信号发行短期债务。①

对于一些前景较好的成长期行业，也可能会给予一定的政策支持和资金支持。针对成长期行业，在各种政策的重点支持下，银行等金融机构更可能对其进行长期债务融资，从而授信期限更长，满足了此行业一定程度的发展。另外，对于成熟性行业，自身有形资产较多，能够获取较多或更长期的债务。而对于衰退期行业，其受国家政策支持的可能性较低，自身盈利能力下降，银行等金融机构贷款时会根据债务人的财务状况、盈利能力、现金流量等进行审核，所以，更不可能对其进行长期债务融资。所

---

① 高质量的公司发行短期债务，低质量的公司发行长期债务，这种现象在没有交易成本的情况下也是存在的（Kale and Noe，1990）。参见 Kale J. R.，Noe T. H. Risky debt maturity choice in a sequential game equilibrium [J]. Journal of Financial Research，1990，13（2）：155 -165.

以，在资产负债率一定的情况下，相比于非成长期行业，成长期行业的债务期限更长。债务期限越长，未来的不确定性越高，风险越大，债权人在提供贷款时就会更注重外部的履约机制（Myers，1977）。有明确破产法并严格执行的国家，当公司无法持续经营时，债权人可依据法律程序对其资产进行清算，债权人权益得到较好的保护。虽然有《中华人民共和国破产法》在1986年和2006年分别通过人大常委会审核，但实质上很少有进行破产清算后倒闭的上市公司，绝大部分上市公司处于财务困境无法持续经营时更可能被兼并重组。正如范等（Fan et al.，2011）认为的，缺乏明确的破产法和执法程序时，不鼓励使用债务，特别是长期债务。政府在资源配置中发挥着重要作用，"政府干预"成为银企关系的"桥梁"，并发挥着重要作用。

在金融市场发展较好的国家，企业获得的债务融资期限相对较长（Demirgüç-Kunt and Maksimovic，1999）。正如孙铮等（2005）认为的，政府干预作为司法体系的替代机制，降低了债务契约的履约成本，从而导致具有政治关系的企业在缺乏保护债权人的法律环境下仍能获得银行长期贷款的支持；在市场化程度较低的地区，政府干预企业与银行的行为更严重，更容易获取长期信贷，而在市场化程度较高的地区，虽然政府已经放松了对企业与银行的控制，但由于缺乏完善的司法体系来保护债权人的利益，企业却很难获得银行的长期贷款，短债常借成了一种可能的替代机制。另外，市场化程度高、政府干预越少的地区市场识别机制更强，越能识别出不同行业的特性，更具行业效应，而政府干预越多的地区市场识别机制更弱，政府干预在一定程度上替代了行业效应的发挥。

基于此，本书提出如下假设。

H5－2a：在资产负债率一定的情况下，相比于非成长期行业，成长期行业的债务期限更长，亦即长期债务比例和长期借款比例更高。

H5 – 2b：市场化程度越高地区的公司，长期债务比例和长期借款比例越低。市场化程度越高的地区，行业特征对债务期限的影响越显著。

H5 – 2c：相对于民营企业，国有企业获取债务的期限更长。

5.2 实证分析

5.2.1 上市公司样本来源

本章上市公司的样本选取了 A 股上市公司 2000 ~ 2012 年的 22 291 个公司的年度样本，剔除了 1 605 个 ST 公司样本、25 个 PT 公司样本，剔除 CSRC 行业分类中 15 个标注为"I"的样本，得到 20 646 个样本，剔除变量存在缺失值的 2468 个样本，最后得到回归变量均存在的 18178 个公司年度样本。市场化指数资料主要来源于樊纲等（2011 等），限于 2010 年、2011 年和 2012 年的市场化指数暂未披露，用 2009 年的数据进行替代。本章数据主要来自 CCER 数据库和 CSMAR 数据库。行业生命周期的划分，见第 3 章。① 本章变量进行了 1% 的 winsor 处理。

---

① 行业生命周期的划分考虑的是一种长期行为，对于行业自身的一些短期现象并没有探讨。例如，房地产行业相对比较特殊，房地产业是以土地和建筑物为对象，从事房地产开发、建设、维修、装饰、服务等多种经营方式的综合性行业。建筑业是以工厂、道路、桥梁等为基础对象进行建设、勘探和安装的生产性行业。范从来和袁静（2002）把建筑业归入衰退期行业；赵蒲和孙爱英（2005）把建筑业归入衰退期行业。姜付秀和刘志彪（2005）把房地产行业归入成长期行业。何维达（2011）研究认为，建筑材料工业已成为衰退行业。闵丹和韩立岩（2008）把建筑业划分为衰退期行业，房地产行业划分为成长期行业。鉴于前述文献的划分，为了避免样本选择偏差带来的估计偏误，本书实证研究选择的行业是除金融类行业之外的全部行业，暂把房地产业作为成长性行业。检验时，也可删除房地产业的样本，也不会影响研究结论。

5.2.2 研究方法

行业生命周期、制度环境影响债务结构模型:

$lev = a0 + a1\ (indcycle) + a2\ (totalindex) + a3\ (roe) + a4\ (lnsize) + a5\ (tobinq) + a6\ (state) + a7\ (ndtax) + a8\ (assetstock) + a9\ (liquid) + a10\ (unique) + a11\ (oprisk) + a12\ (opncash) + a13\ (rate06) + a14\ (gdp) + \mu1$

$longdebt = a0 + a1\ (indcycle) + a2\ (totalindex) + a3\ (roe) + a4\ (lnsize) + a5\ (tobinq) + a6\ (state) + a7\ (ndtax) + a8\ (assetstock) + a9\ (liquid) + a10\ (unique) + a11\ (oprisk) + a12\ (opncash) + a13\ (rate06) + a14\ (gdp) + \mu1$

$longbankr = a0 + a1\ (indcycle) + a2\ (totalindex) + a3\ (roe) + a4\ (lnsize) + a5\ (tobinq) + a6\ (state) + a7\ (ndtax) + a8\ (assetstock) + a9\ (liquid) + a10\ († unique) + a11\ (oprisk) + a12\ (opncash) + a13\ (rate06) + a14\ (gdp) + \mu1$

在以上 3 个模型中,被解释变量分别是 lev、longdebt、longbankr,主要解释变量是 indcycle,在具体模型中分别用 x2、x3 和 x4 进行代替。

5.2.3 变量定义和依据

模型中变量定义,见表 5-1。

表 5-1　　　　　　　　　变量定义

被解释变量	定义
lev	总负债/总资产

续表

被解释变量	定义
longdebt	长期负债/总负债
longbankr	长期借款/总负债
主要解释变量	
indcycle	0代表衰退期；1代表成熟期；2代表成长期
x2	dummy变量，1代表成长期，0代表非成长期
x3	dummy变量，1代表成熟期，0代表非成熟期
x4	dummy变量，1代表衰退期，0代表非衰退期
totalindex	市场化指数总得分
govmar	政府与市场关系指数
nonstated	非国有经济发展指数
promar	产品市场发育指数
factormar	要素市场发育指数
interlaw	市场中介组织的发育和法律环境指数
state	国有企业取1，非国有企业取0
控制变量	
roe	净利润/净资产
lnsize	总资产对数
ndtax	累计折旧/总资产
tobinq	市场价值/账面价值
assetstock	(固定资产净额+存货)/总资产
liquid	流动资产/流动负债
unique	销售费用/营业收入
oprisk	长期资产/总资产
opncash	经营活动现金净流量/总资产

续表

被解释变量	定义
gdp	国内生产总值年度增长率
rate06	6个月短期贷款利率
其他变量	
ncash	现金净流量/总资产
roa	净利润/总资产
cpi	居民消费价格指数（上年=100）（%）
rate1	1年期贷款利率

控制变量与财务杠杆的关系如下。①

盈利能力（roe）。盈利能力越强，企业自有现金越多，依据优序融资理论，企业先内源融资再外源融资的理论，盈利能力与财务杠杆呈负相关关系。实证研究发现，盈利能力与财务杠杆存在负相关关系（陆正飞和辛宇，1998；冯根福，吴林江和刘世彦，2000；胡援成，2002；等）支持了理论假设。

企业规模（lnsize）。负债率与企业规模呈正相关关系。规模较大的公司信息来源广泛，信息不对称程度较少，拥有的资产多便于举债，大公司比小公司向债权人提供了更多信息，抵押资产多，降低了债权人的信贷风险。实证研究发现，企业规模与财务杠杆间呈正相关关系（洪锡熙和沈艺峰，2000；吕长江和王克敏，2002；肖作平和吴世农，2002，等）。

发展能力（tobinq）。梅耶斯（Myers，1977）认为，高成长性公司具有更多的投资机会，债权人在合约中严格约束公司投资高风险的项目，防止其资产替代行为，此与公司利益冲突。所以，高成长性公司与财务杠杆负相关。研究发现，成长性与杠杆

---

① 文中解释变量的选取，主要依据公司自身的财务特征、行业生命周期特征、制度环境特征和宏观经济等方面，模型中的解释变量较多，有14个。

负相关（Kim and Sorensen，1986；Rajan and Zingales，1995）。梯特曼和魏斯（Titman and Wessels，1988）发现，成长性与杠杆负相关，但不显著。沈根祥和朱平芳（1999）、肖作平和吴世农（2002）也支持了成长性与杠杆负相关。沈根祥和朱平芳（1999）认为，高成长性企业一般是新兴企业，处于起步阶段，基础较为薄弱，运作和管理均不成熟，降低其举债能力。本书用发展能力（tobinq）来度量成长性（肖作平，2004）。

非债务税盾（ndtax）。德安哥楼和马苏利斯（DeAngelo and Masulis，1980）认为，非债务税盾具有债务融资的好处，拥有较多非债务税盾的公司应较少地使用债务融资。实证研究表明，非债务税盾和财务杠杆是负相关关系（Kim and Sorensen，1986），本书变量定义采用梯特曼和魏斯（Titman and Wessels，1988）的方法。

抵押有形资产能力（assetstock）。根据权衡理论，当公司破产时，有形资产较易清算、变现能力强，减少了破产成本。优序融资理论则认为，由于有形资产可被用作抵押，使得针对贷款人的信息不对称情况有所减轻（屈耀辉，2006）。代理成本理论认为，当公司将限制性债务投资于风险高的资产，出现资产替代问题，损害了债权人利益，有形资产的担保抵押有助于减少信息不对称以及债务代理成本。

资产流动性（liquid）。具有较多流动资产的公司可能会用其进行投资融资（肖作平，2004）。另外，投资项目也可以通过某些资产如存货的变现而不是借贷获得所需的资金（屈耀辉，2006）。研究发现，资产流动性与财务杠杆负相关（肖作平，2004）。

产品独特性（unique）。生产独特性产品的公司，由于其替代性较弱，破产成本较高，影响到利益相关者的潜在成本，所以产品独特性与财务杠杆负相关。正如梯特曼和魏斯（Titman and Wessels，1988）研究发现，独特性高的公司具有较少的财务杠杆。本书按照梯特曼和魏斯（Titman and Wessels，1988）和肖作平（2004）的主要思想，用销售费用/营业收入度量独特性。

经营风险（oprisk）。根据权衡理论，收益波动性较大会增加公司不能支付利息的风险，进而导致较高期望的财务困境成本。为此，经营风险较大的公司为了规避风险就使负债融资减速（屈耀辉，2006）。沈艺峰，肖珉和黄娟娟（2005）认为，度量经营风险的常用指标有利润波动度（如叶康涛等，2004）和财务分析师对收益预测的变异系数等。目前，我国尚无独立、权威机构发布财务预测报告，又因数据跨越期限较短，利润波动存在准确性差和样本损失大问题。故本书采用沈艺峰等（2005）的方法，采用长期资产与总资产之比来反映经营风险。

内源融资能力（opncash）。依据优序融资理论，公司先依据自有资金或留存收益进行内源融资，缺乏资金时再进行外源融资，外源融资中先债务融资、后权益融资。因此，内源融资能力与财务杠杆负相关。肖作平（2004）也发现，现金流与杠杆负相关。本书选取指标，现金净流量/总资产、经营活动现金净流量/总资产（Rajan and Zingales，1995）。

宏观经济因素。1/3 的美国制造公司财务总监在作财务决策时考虑了诸如利息率和通货膨胀等宏观经济因素（Graham and Harvey，2001）。实际经济增长率与杠杆正相关，而通货膨胀率与杠杆负相关（Booth et al.，2001）。可让任克和乐魏（Korajczyk and Levy，2003）提供了宏观经济条件如何影响资本结构选择的证据，本书选取 gdp、cpi 和 rate 06。

5.2.4 实证结果分析

5.2.4.1 描述性分析

描述性分析，见表 5-2。

第5章 行业生命周期对融资结构和债务期限的效应

表5-2　　　　　　　　　描述性分析

变量	Obs	Mean	SD	Min	p25	p50	p75	Max
w_lev	18 178	0.452	0.198	0.048	0.306	0.461	0.604	0.873
w_longdebt	18 178	0.152	0.178	0.000	0.012	0.082	0.231	0.739
w_longbankr	18 178	0.106	0.153	0.000	0.000	0.028	0.162	0.657
w_credit	18 178	0.357	0.231	0.013	0.170	0.313	0.509	0.936
w_bank	18 178	0.393	0.249	0.000	0.188	0.418	0.591	0.863
indcycle	18 178	1.151	0.653	0.000	1.000	1.000	2.000	2.000
x2	18 178	0.300	0.458	0.000	0.000	0.000	1.000	1.000
x3	18 178	0.551	0.497	0.000	0.000	1.000	1.000	1.000
x4	18 178	0.149	0.356	0.000	0.000	0.000	0.000	1.000
w_totalindex	18 178	8.170	2.321	3.040	6.230	8.180	10.250	11.800
w_govmar	18 178	8.488	1.467	3.750	7.720	8.820	9.650	10.650
w_nonstated	18 178	9.044	3.063	1.590	7.100	9.270	11.870	13.630
w_promar	18 178	8.288	1.345	4.000	7.470	8.660	9.030	10.570
w_factormar	18 178	5.901	2.144	1.290	4.270	6.540	7.390	11.090
w_interlaw	18 178	9.117	5.347	1.780	4.990	7.390	13.870	19.890
w_roe	18 178	0.061	0.132	-0.721	0.031	0.070	0.113	0.346
w_lnsize	18 178	21.488	1.123	19.371	20.700	21.323	22.092	25.154
w_tobinq	18 178	1.650	0.899	0.787	1.126	1.368	1.831	7.890
state	18 178	0.617	0.486	0.000	0.000	1.000	1.000	1.000
w_ndtax	18 178	0.022	0.016	0.000	0.011	0.019	0.031	0.077
w_assetstock	18 178	0.432	0.181	0.050	0.299	0.427	0.564	0.839
w_liquid	18 178	2.210	2.668	0.289	0.995	1.403	2.197	18.010
w_unique	18 178	0.060	0.071	0.000	0.018	0.038	0.073	0.407
w_oprisk	18 178	0.243	0.268	0.000	0.000	0.163	0.448	0.895

续表

变量	Obs	Mean	SD	Min	p25	p50	p75	Max
w_opncash	18 178	0.047	0.079	-0.199	0.005	0.046	0.092	0.264
rate06	18 178	5.465	0.479	4.860	5.040	5.350	5.600	6.570
rate1	18 178	5.897	0.588	5.310	5.310	5.810	6.120	7.470
cpi	18 178	102.589	2.130	99.200	101.200	102.600	104.800	105.900
gdp	18 178	109.929	1.738	107.700	109.100	109.600	110.400	114.200

通过表 5-2 可知，2000~2012 年上市公司资产负债率均值为 0.452，中位数为 0.461，总体表明此比例比较合理，不是很高，但也有 25% 的公司超过了 60%，财务风险较高。关于长期债务比例，范等（Fan et al.，2011）分析了 39 个发达经济体和发展中国家经济体的债务融资情况，发现发达经济体长期债务率中位数是 0.61，发展中经济体中位数则是 0.36。长期债务率最高的前 5 位是新西兰、挪威、瑞典、美国和加拿大，长期债务率最低的 4 个国家分别是中国、希腊、土耳其和泰国等。我国位于长期债务率最低国家之列，长期负债比例均值为 0.152，中位数为 0.082，与范等（Fan et al.，2011）研究发现的中国长期债务率中位数接近 0.10 大致相当。[①] 可见，长期债务在债务总体中比例较低，大部分是短期债务，可能的原因是发展中经济体债权人权益保护不足，长期债务契约难以签订；还有可能是公司现实中存在短债长用的现象，没有反映在财务报表之中。长期银行贷款类似于长期债务[②]，比例均较低，其他变量值也在合理范围内。[③]

[①] 段云等（2012）表明，企业债务期限结构不合理，其中，明显的体现是长期负债比率过低。

[②] 长期债务资金来源比较单一，因而银行信贷必然成为其长期负债资金的主要来源（段云等，2012）。

[③] 变量名称前面加入 w_ 的标志表明，该变量进行了 1% 的 winsor 处理。

5.2.4.2 不同行业生命周期阶段债务期限比较

表 5-3 是按照行业所处的阶段分为成长期行业、成熟期行业、衰退期行业后的债务组成，可知成长期行业、成熟期行业、衰退期行业的资产负债率均值分别是 0.412、0.459、0.512，中位数分别是 0.408、0.471、0.532。可见，存在依次递增的趋势，正如闵丹和韩立岩（2008）发现，平均负债随着周期的延续逐渐增加。成长期行业、成熟期行业、衰退期行业的长期负债比例均值从 0.163、0.158 到 0.106。可知，成长期行业和成熟期行业的长期负债比例较高，而衰退期行业较低，可能的原因是成长期行业由于投资机会较多，也需要进行债务融资的长期支持。另外，自身发展前景较好，也可能获得了国家政策的支持，成熟期行业有形资产较多且经营风险较小，而衰退期行业则盈利能力较差且经营风险较大，所以成长期行业和成熟期行业相对衰退期行业的长期债务契约容易签订。同样，通过长期银行贷款比例，也存在此状况。

表 5-3　不同行业生命周期阶段债务期限比较

行业生命周期阶段	stats	w_lev	w_longdebt	w_longbankr	w_credit	w_bank
衰退期行业	N	2 707	2 707	2 707	2 707	2 707
	mean	0.512	0.106	0.073	0.373	0.391
	p50	0.532	0.049	0.012	0.329	0.410
	sd	0.191	0.136	0.116	0.232	0.245
	min	0.048	0.000	0.000	0.013	0.000
	max	0.873	0.739	0.657	0.936	0.863
成熟期行业	N	10 012	10 012	10 012	10 012	10 012
	mean	0.459	0.158	0.116	0.361	0.414
	p50	0.471	0.092	0.043	0.316	0.444
	sd	0.189	0.176	0.156	0.227	0.243
	min	0.048	0.000	0.000	0.013	0.000
	max	0.873	0.739	0.657	0.936	0.863
成长期行业	N	5 459	5 459	5 459	5 459	5 459
	mean	0.412	0.163	0.104	0.342	0.354

续表

行业生命周期阶段	stats	w_lev	w_longdebt	w_longbankr	w_credit	w_bank
	p50	0.408	0.083	0.009	0.301	0.363
	sd	0.207	0.195	0.160	0.235	0.255
	min	0.048	0.000	0.000	0.013	0.000
	max	0.873	0.739	0.657	0.936	0.863

5.2.4.3 行业均值检验和中位数检验

通过表5-4可知，分别进行哑变量划分成长期行业、成熟期行业和衰退期行业后发现，资产负债率、长期负债比例和长期银行贷款比例的均值和中位数存在差异，基本上都通过了1%的显著性水平检验，表明其均存在显著差异。

表5-4　不同行业生命周期阶段均值检验和中位数检验

行业生命周期阶段	检验类型	lev	longterm	longbankr
成长期	T检验	18.384***	-5.872***	0.889
	Z检验	17.971***	-2.430**	4.677***
成熟期	T检验	-4.651***	-5.093***	-9.433***
	Z检验	-4.455***	-7.726***	-11.299***
衰退期	T检验	-17.096***	14.752***	12.050***
	Z检验	-16.914***	13.925***	9.765***

注：***、**、*分别表示1%、5%、10%的显著性水平。

5.2.4.4 回归分析

从表5-5可知①，在全部模型中，模型的F值和Adj-R^2均较好，模型设定具有较好的统计意义。控制了变量盈利能力、公司

---

① 由于市场化指数系列和行业生命周期的交互项加入模型中存在较严重的多重共线性，故模型均未加入交互项，现有模型的VIF最大值均不大于2，以下模型的VIF值也均不大于2；在现实中，难以判断非观测效应与解释变量之间的关系，避免不恰当运用Hausman test，模型检验同时采用固定效应模型和随机效应模型等；表格太多，市场化指数分项指数未报告结果。

规模、发展能力、非债务税盾、抵押有形资产能力、资产流动性、产品独特性、经营风险、内源融资能力、GDP 增长率和利息率之后发现，成长期行业相比于成熟期行业和衰退期行业与资产负债率在 1% 的显著性水平上负相关。这表示，越是成长期行业，其资产负债率越低，与闵丹和韩立岩（2008）的发现一致。tobinq 与资产负债率的关系表现为负相关，与预期一致，但在同一模型中，对于资产负债率的效应 indcycle 的系数和 T 值更大，具有更好的经济意义和统计意义，这表明，行业效应比企业成长性对于公司财务杠杆的影响更大，与本书的研究主题或预期是一致的。另外，在表 5-6 中，也得到与表 5-5 类似的结果，表 5-7 中成熟期行业哑变量与资产负债率的关系不显著，在表 5-8 中发现，衰退期行业与资产负债率在 1% 的显著性水平上正相关，越是衰退期行业其财务杠杆越高，支持了前面的研究假设。市场化总指数与资产负债率的关系不是很明确，还需要更多的证据进行说明。另外，上市公司数据中产权性质变量相应的显著性较差，但是在中国工业企业数据库中的效应非常明显，能够支撑前述的研究假设。其余控制变量的符号与预期较一致。

表 5-5 行业生命周期与因变量财务杠杆的多种计量模型分析

变量	(1) m1	(2) m2	(3) m3	(4) m4
indcycle	-0.018 7 *** (-4.70)	-0.018 7 *** (-10.37)	-0.015 9 *** (-3.56)	-0.014 2 *** (-5.17)
w_totalindex	0.000 085 2 (0.07)	0.000 085 2 (0.08)	0.007 53 *** (7.75)	0.003 86 *** (5.43)
w_roe	-0.240 *** (-21.33)	-0.240 *** (-15.34)	-0.169 *** (-28.35)	-0.183 *** (-30.61)
w_lnsize	0.049 9 *** (20.10)	0.049 9 *** (13.88)	0.075 2 *** (45.05)	0.068 3 *** (51.56)

续表

变量	(1) m1	(2) m2	(3) m3	(4) m4
w_tobinq	-0.003 35*	-0.003 35	-0.004 25***	-0.003 06***
	(-1.70)	(-1.18)	(-4.27)	(-3.12)
state	-0.006 75	-0.006 75	0.001 25	0.000 484
	(-1.28)	(-0.92)	(0.36)	(0.16)
w_ndtax	-2.504***	-2.504***	-1.373***	-1.706***
	(-14.30)	(-19.72)	(-16.01)	(-21.17)
w_assetstock	0.163***	0.163***	0.150***	0.160***
	(10.60)	(6.67)	(22.40)	(25.09)
w_liquid	-0.038 1***	-0.038 1***	-0.031 7***	-0.032 0***
	(-35.02)	(-11.05)	(-60.94)	(-73.56)
w_unique	-0.102***	-0.102***	-0.022 5	-0.034 9**
	(-3.10)	(-5.40)	(-1.18)	(-2.07)
w_oprisk	-0.024 7***	-0.024 7*	-0.014 4***	-0.003 92
	(-3.02)	(-2.12)	(-3.54)	(-1.04)
w_opncash	-0.131***	-0.131***	-0.017 7*	-0.037 7***
	(-6.60)	(-6.54)	(-1.70)	(-3.63)
rate06	-0.015 8***	-0.015 8**	-0.015 5***	-0.017 6***
	(-7.75)	(-2.31)	(-9.56)	(-10.92)
gdp	0.009 27***	0.009 27***	0.007 48***	0.008 72***
	(12.39)	(7.01)	(14.48)	(18.43)
_cons	-1.421***	-1.421***	-1.887***	-1.839***
	(-14.71)	(-12.11)	(-27.02)	(-31.34)
N	18 178	18 178	18 178	18 178
F	325.0	—	871.4	16 231.0
Adj-R^2	0.529	0.529	0.436	0.433

注：模型 m1 运用稳健聚类公司回归；模型 m2 运用稳健聚类年度回归；模型 m3 运用固定效应模型；模型 m4 运用随机效应模型。固定效应模型和随机效应模型报告的是 r2_w (within)；随机效应模型报告的是 Wald chi2 检验，本章运用稳健聚类年度回归 F 值存在缺失现象，其他模型是 F 检验。***、**、* 分别表示 1%、5%、10% 的显著性水平。回归系数下面的值是 T 值。"—" 表示数据缺失。

表 5-6　　成长期行业与财务杠杆的计量模型分析

变量	(1) m1	(2) m2	(3) m3	(4) m4
x2	-0.021 2***	-0.021 2***	-0.016 7***	-0.011 0***
	(-3.74)	(-4.58)	(-2.60)	(-2.81)
w_totalindex	0.000 233	0.000 233	0.007 49***	0.003 76***
	(0.20)	(0.21)	(7.69)	(5.28)
w_roe	-0.242***	-0.242***	-0.170***	-0.184***
	(-21.61)	(-15.59)	(-28.40)	(-30.73)
w_lnsize	0.049 7***	0.049 7***	0.075 2***	0.068 3***
	(19.87)	(13.67)	(45.03)	(51.54)
w_tobinq	-0.003 37*	-0.003 37	-0.004 21***	-0.003 01***
	(-1.71)	(-1.18)	(-4.24)	(-3.07)
state	-0.006 65	-0.006 65	0.001 32	0.000 520
	(-1.27)	(-0.92)	(0.38)	(0.18)
w_ndtax	-2.573***	-2.573***	-1.372***	-1.707***
	(-14.64)	(-18.61)	(-15.97)	(-21.13)
w_assetstock	0.165***	0.165***	0.150***	0.160***
	(10.76)	(6.76)	(22.33)	(25.06)
w_liquid	-0.038 3***	-0.038 3***	-0.031 7***	-0.032 1***
	(-35.21)	(-11.21)	(-61.02)	(-73.86)
w_unique	-0.104***	-0.104***	-0.023 4	-0.037 7**
	(-3.13)	(-5.21)	(-1.22)	(-2.23)
w_oprisk	-0.025 5***	-0.025 5**	-0.014 5***	-0.004 06
	(-3.09)	(-2.19)	(-3.57)	(-1.07)
w_opncash	-0.129***	-0.129***	-0.017 8*	-0.037 8***
	(-6.47)	(-6.25)	(-1.71)	(-3.64)

续表

变量	(1) m1	(2) m2	(3) m3	(4) m4
rate06	-0.015 8***	-0.015 8**	-0.015 5***	-0.017 5***
	(-7.77)	(-2.31)	(-9.54)	(-10.91)
gdp	0.009 28***	0.009 28***	0.007 48***	0.008 73***
	(12.38)	(7.06)	(14.46)	(18.43)
_cons	-1.431***	-1.431***	-1.899***	-1.852***
	(-14.78)	(-12.43)	(-27.25)	(-31.59)
N	18 178	18 178	18 178	18 178
F	321.0	—	870.7	16 189.5
Adj-R^2	0.528	0.528	0.436	0.433

注：模型 m1 运用稳健聚类公司回归；模型 m2 运用稳健聚类年度回归；模型 m3 运用固定效应模型；模型 m4 运用随机效应模型。固定效应模型和随机效应模型报告的是 r2_w（within）；随机效应模型报告的是 Wald chi2 检验，本章运用稳健聚类年度回归 F 值存在缺失现象，其他模型是 F 检验。***、**、* 分别表示1%、5%、10%的显著性水平。回归系数下面的值是 T 值。"—"表示数据缺失。

表5-7　　成熟期行业与财务杠杆的计量模型分析

变量	(1) m1	(2) m2	(3) m3	(4) m4
x3	0.002 67	0.002 67	0.000 482	-0.005 66
	(0.52)	(0.52)	(0.08)	(-1.56)
w_totalindex	-0.000 288	-0.000 288	0.007 23***	0.003 43***
	(-0.25)	(-0.25)	(7.44)	(4.82)
w_roe	-0.243***	-0.243***	-0.170***	-0.185***
	(-21.69)	(-15.21)	(-28.58)	(-30.89)
w_lnsize	0.049 5***	0.049 5***	0.075 1***	0.068 3***
	(19.76)	(13.33)	(44.97)	(51.54)

续表

变量	(1) m1	(2) m2	(3) m3	(4) m4
w_tobinq	-0.003 79 * (-1.93)	-0.003 79 (-1.36)	-0.004 14 *** (-4.17)	-0.003 03 *** (-3.09)
state	-0.007 84 (-1.49)	-0.007 84 (-1.11)	0.001 47 (0.42)	0.000 273 (0.09)
w_ndtax	-2.523 *** (-14.45)	-2.523 *** (-16.09)	-1.355 *** (-15.78)	-1.677 *** (-20.73)
w_assetstock	0.166 *** (10.78)	0.166 *** (6.91)	0.148 *** (22.13)	0.159 *** (24.89)
w_liquid	-0.038 7 *** (-35.62)	-0.038 7 *** (-11.04)	-0.031 7 *** (-61.06)	-0.032 2 *** (-74.23)
w_unique	-0.125 *** (-3.74)	-0.125 *** (-6.47)	-0.024 4 (-1.28)	-0.044 0 *** (-2.61)
w_oprisk	-0.024 1 *** (-2.91)	-0.024 1 * (-2.04)	-0.014 0 *** (-3.44)	-0.003 26 (-0.86)
w_opncash	-0.130 *** (-6.54)	-0.130 *** (-6.38)	-0.017 7 * (-1.70)	-0.038 1 *** (-3.67)
rate06	-0.015 4 *** (-7.57)	-0.015 4 ** (-2.21)	-0.015 5 *** (-9.56)	-0.017 5 *** (-10.91)
gdp	0.009 19 *** (12.28)	0.009 19 *** (6.85)	0.007 53 *** (14.56)	0.008 78 *** (18.53)
_cons	-1.421 *** (-14.65)	-1.421 *** (-12.17)	-1.906 *** (-27.35)	-1.854 *** (-31.63)

续表

变量	(1) m1	(2) m2	(3) m3	(4) m4
N	18 178	18 178	18 178	18 178
F	316.7	—	869.8	16 175.6
Adj-R^2	0.526	0.526	0.436	0.433

注：模型 m1 运用稳健聚类公司回归；模型 m2 运用稳健聚类年度回归；模型 m3 运用固定效应模型；模型 m4 运用随机效应模型。固定效应模型和随机效应模型报告的是 r2_w（within）；随机效应模型报告的是 Wald chi2 检验，本章运用稳健聚类年度回归 F 值存在缺失现象，其他模型是 F 检验。***、**、* 分别表示1%、5%、10% 的显著性水平。回归系数下面的值是 T 值。"—"表示数据缺失。

表5-8　　　衰退性行业与财务杠杆的计量模型分析

变量	(1) m1	(2) m2	(3) m3	(4) m4
x4	0.028 2 ***	0.028 2 ***	0.028 2 ***	0.030 5 ***
	(3.92)	(6.63)	(3.32)	(5.94)
w_totalindex	-0.000 491	-0.000 491	0.007 33 ***	0.003 59 ***
	(-0.43)	(-0.46)	(7.56)	(5.08)
w_roe	-0.239 ***	-0.239 ***	-0.170 ***	-0.183 ***
	(-21.23)	(-14.84)	(-28.47)	(-30.69)
w_lnsize	0.049 9 ***	0.049 9 ***	0.075 1 ***	0.068 3 ***
	(20.14)	(13.68)	(45.00)	(51.58)
w_tobinq	-0.003 73 *	-0.003 73	-0.004 21 ***	-0.003 12 ***
	(-1.91)	(-1.33)	(-4.24)	(-3.18)
state	-0.007 90	-0.007 90	0.001 34	0.000 206
	(-1.50)	(-1.09)	(0.38)	(0.07)
w_ndtax	-2.414 ***	-2.414 ***	-1.358 ***	-1.675 ***
	(-13.84)	(-17.39)	(-15.85)	(-20.80)

续表

变量	(1) m1	(2) m2	(3) m3	(4) m4
w_assetstock	0.163***	0.163***	0.148***	0.159***
	(10.53)	(6.77)	(22.26)	(24.95)
w_liquid	-0.0383***	-0.0383***	-0.0317***	-0.0320***
	(-35.31)	(-10.80)	(-60.92)	(-73.70)
w_unique	-0.120***	-0.120***	-0.0228	-0.0391**
	(-3.67)	(-6.52)	(-1.19)	(-2.33)
w_oprisk	-0.0229***	-0.0229*	-0.0138***	-0.00303
	(-2.80)	(-1.95)	(-3.39)	(-0.80)
w_opncash	-0.134***	-0.134***	-0.0176*	-0.0379***
	(-6.73)	(-6.89)	(-1.69)	(-3.65)
rate06	-0.0153***	-0.0153**	-0.0156***	-0.0176***
	(-7.55)	(-2.20)	(-9.61)	(-10.94)
gdp	0.00920***	0.00920***	0.00754***	0.00877***
	(12.29)	(6.77)	(14.59)	(18.53)
_cons	-1.434***	-1.434***	-1.912***	-1.862***
	(-14.84)	(-11.86)	(-27.45)	(-31.80)
N	18 178	18 178	18 178	18 178
F	323.2	—	871.2	16 247.7
Adj-R^2	0.528	0.528	0.436	0.433

注：模型 m1 运用稳健聚类公司回归；模型 m2 运用稳健聚类年度回归；模型 m3 运用固定效应模型；模型 m4 运用随机效应模型。固定效应模型和随机效应模型报告的是 r2_w（within）；随机效应模型报告的是 Wald chi2 检验，本章运用稳健聚类年度回归 F 值存在缺失现象，其他模型是 F 检验。***、**、* 分别表示1％、5％、10％的显著性水平。回归系数下面的值是 T 值。"—"表示数据缺失。

从表 5-9 中可知，对市场化总指数按照分位数分为 5 组，分别对最高组和最低组进行分组回归，研究发现，模型 m1 中 indcycle 与资产负债率在 1% 的显著性水平上负相关，模型 m2 中 indcycle 与资产负债率在 5% 的显著性水平上负相关。但是，在模型 m3 中 x2 与资产负债率在 5% 的显著性水平上负相关，在模型 m5 中显著性水平更高，表现为 1% 的显著性水平，这两个回归均是市场化程度最高组中得出的结论。而在模型 m4、模型 m6 中并没有发现 x2 与资产负债率的显著关系。上述研究表明，市场化指数高的地区，成长期行业对资产负债率的影响越显著。

表 5-9　　市场化程度分组下的回归模型

变量	(1) x1hs	(2) x1ls	(3) x2hs	(4) x2ls	(5) x2hy	(6) x2ly
indcycle	-0.021 8 ***	-0.014 2 **	—	—	—	—
	(-3.04)	(-1.98)	—	—	—	—
w_totalindex	0.016 7 **	0.003 06	0.017 2 **	0.002 84	0.017 2	0.002 84
	(2.12)	(0.66)	(2.17)	(0.62)	(1.53)	(1.24)
w_roe	-0.138 ***	-0.239 ***	-0.139 ***	-0.242 ***	-0.139 ***	-0.242 ***
	(-3.90)	(-11.63)	(-3.91)	(-11.84)	(-3.92)	(-13.39)
w_lnsize	0.043 7 ***	0.044 0 ***	0.044 0 ***	0.043 6 ***	0.044 0 ***	0.043 6 ***
	(9.39)	(7.87)	(9.33)	(7.82)	(9.36)	(8.60)
w_tobinq	-0.007 71 **	-0.011 4 **	-0.007 76 **	-0.011 5 **	-0.007 76	-0.011 5 **
	(-2.42)	(-2.39)	(-2.42)	(-2.42)	(-1.69)	(-2.56)
state	0.019 5 *	-0.033 7 ***	0.019 8 *	-0.033 3 ***	0.019 8	-0.033 3 ***
	(1.92)	(-3.08)	(1.95)	(-3.04)	(1.12)	(-7.73)
w_ndtax	-1.925 ***	-2.473 ***	-1.982 ***	-2.539 ***	-1.982 ***	-2.539 ***
	(-6.41)	(-7.61)	(-6.54)	(-7.83)	(-4.80)	(-15.40)
w_assetstock	0.221 ***	0.128 ***	0.221 ***	0.133 ***	0.221 ***	0.133 ***
	(7.46)	(4.26)	(7.43)	(4.45)	(7.03)	(5.69)
w_liquid	-0.038 0 ***	-0.050 9 ***	-0.038 3 ***	-0.051 3 ***	-0.038 3 ***	-0.051 3 ***
	(-17.15)	(-9.97)	(-17.26)	(-10.07)	(-10.67)	(-10.79)
w_unique	-0.075 7	0.056 0	-0.073 5	0.037 0	-0.073 5 **	0.037 0

续表

变量	(1) x1hs	(2) x1ls	(3) x2hs	(4) x2ls	(5) x2hy	(6) x2ly
	(-1.38)	(1.04)	(-1.32)	(0.70)	(-2.69)	(0.95)
w_oprisk	-0.118***	0.038 6*	-0.118***	0.040 5**	-0.118*	0.040 5***
	(-5.74)	(1.90)	(-5.70)	(2.01)	(-2.29)	(3.11)
w_opncash	-0.161***	-0.111***	-0.159***	-0.113***	-0.159**	-0.113***
	(-4.39)	(-2.77)	(-4.35)	(-2.80)	(-3.32)	(-4.16)
rate06	-0.022 2***	-0.003 62	-0.022 9***	-0.003 46	-0.022 9*	-0.003 46
	(-4.77)	(-0.64)	(-4.93)	(-0.61)	(-2.16)	(-0.35)
gdp	0.007 68***	0.009 77***	0.007 83***	0.009 81***	0.007 83***	0.009 81***
	(4.62)	(4.28)	(4.75)	(4.32)	(4.09)	(4.39)
x2	—	—	-0.023 5**	-0.006 57	-0.023 5***	-0.006 57
	—	—	(-2.42)	(-0.61)	(-4.05)	(-1.71)
_cons	-1.275***	-1.384***	-1.315***	-1.393***	-1.315***	-1.393***
	(-5.29)	(-5.20)	(-5.46)	(-5.23)	(-9.32)	(-4.87)
N	3 240	3 642	3 240	3 642	3 240	3 642
F	107.1	62.89	104.7	62.63	—	—
Adj-R^2	0.578	0.493	0.576	0.491	0.576	0.491

注：模型 x1hs、模型 x2hs 表示市场化程度较高组，模型 x1ls、模型 x2ls 表示市场化程度较低组，模型采用稳健聚类公司回归；模型 x2hy 表示市场化程度较高组，模型 x1ls、模型 x2ls 表示市场化程度较低组，模型采用稳健聚类公司回归。***、**、*分别表示 1%、5%、10% 的显著性水平。"—"表示数据缺失。

5.2.5 长期债务率回归分析

从表 5-10 可知，indcycle 与因变量 Longdebt 在全部模型中均在 1% 的显著性水平上正相关，表明越是成长期行业其长期债务越长，与戴蒙德（Diamond，1991a）的理论预期比较一致。totalindex 与因变量 Longdebt 在全部模型中均在 1% 的显著性水平上负相关，表明市场化程度更高，长期债务的获取更难。另外，

govmark、finmark 和 interlaw 分别加入模型中也发现了类似的结论,(由于研究得到的表格较多,故未报告相关结果)。另外,在表 5-11 中也得到与表 5-10 类似的结果,不再赘述。在表 5-12 中,模型 m1 中 x3 与资产负债率在 1% 的显著性水平上负相关,在模型 m2 和模型 m3 中 x3 与资产负债率在 5% 的显著性水平上负相关,表明成熟期行业的债务期限更短,totalindex 与因变量 Longdebt 在全部模型中均在 1% 的显著性水平上负相关,与表 5-10 类似。在表 5-13 中的全部模型发现,衰退期行业与资产负债率在 1% 的显著性水平上负相关,越是衰退期行业其债务期限更短,支持了前面的研究假设。另外,在这些回归表格中,模型 m1、模型 m2、模型 m3 和模型 m5 中产权性质变量与 Longdebt 在 1% 的显著性水平上正相关,表明国有产权性质的企业其债务期限会更长。其余控制变量的符号,也与预期较一致。

表 5-10 行业生命周期与因变量为长期债务率的多种计量模型分析

变量	(1) m1	(2) m2	(3) m3	(4) m4	(5) m5
indcycle	0.033 1***	0.033 1***	0.033 1***	0.024 9***	0.025 9***
	(18.59)	(8.64)	(17.29)	(4.08)	(8.63)
w_totalindex	-0.014 2***	-0.014 2***	-0.014 2***	-0.010 6***	-0.014 3***
	(-25.21)	(-12.28)	(-15.56)	(-7.98)	(-17.30)
w_roe	0.017 4**	0.017 4	0.017 4	0.026 3***	0.022 4***
	(2.01)	(1.52)	(1.70)	(3.23)	(2.80)
w_lnsize	0.041 4***	0.041 4***	0.041 4***	0.053 5***	0.050 9***
	(32.59)	(15.72)	(12.87)	(23.49)	(31.88)
w_tobinq	-0.014 8***	-0.014 8***	-0.014 8***	-0.008 46***	-0.009 25***
	(-11.48)	(-7.57)	(-4.41)	(-6.23)	(-7.12)
state	0.014 1***	0.014 1***	0.014 1***	0.000 264	0.015 6***
	(5.53)	(2.79)	(3.86)	(0.05)	(4.36)
w_ndtax	-0.137	-0.137	-0.137	-0.829***	-0.439***

续表

变量	(1) m1	(2) m2	(3) m3	(4) m4	(5) m5
	(-1.40)	(-0.79)	(-0.38)	(-7.08)	(-4.26)
w_assetstock	0.152***	0.152***	0.152***	0.0649***	0.100***
	(17.11)	(9.54)	(17.95)	(7.11)	(12.12)
w_liquid	0.0102***	0.0102***	0.0102***	0.0146***	0.0110***
	(16.31)	(10.53)	(13.95)	(20.66)	(20.59)
w_unique	-0.228***	-0.228***	-0.228***	0.00579	-0.109***
	(-13.88)	(-7.69)	(-11.04)	(0.22)	(-5.23)
w_oprisk	0.187***	0.187***	0.187***	0.0954***	0.125***
	(29.92)	(18.31)	(5.11)	(17.23)	(25.56)
w_opncash	-0.0549***	-0.0549***	-0.0549**	-0.0772***	-0.0726***
	(-3.55)	(-2.80)	(-2.50)	(-5.43)	(-5.23)
rate06	-0.0157***	-0.0157***	-0.0157	-0.00867***	-0.0114***
	(-5.79)	(-6.68)	(-0.96)	(-3.91)	(-5.26)
gdp	0.00265***	0.00265***	0.00265	0.000991	0.00220***
	(3.55)	(2.99)	(0.92)	(1.41)	(3.54)
_cons	-0.967***	-0.967***	-0.967***	-1.051***	-1.114***
	(-11.68)	(-8.90)	(-3.19)	(-11.04)	(-14.92)
N	18 178	18 178	18 178	18 178	18 178
F	353.4	95.09	—	163.3	3 243.5
Adj-R^2	0.244	0.244	0.244	0.127	0.118

注：模型 m1 运用稳健回归；模型 m2 运用稳健聚类公司回归；模型 m3 运用稳健聚类年度回归；模型 m4 运用固定效应模型；模型 m5 运用随机效应模型。固定效应模型和随机效应模型报告的是 r2_w (within)；随机效应模型报告的是 Wald chi2 检验，稳健聚类年度回归 F 值存在缺失现象，其他模型是 F 检验。***、**、* 分别表示 1%、5%、10% 的显著性水平。"—"表示数据缺失。

表 5-11　　成长期行业与长期债务率的模型分析

变量	(1) m1	(2) m2	(3) m3	(4) m4	(5) m5
x2	0.041 0***	0.041 0***	0.041 0***	0.029 6***	0.029 1***
	(14.90)	(6.86)	(11.76)	(3.37)	(6.81)
w_totalindex	-0.014 5***	-0.014 5***	-0.014 5***	-0.010 6***	-0.014 3***
	(-25.66)	(-12.54)	(-15.90)	(-7.96)	(-17.27)
w_roe	0.020 9**	0.020 9*	0.020 9*	0.026 7***	0.023 4***
	(2.42)	(1.84)	(1.94)	(3.27)	(2.93)
w_lnsize	0.041 8***	0.041 8***	0.041 8***	0.053 5***	0.050 9***
	(32.78)	(15.77)	(12.78)	(23.48)	(31.86)
w_tobinq	-0.014 8***	-0.014 8***	-0.014 8***	-0.008 50***	-0.009 35***
	(-11.52)	(-7.57)	(-4.40)	(-6.27)	(-7.19)
state	0.013 8***	0.013 8***	0.013 8***	0.000 186	0.015 4***
	(5.36)	(2.70)	(3.97)	(0.04)	(4.29)
w_ndtax	-0.004 07	-0.004 07	-0.004 07	-0.827***	-0.409***
	(-0.04)	(-0.02)	(-0.01)	(-7.06)	(-3.96)
w_assetstock	0.149***	0.149***	0.149***	0.064 9***	0.099 4***
	(16.68)	(9.25)	(18.18)	(7.10)	(11.99)
w_liquid	0.010 5***	0.010 5***	0.010 5***	0.014 7***	0.011 2***
	(16.87)	(10.88)	(14.01)	(20.74)	(20.93)
w_unique	-0.229***	-0.229***	-0.229***	0.006 96	-0.107***
	(-13.85)	(-7.66)	(-10.82)	(0.27)	(-5.13)
w_oprisk	0.189***	0.189***	0.189***	0.095 7***	0.126***
	(29.99)	(18.32)	(5.11)	(17.27)	(25.65)
w_opncash	-0.059 6***	-0.059 6***	-0.059 6**	-0.077 0***	-0.072 7***
	(-3.85)	(-3.02)	(-2.78)	(-5.42)	(-5.23)
rate06	-0.015 6***	-0.015 6***	-0.015 6	-0.008 74***	-0.011 4***
	(-5.72)	(-6.63)	(-0.96)	(-3.94)	(-5.26)
gdp	0.002 63***	0.002 63***	0.002 63	0.001 01	0.002 21***
	(3.52)	(2.97)	(0.92)	(1.44)	(3.56)
_cons	-0.947***	-0.947***	-0.947***	-1.034***	-1.095***

续表

变量	(1) m1	(2) m2	(3) m3	(4) m4	(5) m5
	(-11.41)	(-8.73)	(-3.12)	(-10.87)	(-14.67)
N	18 178	18 178	18 178	18 178	18 178
F	347.5	93.96	—	162.8	3 207.3
Adj-R^2	0.240	0.240	0.240	0.126	0.118

注：模型 m1 运用稳健回归；模型 m2 运用稳健聚类公司回归；模型 m3 运用稳健聚类年度回归；模型 m4 运用固定效应模型；模型 m5 运用随机效应模型。固定效应模型和随机效应模型报告的是 r2_w (within)；随机效应模型报告的是 Wald chi2 检验，稳健聚类年度回归 F 值存在缺失现象，其他模型是 F 检验。***、**、* 分别表示 1%、5%、10% 的显著性水平。"—"表示数据缺失。

表 5-12　　成熟期行业与长期债务率的模型分析

变量	(1) m1	(2) m2	(3) m3	(4) m4	(5) m5
x3	-0.010 6 ***	-0.010 6 **	-0.010 6 **	-0.007 22	-0.005 26
	(-4.37)	(-1.98)	(-2.79)	(-0.86)	(-1.32)
w_totalindex	-0.013 7 ***	-0.013 7 ***	-0.013 7 ***	-0.010 2 ***	-0.013 7 ***
	(-24.06)	(-11.67)	(-14.76)	(-7.69)	(-16.52)
w_roe	0.022 4 **	0.022 4 *	0.022 4 *	0.028 1 ***	0.025 3 ***
	(2.57)	(1.96)	(2.05)	(3.45)	(3.16)
w_lnsize	0.042 3 ***	0.042 3 ***	0.042 3 ***	0.053 6 ***	0.051 0 ***
	(32.75)	(15.58)	(12.71)	(23.52)	(31.77)
w_tobinq	-0.014 1 ***	-0.014 1 ***	-0.014 1 ***	-0.008 62 ***	-0.009 24 ***
	(-10.85)	(-7.11)	(-4.11)	(-6.35)	(-7.10)
state	0.015 7 ***	0.015 7 ***	0.015 7 ***	-0.000 046 1	0.015 9 ***
	(6.09)	(3.04)	(4.39)	(-0.01)	(4.42)
w_ndtax	-0.065 2	-0.065 2	-0.065 2	-0.851 ***	-0.453 ***

续表

变量	(1) m1	(2) m2	(3) m3	(4) m4	(5) m5
w_assetstock	(-0.65) 0.147*** (16.36)	(-0.36) 0.147*** (8.93)	(-0.18) 0.147*** (18.24)	(-7.27) 0.067 2*** (7.36)	(-4.36) 0.099 6*** (11.99)
w_liquid	0.011 2*** (17.96)	0.011 2*** (11.49)	0.011 2*** (13.92)	0.014 7*** (20.80)	0.011 5*** (21.47)
w_unique	-0.192*** (-11.75)	-0.192*** (-6.37)	-0.192*** (-9.32)	0.008 74 (0.33)	-0.091 5*** (-4.36)
w_oprisk	0.187*** (29.33)	0.187*** (17.88)	0.187*** (5.01)	0.095 1*** (17.14)	0.124*** (25.28)
w_opncash	-0.057 6*** (-3.69)	-0.057 6*** (-2.87)	-0.057 6** (-2.69)	-0.077 1*** (-5.43)	-0.071 9*** (-5.18)
rate06	-0.016 3*** (-5.94)	-0.016 3*** (-6.89)	-0.016 3 (-1.01)	-0.008 71*** (-3.93)	-0.011 4*** (-5.28)
gdp	0.002 77*** (3.68)	0.002 77*** (3.11)	0.002 77 (0.97)	0.000 941 (1.33)	0.002 16*** (3.48)
_cons	-0.960*** (-11.48)	-0.960*** (-8.75)	-0.960*** (-3.16)	-1.019*** (-10.72)	-1.086*** (-14.51)
N	18 178	18 178	18 178	18 178	18 178
F	334.9	89.51	—	162.0	3 139.7
Adj-R^2	0.230	0.230	0.230	0.126	0.118

注：模型 m1 运用稳健回归；模型 m2 运用稳健聚类公司回归；模型 m3 运用稳健聚类年度回归；模型 m4 运用固定效应模型；模型 m5 运用随机效应模型。固定效应模型和随机效应模型报告的是 r2_w（within）；随机效应模型报告的是 Wald chi2 检验，稳健聚类年度回归 F 值存在缺失现象，其他模型是 F 检验。***、**、* 分别表示 1%、5%、10% 的显著性水平。"—" 表示数据缺失。

表 5-13　　衰退期行业与长期债务率的模型分析

变量	(1) m1	(2) m2	(3) m3	(4) m4	(5) m5
x4	-0.044 3***	-0.044 3***	-0.044 3***	-0.038 0***	-0.039 4***
	(-15.37)	(-7.27)	(-25.80)	(-3.28)	(-7.00)
w_totalindex	-0.013 2***	-0.013 2***	-0.013 2***	-0.010 2***	-0.013 7***
	(-23.41)	(-11.32)	(-14.36)	(-7.75)	(-16.58)
w_roe	0.016 6*	0.016 6	0.016 6	0.027 3***	0.023 5***
	(1.89)	(1.43)	(1.63)	(3.36)	(2.94)
w_lnsize	0.041 6***	0.041 6***	0.041 6***	0.053 6***	0.051 0***
	(32.44)	(15.52)	(12.86)	(23.55)	(31.80)
w_tobinq	-0.014 1***	-0.014 1***	-0.014 1***	-0.008 53***	-0.009 07***
	(-10.84)	(-7.14)	(-4.15)	(-6.29)	(-6.98)
state	0.016 2***	0.016 2***	0.016 2***	0.000 108	0.016 3***
	(6.31)	(3.16)	(4.10)	(0.02)	(4.53)
w_ndtax	-0.278***	-0.278	-0.278	-0.853***	-0.504***
	(-2.80)	(-1.57)	(-0.76)	(-7.31)	(-4.87)
w_assetstock	0.153***	0.153***	0.153***	0.067 1***	0.101***
	(17.08)	(9.41)	(17.90)	(7.37)	(12.20)
w_liquid	0.010 6***	0.010 6***	0.010 6***	0.014 7***	0.011 2***
	(16.95)	(10.87)	(13.87)	(20.66)	(20.90)
w_unique	-0.194***	-0.194***	-0.194***	0.006 54	-0.094 6***
	(-11.93)	(-6.49)	(-9.84)	(0.25)	(-4.53)
w_oprisk	0.184***	0.184***	0.184***	0.094 5***	0.123***
	(29.26)	(17.92)	(5.03)	(17.07)	(25.12)
w_opncash	-0.050 2***	-0.050 2**	-0.050 2**	-0.077 4***	-0.071 9***
	(-3.23)	(-2.52)	(-2.25)	(-5.45)	(-5.18)
rate06	-0.016 5***	-0.016 5***	-0.016 5	-0.008 58***	-0.011 4***
	(-6.04)	(-6.95)	(-1.02)	(-3.87)	(-5.28)
gdp	0.002 79***	0.002 79***	0.002 79	0.000 904	0.002 15***
	(3.72)	(3.14)	(0.97)	(1.28)	(3.45)
_cons	-0.947***	-0.947***	-0.947***	-1.014***	-1.079***

续表

变量	(1) m1	(2) m2	(3) m3	(4) m4	(5) m5
	(-11.40)	(-8.68)	(-3.12)	(-10.67)	(-14.44)
N	18 178	18 178	18 178	18 178	18 178
F	345.5	91.77	—	162.8	3 200.1
Adj-R^2	0.237	0.237	0.237	0.126	0.119

注：模型 m1 运用稳健回归；模型 m2 运用稳健聚类公司回归；模型 m3 运用稳健聚类年度回归；模型 m4 运用固定效应模型；模型 m5 运用随机效应模型。固定效应模型和随机效应模型报告的是 r2_w（within）；随机效应模型报告的是 Wald chi2 检验，稳健聚类年度回归 F 值存在缺失现象，其他模型是 F 检验。***、**、* 分别表示 1%、5%、10%的显著性水平。"—"表示数据缺失。

从表 5-14 可知，对市场化总指数按照分位数分为 5 组，分别对最高组和最低组进行分组回归，研究发现，模型 m1 中 indcycle 与长期债务的 T 值大于模型 m2，模型 m3 中 x2 与长期债务的 T 值大于模型 m4。从表 5-15 可知，模型 m1 中 x3 与长期债务在 1% 的显著性水平上负相关，而在模型 m2 中 x3 与长期债务的系数并不显著，在模型 m3 中 x4 与长期债务的 T 值也大于模型 m4。上述结果表明，在市场化程度最高组中，行业生命周期对于债务期限的效应更大、更明显。

表 5-14　　市场化程度分组下的模型检验（一）

变量	(1) x1hs	(2) x1ls	(3) x2hs	(4) x2ls
indcycle	0.028 8 ***	0.029 4 ***	—	—
	(4.44)	(3.32)		
w_totalindex	-0.031 1 ***	-0.019 9 ***	-0.031 4 ***	-0.019 7 ***
	(-3.49)	(-3.58)	(-3.50)	(-3.54)
w_roe	-0.017 7	0.009 14	-0.015 8	0.015 1
	(-0.57)	(0.42)	(-0.51)	(0.69)
w_lnsize	0.041 6 ***	0.048 6 ***	0.040 9 ***	0.049 6 ***
	(9.23)	(6.19)	(9.10)	(6.27)

续表

变量	(1) x1hs	(2) x1ls	(3) x2hs	(4) x2ls
w_tobinq	-0.007 63 **	-0.015 4 ***	-0.007 85 **	-0.015 3 ***
	(-2.26)	(-2.64)	(-2.29)	(-2.64)
state	0.010 6	0.012 2	0.009 89	0.012 3
	(1.18)	(1.07)	(1.09)	(1.07)
w_ndtax	-1.464 ***	0.453	-1.377 ***	0.598
	(-4.86)	(0.99)	(-4.54)	(1.32)
w_assetstock	0.181 ***	0.161 ***	0.181 ***	0.154 ***
	(6.24)	(4.01)	(6.26)	(3.83)
w_liquid	0.011 4 ***	0.012 3 ***	0.011 8 ***	0.012 8 ***
	(6.22)	(3.18)	(6.37)	(3.31)
w_unique	-0.070 4	-0.165 ***	-0.078 5	-0.152 **
	(-1.38)	(-2.65)	(-1.52)	(-2.42)
w_oprisk	0.258 ***	0.111 ***	0.258 ***	0.109 ***
	(10.72)	(3.77)	(10.66)	(3.66)
w_opncash	-0.085 6 **	-0.022 6	-0.088 9 **	-0.020 5
	(-2.50)	(-0.54)	(-2.57)	(-0.49)
rate06	-0.013 3 **	-0.006 75	-0.012 3 **	-0.007 13
	(-2.54)	(-0.95)	(-2.37)	(-1.01)
gdp	0.006 31 ***	-0.002 02	0.006 04 ***	-0.002 03
	(3.61)	(-0.75)	(3.48)	(-0.75)
x2	—	—	0.037 8 ***	0.031 8 **
	—	—	(3.93)	(2.28)
_cons	-1.217 ***	-0.635 *	-1.155 ***	-0.631 *
	(-4.93)	(-1.89)	(-4.74)	(-1.87)
N	3 240	3 642	3 240	3 642
F	19.90	12.25	19.74	12.04
Adj-R^2	0.259	0.161	0.256	0.157

注：模型x1hs、模型x2hs表示市场化程度较高组，模型x1ls、模型x2ls表示市场化程度较低组，模型采用稳健聚类公司回归。***、**、* 分别表示1%、5%、10%的显著性水平。"—"表示数据缺失。

表 5 – 15　　市场化程度分组下的模型检验（二）

变量	(1) x3hy	(2) x3ly	(3) x4hs	(4) x4ls
x3	-0.012 2***	0.002 08	—	—
	(-4.36)	(0.35)	—	—
w_totalindex	-0.033 0	-0.019 1***	-0.032 4***	-0.019 4***
	(-1.87)	(-3.18)	(-3.64)	(-3.51)
w_roe	-0.017 5	0.018 7	-0.020 5	0.010 6
	(-0.62)	(1.48)	(-0.66)	(0.48)
w_lnsize	0.041 7***	0.049 2***	0.042 7***	0.048 0***
	(9.44)	(10.30)	(9.22)	(6.03)
w_tobinq	-0.006 71	-0.015 2**	-0.006 47*	-0.015 4***
	(-1.76)	(-2.36)	(-1.93)	(-2.58)
state	0.011 0*	0.010 7**	0.012 0	0.010 9
	(2.38)	(2.65)	(1.33)	(0.94)
w_ndtax	-1.395*	0.571**	-1.538***	0.391
	(-2.37)	(3.02)	(-5.07)	(0.85)
w_assetstock	0.183***	0.148***	0.182***	0.157***
	(13.67)	(4.42)	(6.16)	(3.93)
w_liquid	0.012 5***	0.013 4***	0.011 8***	0.012 7***
	(10.92)	(6.25)	(6.47)	(3.20)
w_unique	-0.059 5**	-0.103**	-0.048 2	-0.127**
	(-2.45)	(-2.51)	(-0.94)	(-2.10)
w_oprisk	0.256***	0.107***	0.256***	0.110***
	(3.97)	(4.60)	(10.52)	(3.70)
w_opncash	-0.088 3**	-0.017 3	-0.082 8**	-0.020 5
	(-3.12)	(-0.50)	(-2.41)	(-0.49)

续表

变量	(1) x3hy	(2) x3ly	(3) x4hs	(4) x4ls
rate06	-0.012 2	-0.007 01	-0.013 8 ***	-0.006 54
	(-0.74)	(-0.69)	(-2.62)	(-0.92)
gdp	0.006 27 *	-0.002 18	0.006 70 ***	-0.002 14
	(2.44)	(-1.27)	(3.78)	(-0.80)
x4	—	—	-0.037 2 ***	-0.038 9 ***
	—	—	(-3.40)	(-2.96)
_cons	-1.166 **	-0.604 **	-1.231 ***	-0.575 *
	(-3.40)	(-2.45)	(-4.94)	(-1.71)
N	3 240	3 642	3 240	3 642
F	—	—	19.25	12.09
Adj-R^2	0.245	0.152	0.251	0.158

注：模型 x3hy 表示市场化程度较高组，模型 x3ly 表示市场化程度较低组，模型采用稳健聚类年度回归；模型 x4hs 表示市场化程度较高组，模型 x4ls 表示市场化程度较低组，模型采用稳健聚类公司回归。***、**、* 分别表示 1%、5%、10% 的显著性水平。"—"表示数据缺失。

5.2.6 长期贷款率回归分析

从表 5-16 可知，indcycle 与因变量 Longbankr 在全部模型中均在 1% 的显著性水平上正相关，表明越是成长期行业其长期贷款率越高，totalindex 与因变量 Longbankr 在全部模型中均在 1% 的显著性水平上负相关，表明市场化程度越高，长期贷款的比例更低。另外，govmark、finmark 和 interlaw 分别放入模型，也发现了类似的结论。另外，在表 5-17 中也得到与表 5-16 类似的结论，不再赘述。在表 5-18 中，模型 m4 中 x3 与 Longbankr 在 5% 的显著性水平上负相关，表明成熟期行业的债务期限更短，

totalindex 与因变量 Longbankr 在全部模型中均在 1% 的显著性水平上负相关,与表 5-16 类似。在表 5-19 中,全部模型发现衰退期行业与 Longbankr 至少在 5% 的显著性水平上负相关,越是衰退期行业其长期贷款率越低,支持了前面的研究假设。

表 5-16 行业生命周期与因变量为长期贷款率的多种计量模型分析

变量	(1) m1	(2) m2	(3) m3	(4) m4	(5) m5
indcycle	0.022 7***	0.022 7***	0.022 7***	0.022 5***	0.018 3***
	(14.57)	(6.79)	(11.90)	(4.14)	(7.04)
w_totalindex	-0.013 6***	-0.013 6***	-0.013 6***	-0.015 7***	-0.014 4***
	(-26.79)	(-12.73)	(-14.72)	(-13.30)	(-20.09)
w_roe	0.019 2**	0.019 2*	0.019 2*	0.033 0***	0.029 5***
	(2.50)	(1.86)	(1.90)	(4.56)	(4.16)
w_lnsize	0.029 7***	0.029 7***	0.029 7***	0.042 5***	0.036 3***
	(26.20)	(12.27)	(8.91)	(21.00)	(26.00)
w_tobinq	-0.012 8***	-0.012 8***	-0.012 8***	-0.004 77***	-0.006 64***
	(-12.25)	(-7.98)	(-4.89)	(-3.96)	(-5.77)
state	0.002 13	0.002 13	0.002 13	0.000 220	0.006 64**
	(0.95)	(0.47)	(0.64)	(0.05)	(2.12)
w_ndtax	-0.090 4	-0.090 4	-0.090 4	-0.704***	-0.389***
	(-1.02)	(-0.56)	(-0.29)	(-6.77)	(-4.28)
w_assetstock	0.148***	0.148***	0.148***	0.075 7***	0.103***
	(18.61)	(10.22)	(12.53)	(9.35)	(14.09)
w_liquid	0.002 17***	0.002 17***	0.002 17***	0.005 94***	0.003 02***
	(4.85)	(3.22)	(4.05)	(9.43)	(6.44)
w_unique	-0.200***	-0.200***	-0.200***	-0.011 7	-0.112***
	(-14.42)	(-7.59)	(-11.71)	(-0.50)	(-6.11)
w_oprisk	0.101***	0.101***	0.101***	0.043 9***	0.058 4***
	(17.24)	(10.22)	(3.95)	(8.92)	(13.52)
w_opncash	-0.060 8***	-0.060 8***	-0.060 8***	-0.060 7***	-0.062 1***
	(-4.42)	(-3.38)	(-3.94)	(-4.81)	(-5.05)
rate06	-0.021 8***	-0.021 8***	-0.021 8*	-0.020 0***	-0.019 8***

续表

变量	(1) m1	(2) m2	(3) m3	(4) m4	(5) m5
gdp	(-8.96) 0.006 27***	(-10.26) 0.006 27***	(-1.91) 0.006 27**	(-10.15) 0.006 93***	(-10.34) 0.006 45***
_cons	(9.47) -1.075*** (-14.54)	(7.64) -1.075*** (-10.63)	(2.39) -1.075*** (-4.29)	(11.07) -1.390*** (-16.42)	(11.73) -1.223*** (-18.58)
N	18 178	18 178	18 178	18 178	18 178
F	264.5	57.51	—	70.53	1 924.8
Adj-R^2	0.192	0.192	0.192	0.059 0	0.052 1

注：模型 m1 运用稳健回归；模型 m2 运用稳健聚类公司回归；模型 m3 运用稳健聚类年度回归；模型 m4 运用固定效应模型；模型 m5 运用随机效应模型。固定效应模型和随机效应模型报告的是 r2_w（within）；随机效应模型报告的是 Wald chi2 检验，其他模型是 F 检验。***、**、* 分别表示 1%、5%、10%的显著性水平。"—"表示数据缺失。

表 5-17　　成长性行业与长期贷款率的模型检验

变量	(1) m1	(2) m2	(3) m3	(4) m4	(5) m5
x2	0.023 9*** (9.86)	0.023 9*** (4.54)	0.023 9*** (5.87)	0.031 9*** (4.09)	0.018 9*** (5.11)
w_totalindex	-0.013 7*** (-26.89)	-0.013 7*** (-12.82)	-0.013 7*** (-15.04)	-0.015 7*** (-13.34)	-0.014 4*** (-19.99)
w_roe	0.021 7*** (2.82)	0.021 7** (2.10)	0.021 7* (2.08)	0.033 0*** (4.56)	0.030 3*** (4.28)
w_lnsize	0.030 0*** (26.37)	0.030 0*** (12.31)	0.030 0*** (8.84)	0.042 5*** (20.98)	0.036 3*** (25.99)
w_tobinq	-0.012 8*** (-12.19)	-0.012 8*** (-7.94)	-0.012 8*** (-4.80)	-0.004 79*** (-3.97)	-0.006 69*** (-5.82)
state	0.002 13 (0.95)	0.002 13 (0.46)	0.002 13 (0.66)	0.000 195 (0.05)	0.006 55** (2.09)

续表

变量	(1) m1	(2) m2	(3) m3	(4) m4	(5) m5
w_ndtax	-0.012 4	-0.012 4	-0.012 4	-0.697***	-0.370***
	(-0.14)	(-0.08)	(-0.04)	(-6.69)	(-4.06)
w_assetstock	0.146***	0.146***	0.146***	0.075 2***	0.102***
	(18.27)	(9.98)	(12.44)	(9.27)	(13.98)
w_liquid	0.002 48***	0.002 48***	0.002 48***	0.005 98***	0.003 17***
	(5.54)	(3.66)	(4.46)	(9.49)	(6.75)
w_unique	-0.195***	-0.195***	-0.195***	-0.010 9	-0.109***
	(-14.01)	(-7.37)	(-11.67)	(-0.47)	(-5.96)
w_oprisk	0.101***	0.101***	0.101***	0.044 3***	0.058 7***
	(17.25)	(10.22)	(3.93)	(9.01)	(13.59)
w_opncash	-0.063 5***	-0.063 5***	-0.063 5***	-0.060 6***	-0.062 1***
	(-4.61)	(-3.52)	(-4.25)	(-4.80)	(-5.05)
rate06	-0.021 8***	-0.021 8***	-0.021 8*	-0.020 1***	-0.019 8***
	(-8.93)	(-10.25)	(-1.92)	(-10.18)	(-10.34)
gdp	0.006 28***	0.006 28***	0.006 28**	0.006 97***	0.006 46***
	(9.44)	(7.64)	(2.41)	(11.12)	(11.73)
_cons	-1.064***	-1.064***	-1.064***	-1.376***	-1.210***
	(-14.33)	(-10.51)	(-4.29)	(-16.30)	(-18.38)
N	18 178	18 178	18 178	18 178	18 178
F	260.6	56.74	—	70.50	1 893.9
Adj-R^2	0.188	0.188	0.188	0.059 0	0.052 0

注：模型 m1 运用稳健回归；模型 m2 运用稳健聚类公司回归；模型 m3 运用稳健聚类年度回归；模型 m4 运用固定效应模型；模型 m5 运用随机效应模型。固定效应模型和随机效应模型报告的是 r2_w (within)；随机效应模型报告的是 Wald chi2 检验，其他模型是 F 检验。***、**、* 分别表示 1%、5%、10% 的显著性水平。"—"表示数据缺失。

表 5-18 成熟性行业与长期贷款率的模型检验

变量	(1) m1	(2) m2	(3) m3	(4) m4	(5) m5
x3	-0.000 047 0	-0.000 047 0	-0.000 047 0	-0.016 1**	-0.000 927
	(-0.02)	(-0.01)	(-0.01)	(-2.14)	(-0.27)
w_totalindex	-0.013 0***	-0.013 0***	-0.013 0***	-0.015 4***	-0.014 0***
	(-25.48)	(-12.11)	(-14.35)	(-13.10)	(-19.39)
w_roe	0.021 9***	0.021 9**	0.021 9*	0.034 3***	0.031 6***
	(2.83)	(2.12)	(2.12)	(4.74)	(4.46)
w_lnsize	0.030 2***	0.030 2***	0.030 2***	0.042 5***	0.036 4***
	(26.42)	(12.28)	(8.89)	(21.02)	(25.95)
w_tobinq	-0.012 2***	-0.012 2***	-0.012 2***	-0.004 90***	-0.006 59***
	(-11.63)	(-7.58)	(-4.50)	(-4.06)	(-5.72)
state	0.003 64	0.003 64	0.003 64	-0.000 021 7	0.007 06**
	(1.61)	(0.79)	(1.12)	(-0.01)	(2.24)
w_ndtax	-0.087 3	-0.087 3	-0.087 3	-0.715***	-0.405***
	(-0.97)	(-0.53)	(-0.30)	(-6.87)	(-4.43)
w_assetstock	0.146***	0.146***	0.146***	0.077 0***	0.103***
	(18.17)	(9.86)	(12.67)	(9.51)	(14.00)
w_liquid	0.002 90***	0.002 90***	0.002 90***	0.006 04***	0.003 37***
	(6.52)	(4.31)	(4.93)	(9.59)	(7.19)
w_unique	-0.169***	-0.169***	-0.169***	-0.009 05	-0.097 7***
	(-12.25)	(-6.36)	(-10.48)	(-0.39)	(-5.33)
w_oprisk	0.099 5***	0.099 5***	0.099 5***	0.044 0***	0.057 7***
	(16.85)	(9.96)	(3.82)	(8.92)	(13.32)
w_opncash	-0.061 0***	-0.061 0***	-0.061 0***	-0.060 6***	-0.061 4***
	(-4.40)	(-3.35)	(-3.99)	(-4.80)	(-4.99)
rate06	-0.022 3***	-0.022 3***	-0.022 3*	-0.020 1***	-0.019 9***
	(-9.12)	(-10.46)	(-1.99)	(-10.18)	(-10.37)
gdp	0.006 38***	0.006 38***	0.006 38**	0.006 92***	0.006 43***
	(9.57)	(7.76)	(2.44)	(11.04)	(11.68)
_cons	-1.078***	-1.078***	-1.078***	-1.357***	-1.205***

续表

变量	(1) m1	(2) m2	(3) m3	(4) m4	(5) m5
	(-14.46)	(-10.57)	(-4.36)	(-16.07)	(-18.29)
N	18 178	18 178	18 178	18 178	18 178
F	257.1	55.14	—	69.58	1 854.1
Adj-R^2	0.183	0.183	0.183	0.058 2	0.051 9

注：模型 m1 运用稳健回归；模型 m2 运用稳健聚类公司回归；模型 m3 运用稳健聚类年度回归；模型 m4 运用固定效应模型；模型 m5 运用随机效应模型。固定效应模型和随机效应模型报告的是 r2_w（within）；随机效应模型报告的是 Wald chi2 检验，其他模型是 F 检验。***、**、* 分别表示1%、5%、10%的显著性水平。"—"表示数据缺失。

表5-19　衰退性行业与长期贷款率的模型检验

变量	(1) m1	(2) m2	(3) m3	(4) m4	(5) m5
x4	-0.037 1***	-0.037 1***	-0.037 1***	-0.025 2**	-0.030 5***
	(-14.74)	(-6.87)	(-19.58)	(-2.45)	(-6.32)
w_totalindex	-0.012 9***	-0.012 9***	-0.012 9***	-0.015 3***	-0.014 0***
	(-25.37)	(-12.00)	(-13.87)	(-13.05)	(-19.56)
w_roe	0.017 9**	0.017 9*	0.017 9*	0.034 1***	0.030 1***
	(2.31)	(1.72)	(1.80)	(4.72)	(4.25)
w_lnsize	0.029 7***	0.029 7***	0.029 7***	0.042 6***	0.036 3***
	(26.14)	(12.22)	(8.99)	(21.06)	(25.96)
w_tobinq	-0.012 4***	-0.012 4***	-0.012 4***	-0.004 86***	-0.006 49***
	(-11.76)	(-7.68)	(-4.66)	(-4.03)	(-5.64)
state	0.003 52	0.003 52	0.003 52	0.000 035 2	0.007 22**
	(1.57)	(0.77)	(1.01)	(0.01)	(2.30)
w_ndtax	-0.209**	-0.209	-0.209	-0.727***	-0.437***

续表

变量	(1) m1	(2) m2	(3) m3	(4) m4	(5) m5
	(-2.34)	(-1.29)	(-0.67)	(-7.00)	(-4.81)
w_assetstock	0.150***	0.150***	0.150***	0.0779***	0.104***
	(18.74)	(10.26)	(12.75)	(9.63)	(14.19)
w_liquid	0.00237***	0.00237***	0.00237***	0.00597***	0.00312***
	(5.32)	(3.54)	(4.28)	(9.47)	(6.66)
w_unique	-0.178***	-0.178***	-0.178***	-0.0105	-0.102***
	(-13.02)	(-6.78)	(-10.58)	(-0.45)	(-5.58)
w_oprisk	0.0982***	0.0982***	0.0982***	0.0431***	0.0570***
	(16.85)	(9.99)	(3.86)	(8.77)	(13.20)
w_opncash	-0.0567***	-0.0567***	-0.0567***	-0.0609***	-0.0615***
	(-4.10)	(-3.14)	(-3.54)	(-4.82)	(-5.00)
rate06	-0.0223***	-0.0223***	-0.0223*	-0.0199***	-0.0199***
	(-9.15)	(-10.46)	(-1.97)	(-10.11)	(-10.37)
gdp	0.00637***	0.00637***	0.00637**	0.00686***	0.00642***
	(9.60)	(7.75)	(2.41)	(10.95)	(11.67)
_cons	-1.058***	-1.058***	-1.058***	-1.358***	-1.198***
	(-14.30)	(-10.47)	(-4.19)	(-16.08)	(-18.20)
N	18 178	18 178	18 178	18 178	18 178
F	263.8	56.51	—	69.69	1 906.0
Adj-R^2	0.190	0.190	0.190	0.0583	0.0521

注：模型 m1 运用稳健回归；模型 m2 运用稳健聚类公司回归；模型 m3 运用稳健聚类年度回归；模型 m4 运用固定效应模型；模型 m5 运用随机效应模型。固定效应模型和随机效应模型报告的是 r2_w (within)；随机效应模型报告的是 Wald chi2 检验，其他模型是 F 检验。***、**、* 分别表示 1%、5%、10% 的显著性水平。"—"表示数据缺失。

从表 5-20 可知，对市场化总指数按照分位数分为 5 组，分别对最高组和最低组进行分组回归，研究发现，模型 x1hs 中 indcycle 与长期贷款率的 T 值大于模型 x1ls，模型 x2hs、模型 x2hy 中，x2 与长期贷款率在 1% 的显著性水平上负相关，而在模型 x2ls、模型 x2ly 中 x2 与长期贷款率的系数并不显著。此结果与前述结论类似。

表 5-20　　　　　市场化程度分组下的模型检验

变量	(1) x1hs	(2) x1ls	(3) x2hs	(4) x2ls	(5) x2hy	(6) x2ly
indcycle	0.026 4 ***	0.013 9 *	—	—	—	—
	(4.99)	(1.84)	—	—	—	—
w_totalindex	-0.010 5	-0.021 2 ***	-0.010 9	-0.020 9 ***	-0.010 9	-0.020 9 ***
	(-1.58)	(-3.91)	(-1.62)	(-3.86)	(-1.15)	(-4.24)
w_roe	-0.022 6	0.032 5	-0.021 1	0.036 5 *	-0.021 1	0.036 5 **
	(-0.79)	(1.60)	(-0.73)	(1.78)	(1.29)	(3.01)
w_lnsize	0.026 9 ***	0.037 7 ***	0.026 4 ***	0.038 1 ***	0.026 4 ***	0.038 1 ***
	(7.12)	(5.40)	(6.97)	(5.41)	(7.02)	(10.86)
w_tobinq	-0.007 26 ***	-0.013 2 **	-0.007 38 **	-0.013 1 **	-0.007 38 ***	-0.013 1 **
	(-2.81)	(-2.77)	(-2.82)	(-2.74)	(-3.97)	(-2.48)
state	0.000 679	0.006 41	0.000 151	0.005 95	0.000 151	0.005 95
	(0.10)	(0.64)	(0.02)	(0.59)	(0.05)	(1.54)
w_ndtax	-1.261 ***	0.719 *	-1.185 ***	0.782 *	-1.185 **	0.782 **
	(-5.25)	(1.77)	(-4.95)	(1.95)	(-3.62)	(2.98)
w_assetstock	0.188 ***	0.108 ***	0.188 ***	0.102 ***	0.188 ***	0.102 ***
	(8.14)	(3.32)	(8.14)	(3.16)	(10.13)	(3.60)
w_liquid	0.004 18 ***	-0.000 362	0.004 55 ***	0.000 049 2	0.004 55 ***	0.000 049 2
	(3.95)	(-0.17)	(4.25)	(0.02)	(3.67)	(0.03)
w_unique	-0.079 2 **	-0.099 0 *	-0.085 1 **	-0.078 0	-0.085 1 ***	-0.078 0 *
	(-2.02)	(-1.81)	(-2.15)	(-1.43)	(-6.75)	(-1.97)
w_oprisk	0.129 ***	0.056 1 **	0.129 ***	0.054 1 *	0.129 ***	0.054 1 ***

续表

变量	(1) x1hs	(2) x1ls	(3) x2hs	(4) x2ls	(5) x2hy	(6) x2ly
	(6.67)	(1.97)	(6.58)	(1.90)	(4.08)	(3.45)
w_opncash	-0.047 4	-0.042 5	-0.050 3*	-0.040 5	-0.050 3***	-0.040 5
	(-1.58)	(-1.10)	(-1.66)	(-1.04)	(-3.76)	(-1.23)
rate06	-0.021 8***	-0.011 6*	-0.020 9***	-0.011 7*	-0.020 9**	-0.011 7
	(-4.83)	(-1.86)	(-4.67)	(-1.88)	(-2.86)	(-1.41)
gdp	0.010 7***	-0.000 941	0.010 5***	-0.000 992	0.010 5***	-0.000 992
	(7.05)	(-0.37)	(6.93)	(-0.39)	(6.25)	(-0.43)
x2	—	—	0.032 7***	0.004 76	0.032 7***	0.004 76
	—	—	(3.97)	(0.44)	(10.29)	(1.03)
_cons	-1.562***	-0.461	-1.508***	-0.451	-1.508***	-0.451*
	(-7.48)	(-1.46)	(-7.31)	(-1.43)	(-5.56)	(-1.80)
N	3 240	3 642	3 240	3 642	3 240	3 642
F	18.49	8.950	18.24	8.882	—	—
Adj-R^2	0.216	0.117	0.210	0.115	0.210	0.115

注：模型 x1hs 表示市场化程度较高组，模型 x1ls 表示市场化程度较低组，模型采用稳健聚类公司回归；模型 x2hs 表示市场化程度较高组，模型 x2ls 表示市场化程度较低组，模型采用稳健聚类公司回归；模型 x2hy 表示市场化程度较高组，模型 x2ly 表示市场化程度较低组，模型采用稳健聚类年度回归。***、**、* 分别表示 1%、5%、10% 的显著性水平。"—" 表示数据缺失。

5.2.7 进一步分析

5.2.7.1 因变量为财务杠杆的中央控股上市公司和地方控股上市公司分组

中央控股上市公司和地方控股上市公司的模型检验，见表 5-21。

表 5-21　中央控股上市公司和地方控股上市公司的模型检验

变量	(1) x2s	(2) x2h	(3) x2hh	(4) x2hl	(5) x2l	(6) x2lh	(7) x2ll
x2	-0.034 9 ***	-0.047 8 ***	-0.038 1	-0.032 3	-0.032 3 ***	-0.041 3 ***	-0.020 3
	(-4.39)	(-2.72)	(-1.47)	(-1.17)	(-3.66)	(-3.30)	(-1.61)
yq	0.017 9 **	—	—	—	—	—	—
	(2.08)	—	—	—	—	—	—
w_totalindex	0.007 11 ***	0.012 0 ***	0.009 36	-0.003 43	0.006 42 ***	0.010 8 *	0.015 0 ***
	(4.63)	(3.13)	(0.57)	(-0.42)	(3.82)	(1.85)	(3.43)
w_roe	-0.166 ***	-0.174 ***	0.014 0	-0.267 ***	-0.167 ***	-0.129 ***	-0.208 ***
	(-11.25)	(-5.03)	(0.19)	(-4.67)	(-10.15)	(-3.61)	(-9.53)
w_tobinq	-0.025 8 ***	-0.028 9 ***	-0.032 0 ***	-0.020 4	-0.024 5 ***	-0.013 6 *	-0.027 7 ***
	(-7.80)	(-4.57)	(-4.33)	(-1.63)	(-6.51)	(-1.85)	(-5.47)
w_ndtax	-2.845 ***	-2.481 ***	-1.454 *	-2.758 ***	-2.863 ***	-2.904 ***	-2.271 ***
	(-13.17)	(-4.45)	(-1.87)	(-3.75)	(-12.15)	(-8.66)	(-6.36)
w_assetstock	0.152 ***	0.125 **	0.029 7	0.181 **	0.153 ***	0.174 ***	0.125 ***
	(7.24)	(2.57)	(0.46)	(2.53)	(6.62)	(4.94)	(3.25)
w_liquid	-0.056 9 ***	-0.067 2 ***	-0.061 7 ***	-0.080 0 ***	-0.054 8 ***	-0.050 4 ***	-0.058 7 ***
	(-14.28)	(-8.40)	(-5.86)	(-7.33)	(-12.40)	(-9.40)	(-6.03)
w_unique	-0.139 ***	-0.207 *	-0.252 *	-0.257	-0.133 **	-0.321 ***	-0.018 5
	(-2.69)	(-1.73)	(-1.70)	(-1.38)	(-2.35)	(-3.33)	(-0.33)
w_oprisk	0.041 2 ***	0.036 6	-0.106 ***	0.082 8 *	0.040 5 ***	-0.079 7 ***	0.096 7 ***
	(4.10)	(1.45)	(-2.70)	(1.79)	(3.75)	(-4.53)	(4.90)
w_opncash	-0.145 ***	-0.098 0 *	-0.215 **	0.029 7	-0.159 ***	-0.193 ***	-0.108 **
	(-5.08)	(-1.67)	(-2.39)	(0.37)	(-4.94)	(-3.78)	(-2.31)
rate06	0.002 63	0.005 53	0.019 9 **	-0.015 4	0.001 96	0.020 5 ***	0.008 67 *
	(0.96)	(0.93)	(2.19)	(-1.30)	(0.65)	(3.93)	(1.67)
gdp	0.002 51 **	0.002 31	-0.011 4 ***	0.011 6 **	0.002 53 **	-0.008 68 ***	0.004 95 **
	(2.46)	(0.95)	(-3.14)	(2.19)	(2.25)	(-4.93)	(2.26)
_cons	0.295 ***	0.311	1.817 ***	-0.534	0.296 ***	1.397 ***	-0.058 0
	(2.99)	(1.33)	(4.52)	(-1.00)	(2.74)	(7.61)	(-0.26)
N	112 89	1 973	652	657	9 316	3 076	3 113

续表

变量	(1) x2s	(2) x2h	(3) x2hh	(4) x2hl	(5) x2l	(6) x2lh	(7) x2ll
F	85.59	35.57	14.65	24.62	72.14	29.00	50.01
Adj-R^2	0.424	0.519	0.502	0.585	0.404	0.422	0.454

注：模型 x2s 表示国有控股的全样本回归；模型 x2h、模型 x2l 分别表示中央控股组和地方控股组；模型 x2hh、模型 x2hl 表示中央控股组中市场化进程按照中位数划分为三组中的最高组和最低组；模型 x2lh、模型 x2ll 表示地方控股组中市场化进程按照中位数划分为三组中的最高组和最低组；模型采用稳健聚类公司回归方法；***、**、* 分别表示 1%、5%、10% 的显著性水平。"—"表示数据缺失。

国有控股依据终极控制人类型进一步划分为中央控股的上市公司和地方控股的上市公司，这种划分与陈等（Chen et al.,2009）、张等（Cheung et al., 2010）的文献是一致的。yq 变量定义：上市公司产权性质为中央控股时取 1，上市公司产权性质为地方控股时取 0。数据来自 CSMAR 数据库。从表 5-21 可知，yq 的系数在 5% 的显著性水平上与财务杠杆正相关，表明相比于地方控股的上市公司，中央控股上市公司的债务率更高，中央控股上市公司能够获得更多的债务资源（Fisman, 2001；Faccio, 2006；等），具有优先从金融机构获取信贷资源的优势（Sapienza, 2004；Khwaja and Mian, 2005；Berkman et al., 2009；等）。另外，在模型 x2lh 中，x2 与债务率的显著性明显高于模型 x2ll，表明行业效应在地方控股上市公司中的市场化程度较高组中更显著。可能的原因是，在市场化程度较高的地方控股的上市公司中，政府控制相对较弱，可能更加注重行业自身的效应。

从表 5-22 可知，yq 的系数在模型 x2hs、模型 x2hy 中并不显著，然而，在模型 x2ls、x2ly 中呈现出至少在 5% 的显著性水平上与财务杠杆正相关。这表明在非成长性行业中，中央控股上市公司和地方控股上市公司具有显著的差异。可能的原因是在成长性行业中，行业的自身特点很重要，融资能力的大小与行业特点紧密相关，更加注重行业发展内在的本质差异，弱化了外界的其他特征，如产权性质的内在差异。而在非成长性行业中，行业自身的发展状况比较平稳,行业总体比较成熟,内在差异没有那么巨大,外界的产权性质特征替代了行业自身效应。

表5-22 成长性行业分组下的中央控股上市公司和地方控股上市公司模型检验

变量	(1) x2hs	(2) x2ls	(3) x2hy	(4) x2iy
yq	0.003 41	0.023 6**	0.003 41	0.023 6***
	(0.20)	(2.46)	(0.71)	(7.36)
w_totalindex	0.009 08***	0.005 90***	0.009 08***	0.005 90***
	(2.99)	(3.43)	(5.99)	(4.44)
w_roe	-0.196***	-0.157***	-0.196***	-0.157***
	(-6.27)	(-9.47)	(-4.98)	(-6.63)
w_tobinq	-0.013 5**	-0.030 4***	-0.013 5**	-0.030 4***
	(-2.38)	(-8.47)	(-2.74)	(-8.15)
w_ndtax	-2.878***	-2.840***	-2.878***	-2.840***
	(-6.71)	(-11.75)	(-12.64)	(-26.89)
w_assetstock	0.155***	0.132***	0.155***	0.132***
	(4.62)	(4.96)	(5.12)	(9.99)
w_liquid	-0.044 1***	-0.070 1***	-0.044 1***	-0.070 1***
	(-10.65)	(-10.50)	(-21.88)	(-20.78)
w_unique	-0.077 6	-0.219***	-0.077 6*	-0.219***
	(-0.93)	(-3.53)	(-1.88)	(-4.99)
w_oprisk	-0.023 1	0.065 3***	-0.023 1	0.065 3***
	(-1.21)	(5.58)	(-1.13)	(3.17)
w_opncash	-0.250***	-0.093 4***	-0.250***	-0.093 4***
	(-4.95)	(-2.92)	(-4.01)	(-3.66)
rate06	0.010 9**	0.000 398	0.010 9	0.000 398
	(2.19)	(0.13)	(0.77)	(0.03)

续表

变量	(1) x2hs	(2) x2ls	(3) x2hy	(4) x2iy
gdp	0.000 088 3	0.00 257**	0.000 088 3	0.002 57
	(0.05)	(2.17)	(0.02)	(0.73)
_cons	0.439**	0.339***	0.439	0.339
	(2.45)	(2.97)	(1.28)	(0.98)
N	3 223	8 066	3 223	8 066
F	32.57	94.56	—	—
Adj-R^2	0.408	0.449	0.408	0.449

注：x2hs、x2ls 用稳健聚类公司回归方法，x2hy、x2ly 用稳健聚类年度回归方法；x2hs、x2hy 表示成长性行业组，x2ls、x2ly 表示非成长性行业组。***、**、* 分别表示 1%、5%、10% 的显著性水平。"—" 表示数据缺失。

5.2.7.2 因变量为财务杠杆的股权分置改革和货币政策分组

本书同时还对我国资本市场中发生的重要变化，股权分置改革和货币政策变化做出了进一步分析。截至 2006 年底，沪深两市已完成或者进入改革程序的上市公司共 1 301 家，占应改革上市公司的 97%，对应市值占比为 98%，未进入改革程序的上市公司仅 40 家，股权分置改革任务基本完成。[①] 2005 年 5 月开始股权分置改革，2006 年底基本完成，所以进行以下设置，gqfz 代表股权分置变量，gqfz = 1，year > 2006；gqfz = 0，year < 2005。股权分置改革后，流通股股东可以获得正的超额收益或公司绩效得到改善，资源配置得到优化（陈明贺，2007；丁守海，2007；何诚颖等，2007；蓝发钦等，2008；淳伟德，2012；廖理等，2012）。廖理等（2012）表明，股权分置改革后，上市公司的利

[①] 参考 http://www.gov.cn/ztzl/gclszfgzbg/content_554986.htm，另外，廖理等（2012）也得出此结论。

益机制发生根本性变革，公司治理水平得到提高。①

从表5-23可知，gqfz的系数在1%的显著性水平上与财务杠杆正相关，表明股权分置改革后，公司债务融资比例增加，趋向于债务融资，可能的因素是股权分置改革后大量的流通股开始流入市场。大股东可以更好地分配股权或处置股权，资本市场更趋于完善和规范，其他融资方式得到了更好的利用。而在股权分置改革之前，中国的资本市场并不完善，非流通股占比很多，公司治理相对较弱，股权融资在一定程度上成为一些上市公司圈钱的工具，较少见股利支付，而债务融资则需要定期还本付息，二者权衡的结果则产生了中国上市公司偏好股权融资。② 在模型 x2h、模型 x2l 中，x2 的系数在 1% 的显著性水平上均与财务杠杆负相关，这表明行业特征变量在股权分置改革前后的差异不大。但是，在模型 x2hh、模型 x2lh 中发现，x2 的系数在 5% 的显著性水平上均与财务杠杆负相关，而在模型 x2hl、模型 x2ll 中没有发现显著的结果，表明市场化程度较高的地区，行业特征的效应更显著。从企业层面考量成长性特征，则发现 tobinq 变量在模型 x2h 中，其系数在 1% 的显著性水平上与财务杠杆负相关，而在模型 x2l 中没有发现显著的结果。这表明，企业成长性特征在股权分置改革之后的效应更明显，可能的因素是股权分置改革之后我国的资本市场更趋完善，企业的特征能够得到更好的识别，发挥更大的效应。

---

① 在股权分置改革的过程中，上市公司的股权分置改革说明书中的第五项一般为"股权分置改革对公司治理的影响"。转引自廖理等著. 股权分置改革与中国资本市场 [M]. 北京：商务印书馆，2012.

② 黄少安和张岗（2001）通过对上市公司融资结构的描述，认定中国上市公司存在强烈的股权融资偏好；公司股权融资的成本大大低于债务融资的成本是股权融资偏好的直接动因，深层的原因在于现行的制度和政策。阎达五等（2001）认为，国有股股东普遍不到位，严重削弱了股东对经理层的约束，上市公司没有分红派息压力，外部股权融资成本成为公司管理层可以控制的成本，所以在国内，债务融资的顺序明显排在外部股权融资之后，该文还进一步验证了上市公司具有强烈的股权再融资偏好。

表 5-23　因变量为财务杠杆的股权分置改革分组检验

变量	(1) x2s	(2) x2h	(3) x2hh	(4) x2hl	(5) x2l	(6) x2lh	(7) x2ll
x2	-0.018 5 ***	-0.018 7 ***	-0.020 3 **	-0.016 0	-0.020 0 ***	-0.029 5 **	-0.001 84
	(-3.41)	(-3.28)	(-2.10)	(-1.44)	(-2.60)	(-2.51)	(-0.16)
gqfz	0.084 9 ***	—	—	—	—	—	—
	(9.93)	—	—	—	—	—	—
w_totalindex	-0.003 16 ***	-0.004 79 ***	-0.002 97	-0.000 327	0.000 839	-0.008 88	-0.002 16
	(-2.65)	(-3.63)	(-0.35)	(-0.08)	(0.46)	(-1.40)	(-0.37)
w_roe	-0.262 ***	-0.248 ***	-0.189 ***	-0.263 ***	-0.235 ***	-0.204 ***	-0.254 ***
	(-23.18)	(-15.07)	(-5.15)	(-11.45)	(-14.28)	(-6.81)	(-9.46)
w_lnsize	0.047 2 ***	0.049 6 ***	0.046 7 ***	0.053 7 ***	0.039 1 ***	0.040 7 ***	0.038 1 ***
	(19.08)	(19.74)	(10.24)	(12.26)	(8.84)	(6.21)	(5.53)
w_tobinq	-0.006 99 ***	-0.007 97 ***	-0.010 6 ***	-0.008 85 ***	0.008 31	0.007 83	0.000 517
	(-3.48)	(-3.83)	(-3.38)	(-2.62)	(1.38)	(0.47)	(0.08)
state	0.003 58	0.022 0 ***	0.035 3 ***	-0.000 716	-0.020 4 ***	-0.022 7 **	-0.033 9 ***
	(0.69)	(3.73)	(3.39)	(-0.08)	(-2.86)	(-2.17)	(-2.68)
w_ndtax	-2.122 ***	-1.503 ***	-1.144 ***	-1.765 ***	-2.505 ***	-2.679 ***	-2.150 ***
	(-11.86)	(-7.49)	(-3.22)	(-4.98)	(-10.30)	(-7.29)	(-5.51)
w_assetstock	0.164 ***	0.218 ***	0.222 ***	0.253 ***	0.069 2 ***	0.070 6 **	0.095 4 ***
	(11.08)	(13.16)	(7.34)	(8.97)	(3.07)	(2.00)	(2.69)
w_liquid	-0.040 1 ***	-0.035 5 ***	-0.039 4 ***	-0.037 2 ***	-0.059 4 ***	-0.053 2 ***	-0.057 7 ***
	(-34.15)	(-32.53)	(-16.50)	(-17.67)	(-11.09)	(-6.65)	(-6.43)
w_unique	-0.115 ***	-0.160 ***	-0.084 0	-0.178 ***	-0.047 5	-0.114	0.068 0
	(-3.70)	(-4.94)	(-1.63)	(-2.99)	(-1.07)	(-1.52)	(1.09)
w_oprisk	-0.135 ***	-0.172 ***	-0.241 ***	-0.109 ***	—	—	—
	(-9.25)	(-10.68)	(-7.37)	(-4.31)	—	—	—
w_opncash	-0.098 4 ***	-0.034 6	-0.090 6 **	0.009 74	-0.183 ***	-0.240 ***	-0.104 ***
	(-5.07)	(-1.54)	(-2.54)	(0.23)	(-6.34)	(-4.50)	(-2.61)
rate06	-0.022 3 ***	-0.018 7 ***	-0.031 6 ***	-0.013 3 ***	0.008 18	0.001 33	0.041 1 ***
	(-11.67)	(-9.05)	(-7.12)	(-3.58)	(1.31)	(0.08)	(3.89)

续表

变量	(1) x2s	(2) x2h	(3) x2hh	(4) x2hl	(5) x2l	(6) x2lh	(7) x2ll
gdp	0.010 3 ***	0.008 51 ***	0.012 1 ***	0.005 73 ***	0.019 5 ***	0.019 3 ***	0.028 6 ***
	(14.40)	(10.36)	(8.22)	(4.05)	(8.03)	(3.65)	(5.62)
_cons	-1.460 ***	-1.273 ***	-1.528 ***	-1.134 ***	-2.396 ***	-2.282 ***	-3.554 ***
	(-15.32)	(-11.30)	(-6.65)	(-5.82)	(-8.41)	(-3.89)	(-6.03)
N	16 934	10 486	2 883	3 548	6 448	2 103	2 160
F	305.1	326.8	107.1	113.6	121.1	31.41	58.11
Adj-R^2	0.543	0.608	0.614	0.577	0.465	0.443	0.475

注：模型 x2s 表示全样本回归；模型 x2h、模型 x2l 分别表示股权分置改革之后组和股权分置改革之前组；模型 x2hh、模型 x2hl 表示股权分置改革之后组中市场化进程按照中位数划分为三组中的最高组和最低组；模型 x2lh、模型 x2ll 表示股权分置改革之前组中市场化进程按照中位数划分为三组中的最高组和最低组；模型采用稳健聚类公司回归方法；***、**、* 分别表示 1%、5%、10% 的显著性水平。"—"表示数据缺失。

从表 5-24 可知，rate06 的系数在 1% 的显著性水平上与财务杠杆负相关，贷款利率越高、公司债务融资比例越低，贷款利率越高表明国家对于当前的货币可能采取紧缩的政策，融资成本的增加在一定程度上降低了债务融资的比例。① 从表 5-24 中发现，企业成长性特征 tobinq 变量在模型 x2h 中，其系数在 5% 的显著性水平上与财务杠杆负相关，而在模型 x2l 中没有发现显著的结果。这表明，货币紧缩时期，在政策的影响下债务资源相对有限，企业成长性特征可能成为影响信贷的一个重要因素，相对成熟的企业更能获取信贷资源。而行业特征在货币政策紧缩与否中并没有显著的差异，至少在 10% 的显著性水平上均与财务杠杆负相关，行业效应受到货币政策的影响相对较少。可能的原因是，行业特征本身具有长期性，相比企业成长性特征而言更具稳定性，受外界制度变迁等因素影响较小。

---

① 中国货币政策的主要传导渠道是信贷传导，货币供应总量的控制是通过控制银行信贷规模实现的。在货币政策紧缩时，银行的货币供应总量减少，可放贷资金规模较小，银行将收紧放贷总量（段云等，2012）。

表 5 - 24　　　　因变量为财务杠杆的货币政策分组检验

变量	(1) x2s	(2) x2h	(3) x2hh	(4) x2hl	(5) x2l	(6) x2lh	(7) x2ll
x2	-0.021 2 ***	-0.010 7 *	-0.015 4	-0.007 42	-0.030 6 ***	-0.027 9 ***	-0.010 7
	(-3.74)	(-1.91)	(-1.64)	(-0.70)	(-4.45)	(-3.03)	(-0.96)
w_totalindex	0.000 233	-0.005 82 ***	-0.014 7	-0.004 26	0.002 25	0.019 3 ***	-0.002 41
	(0.20)	(-4.48)	(-1.61)	(-1.05)	(1.55)	(4.36)	(-0.56)
w_roe	-0.242 ***	-0.262 ***	-0.210 ***	-0.294 ***	-0.245 ***	-0.219 ***	-0.254 ***
	(-21.61)	(-12.39)	(-5.34)	(-9.20)	(-17.82)	(-7.05)	(-11.87)
w_lnsize	0.049 7 ***	0.054 5 ***	0.048 8 ***	0.057 6 ***	0.045 7 ***	0.043 9 ***	0.050 3 ***
	(19.87)	(21.07)	(10.53)	(12.95)	(14.72)	(10.17)	(9.04)
w_tobinq	-0.003 37 *	-0.005 76 **	-0.006 67 *	-0.008 60 *	0.000 460	-0.006 72	0.000 941
	(-1.71)	(-2.03)	(-1.74)	(-1.95)	(0.14)	(-1.32)	(0.16)
state	-0.006 65	0.025 7 ***	0.030 0 ***	0.007 36	-0.017 8 ***	-0.010 9	-0.023 2 **
	(-1.27)	(4.33)	(2.92)	(0.78)	(-2.86)	(-1.20)	(-2.28)
w_ndtax	-2.573 ***	-1.266 ***	-0.740 **	-1.578 ***	-2.697 ***	-2.343 ***	-2.155 ***
	(-14.64)	(-6.30)	(-2.24)	(-4.47)	(-12.26)	(-7.41)	(-5.87)
w_assetstock	0.165 ***	0.215 ***	0.206 ***	0.269 ***	0.117 ***	0.133 ***	0.119 ***
	(10.76)	(12.94)	(6.96)	(9.78)	(6.19)	(5.07)	(3.49)
w_liquid	-0.038 3 ***	-0.033 7 ***	-0.039 1 ***	-0.035 1 ***	-0.050 7 ***	-0.045 9 ***	-0.057 4 ***
	(-35.21)	(-31.57)	(-16.61)	(-16.58)	(-16.42)	(-13.34)	(-6.55)
w_unique	-0.104 ***	-0.150 ***	-0.059 5	-0.177 ***	-0.099 7 **	-0.137 **	0.012 6
	(-3.13)	(-4.51)	(-1.07)	(-2.95)	(-2.48)	(-2.24)	(0.22)
w_oprisk	-0.025 5 ***	-0.174 ***	-0.254 ***	-0.103 ***	-0.021 3 **	-0.157 ***	0.013 3
	(-3.09)	(-10.81)	(-8.17)	(-4.07)	(-2.16)	(-8.87)	(0.67)
w_opncash	-0.129 ***	-0.047 0	-0.103 **	0.017 2	-0.124 ***	-0.099 5 **	-0.158 ***
	(-6.47)	(-1.62)	(-2.23)	(0.31)	(-4.69)	(-2.39)	(-3.37)
rate06	-0.015 8 ***	—	—	—	—	—	—
	(-7.77)	—	—	—	—	—	—
gdp	0.009 28 ***	0.006 25 ***	0.007 41 ***	0.004 03 ***	0.004 96 **	-0.029 3 ***	0.015 9 ***
	(12.38)	(8.91)	(6.54)	(3.48)	(2.14)	(-5.68)	(3.77)
_cons	-1.431 ***	-1.249 ***	-1.115 ***	-1.113 ***	-0.916 ***	2.727 ***	-2.211 ***
	(-14.78)	(-11.40)	(-5.06)	(-5.91)	(-3.43)	(4.60)	(-4.67)
N	18 178	5 691	1 738	1 966	7 439	2 390	2 504
F	321.0	351.4	104.1	115.7	146.8	58.33	55.98
Adj-R^2	0.528	0.626	0.623	0.603	0.477	0.506	0.472

注：模型 x2s 表示全样本回归；模型 x2h、模型 x2l 分别表示 rate06 按照中位数划分为三组中的最高组和最低组；模型 x2hh、模型 x2hl 表示，货币政策紧缩组中市场化进程按照中位数划分为三组中的最高组和最低组；模型 x2lh、模型 x2ll 表示，货币政策宽松组中市场化进程按照中位数划分为三组中的最高组和最低组；模型采用稳健聚类公司回归方法；***、**、* 分别表示 1%、5%、10% 的显著性水平。"—"表示数据缺失。

5.2.7.3 因变量为债务期限的中央控股上市公司和地方控股上市公司分组

因变量为债务期限的中央控股的上市公司和地方控股的上市公司分组,见表5-25。

表5-25 因变量为债务期限的中央控股上市公司和地方控股上市公司分组

变量	(1) x2s	(2) x2h	(3) x2hh	(4) x2hl	(5) x2l	(6) x2lh	(7) x2ll
x2	0.047 0 ***	0.027 7	0.012 2	0.051 8	0.050 5 ***	0.065 7 ***	0.031 2 *
	(5.48)	(1.47)	(0.47)	(1.36)	(5.32)	(4.61)	(1.88)
yq	0.018 4 *	—	—	—	—	—	—
	(1.76)	—	—	—	—	—	—
w_totalindex	-0.012 3 ***	-0.010 6 **	-0.028 0	-0.024 1 **	-0.012 3 ***	-0.006 13	-0.013 6 **
	(-7.48)	(-2.41)	(-1.57)	(-2.09)	(-7.08)	(-1.01)	(-2.55)
w_roe	0.085 8 ***	0.069 0	0.141 **	-0.003 10	0.088 3 ***	0.101 ***	0.070 8 ***
	(5.85)	(1.64)	(2.16)	(-0.04)	(5.65)	(3.23)	(2.86)
w_tobinq	-0.043 6 ***	-0.040 2 ***	-0.029 5 ***	-0.042 3 **	-0.043 3 ***	-0.038 3 ***	-0.043 7 ***
	(-14.22)	(-5.94)	(-3.73)	(-2.46)	(-12.81)	(-6.15)	(-7.56)
w_ndtax	0.166	0.571	-0.074 5	0.088 8	0.096 2	-0.619 *	0.517
	(0.73)	(0.96)	(-0.11)	(0.07)	(0.40)	(-1.69)	(1.20)
w_assetstock	0.168 ***	0.281 ***	0.319 ***	0.329 ***	0.137 ***	0.149 ***	0.157 ***
	(7.54)	(5.17)	(4.51)	(2.79)	(5.68)	(4.00)	(3.45)
w_liquid	0.011 2 ***	0.002 82	0.008 14	-0.003 59	0.012 9 ***	0.013 1 ***	0.017 6 ***
	(4.36)	(0.63)	(1.55)	(-0.42)	(4.40)	(3.54)	(2.84)
w_unique	-0.362 ***	-0.337 **	-0.027 6	-1.009 ***	-0.365 ***	-0.425 ***	-0.185 **
	(-7.47)	(-2.50)	(-0.19)	(-3.55)	(-7.10)	(-4.37)	(-2.50)
w_oprisk	0.251 ***	0.277 ***	0.304 ***	0.226 ***	0.240 ***	0.273 ***	0.221 ***
	(20.59)	(9.05)	(6.62)	(3.33)	(18.23)	(11.76)	(9.08)
w_opncash	-0.011 5	0.117 *	-0.014 8	0.104	-0.043 9	-0.124 **	0.050 8
	(-0.41)	(1.85)	(-0.15)	(0.78)	(-1.41)	(-2.55)	(1.12)

续表

变量	(1) x2s	(2) x2h	(3) x2hh	(4) x2hl	(5) x2l	(6) x2lh	(7) x2ll
rate06	-0.002 47	-0.000 357	0.001 31	-0.024 3 *	-0.003 17	-0.012 0 **	-0.003 72
	(-0.79)	(-0.05)	(0.13)	(-1.70)	(-0.92)	(-2.01)	(-0.52)
gdp	-0.001 34	-0.004 03	0.002 17	-0.000 297	-0.000 649	0.003 00	-0.002 78
	(-1.06)	(-1.38)	(0.54)	(-0.05)	(-0.46)	(1.34)	(-0.93)
_cons	0.337 ***	0.568 **	0.0156	0.401	0.280 **	-0.142	0.490 *
	(2.79)	(2.09)	(0.04)	(0.70)	(2.08)	(-0.64)	(1.66)
N	11 289	1 973	652	657	9 316	3 076	3 113
F	64.41	21.05	11.28	6.865	53.75	20.78	15.35
Adj-R^2	0.208	0.339	0.374	0.289	0.185	0.221	0.144

注：模型 x2s 表示国有控股的全样本回归；模型 x2h、模型 x2l 分别表示中央控股组和地方控股组；模型 x2hh、模型 x2hl 表示中央控股组中市场化进程按照中位数划分为三组中的最高组和最低组；模型 x2lh、模型 x2ll 表示地方控股组中市场化进程按照中位数划分为三组中的最高组和最低组；模型采用稳健聚类公司回归方法；***、**、* 分别表示 1%、5%、10% 的显著性水平。"—"表示数据缺失。

从表 5-25 中可知，yq 的系数在 10% 的显著性水平上与长期债务正相关，表明相比于地方控股的上市公司，越是中央控股的上市公司，其债务期限越长，获得了更多的优惠。另外，行业效应在地方控股的上市公司中更显著。

从表 5-26 中可知，yq 的系数在模型 x2hs、模型 x2hy 中并不显著，然而，在模型 x2ls、模型 x2ly 中呈现出至少在 5% 的显著性水平上与债务期限正相关。这表明，在非成长性行业中，中央控股上市公司和地方控股上市公司具有显著的差异，可能的原因是，在成长性行业中，行业的自身特点很重要，融资能力的大小与行业特点紧密相关，更加注重行业发展内在的本质差异，弱化了外界的其他特征，如产权性质的内在差异。而在非成长性行业中，行业自身的发展状况比较平稳，行业总体比较成熟，终极控制人特征在一定程度上替代了行业自身效应。

表 5-26　成长性行业分组下的中央控股上市公司和地方控股上市公司的差异检验

变量	(1) x2ly	(2) x2hs	(3) x2ls	(4) x2hy
yq	-0.003 75	0.028 4**	-0.003 75	0.028 4***
	(-0.20)	(2.29)	(-0.69)	(5.74)
w_totalindex	-0.007 93**	-0.014 0***	-0.007 93**	-0.014 0***
	(-2.25)	(-7.66)	(-3.42)	(-14.81)
w_roe	0.017 9	0.102***	0.017 9	0.102***
	(0.52)	(6.60)	(0.72)	(6.37)
w_tobinq	-0.044 7***	-0.041 5***	-0.044 7***	-0.041 5***
	(-7.34)	(-12.22)	(-12.28)	(-11.16)
w_ndtax	-0.331	0.582**	-0.331	0.582
	(-0.79)	(2.16)	(-0.67)	(1.49)
w_assetstock	0.264***	0.097 7***	0.264***	0.097 7***
	(6.62)	(3.79)	(13.14)	(5.19)
w_liquid	0.014 5***	0.007 79**	0.014 5***	0.007 79***
	(3.68)	(2.47)	(7.16)	(4.57)
w_unique	-0.290***	-0.409***	-0.290***	-0.409***
	(-4.09)	(-6.79)	(-7.67)	(-8.52)
w_oprisk	0.293***	0.233***	0.293***	0.233***
	(12.31)	(16.85)	(7.26)	(6.61)
w_opncash	-0.021 3	-0.002 42	-0.021 3	-0.002 42
	(-0.36)	(-0.08)	(-0.36)	(-0.08)
rate06	0.000 782	-0.003 82	0.000 782	-0.003 82
	(0.12)	(-1.07)	(0.03)	(-0.17)
gdp	-0.002 66	-0.000 833	-0.002 66	-0.000 833
	(-1.04)	(-0.57)	(-0.58)	(-0.26)
_cons	0.432*	0.328**	0.432	0.328
	(1.78)	(2.37)	(0.91)	(1.00)
N	3 223	8 066	3 223	8 066
F	28.09	47.81	—	—
Adj-R^2	0.248	0.194	0.248	0.194

注：模型 x2hs、模型 x2ls 用稳健聚类公司回归方法，模型 x2hy、模型 x2ly 用稳健聚类年度回归方法；模型 x2hs、模型 x2hy 表示成长性行业组，模型 x2ls、模型 x2ly 表示非成长性行业组。***、**、* 分别表示 1%、5%、10% 的显著性水平。"—" 表示数据缺失。

5.2.7.4 因变量为债务期限的股权分置改革分组

因变量为长期债务率的股权分置改革分组一,见表5-27。

表5-27 因变量为长期债务率的股权分置改革分组一

变量	(1) x1s	(2) x1h	(3) x1hh	(4) x1hl	(5) x1l	(6) x1lh	(7) x1ll
indcycle	0.032 2 ***	0.036 9 ***	0.029 8 ***	0.039 4 ***	0.024 5 ***	0.021 2 ***	0.023 1 **
	(8.88)	(9.06)	(4.49)	(5.23)	(4.69)	(3.11)	(2.25)
gqfz	-0.145 ***	—	—	—	—	—	—
	(-15.69)						
w_totalindex	-0.008 43 ***	-0.006 33 ***	-0.005 55	-0.014 0 ***	-0.013 2 ***	-0.013 6 **	-0.011 0
	(-7.16)	(-4.74)	(-0.62)	(-3.25)	(-6.76)	(-2.22)	(-1.48)
w_roe	0.045 8 ***	0.051 9 ***	0.0364	0.046 7 *	0.036 1 **	0.051 2 **	0.027 9
	(4.02)	(3.08)	(1.07)	(1.80)	(2.38)	(2.17)	(1.04)
w_lnsize	0.046 3 ***	0.043 1 ***	0.039 7 ***	0.044 2 ***	0.047 9 ***	0.049 8 ***	0.048 5 ***
	(18.62)	(17.39)	(8.63)	(10.33)	(9.50)	(8.38)	(4.84)
w_tobinq	-0.006 86 ***	-0.006 61 ***	-0.003 42	-0.009 38 ***	0.004 36	0.022 4	-0.001 80
	(-3.62)	(-3.33)	(-1.06)	(-2.94)	(0.73)	(1.55)	(-0.18)
state	-0.000 437	-0.001 92	0.005 33	-0.003 23	0.001 78	-0.010 6	0.004 47
	(-0.09)	(-0.33)	(0.58)	(-0.33)	(0.25)	(-1.11)	(0.35)
w_ndtax	-0.925 ***	-2.672 ***	-2.567 ***	-2.287 ***	1.150 ***	1.258 ***	0.628
	(-5.15)	(-12.64)	(-6.87)	(-6.70)	(4.17)	(3.58)	(1.11)
w_assetstock	0.159 ***	0.155 ***	0.187 ***	0.059 9 *	0.162 ***	0.127 ***	0.206 ***
	(10.26)	(8.54)	(6.05)	(1.90)	(6.48)	(4.11)	(4.54)
w_liquid	0.014 1 ***	0.014 4 ***	0.013 7 ***	0.014 0 ***	0.010 9 ***	0.006 07 *	0.015 3 **
	(13.98)	(14.56)	(7.26)	(6.74)	(3.27)	(1.72)	(2.33)
w_unique	-0.223 ***	-0.231 ***	-0.087 9 *	-0.301 ***	-0.191 ***	-0.229 ***	-0.106
	(-8.05)	(-7.50)	(-1.75)	(-5.67)	(-4.05)	(-3.93)	(-1.27)
w_oprisk	0.381 ***	0.472 ***	0.397 ***	0.527 ***	—	—	—
	(21.95)	(26.03)	(11.40)	(18.39)			
w_opncash	-0.112 ***	-0.189 ***	-0.138 ***	-0.230 ***	-0.040 7	-0.027 3	-0.024 7
	(-5.79)	(-8.00)	(-3.73)	(-5.32)	(-1.34)	(-0.59)	(-0.48)

续表

变量	(1) x1s	(2) x1h	(3) x1hh	(4) x1hl	(5) x1l	(6) x1lh	(7) x1ll
rate06	-0.004 24 *	-0.008 23 ***	-0.003 69	-0.008 80 **	-0.002 92	0.010 1	-0.016 0
	(-1.90)	(-3.33)	(-0.72)	(-2.03)	(-0.34)	(0.54)	(-0.96)
gdp	-0.000 937	-0.000 251	0.001 41	-0.000 772	0.003 21	0.002 50	-0.008 39
	(-1.13)	(-0.27)	(0.85)	(-0.48)	(1.10)	(0.45)	(-1.18)
_cons	-0.746 ***	-0.898 ***	-1.035 ***	-0.793 ***	-1.268 ***	-1.282 **	0.032 0
	(-7.25)	(-7.74)	(-4.28)	(-3.80)	(-3.66)	(-2.10)	(0.04)
N	16 934	10 486	2 883	3 548	6 448	2 103	2 160
F	108.7	125.4	19.94	59.03	23.54	15.41	7.098
Adj-R^2	0.285	0.386	0.307	0.422	0.164	0.186	0.121

注：模型 x1s 表示全样本回归；模型 x1h、模型 x1l 分别表示股权分置改革之后组和股权分置改革之前组；模型 x1hh、模型 x1hl 表示股权分置改革之后组中市场化进程按照中位数划分为三组中的最高组和最低组；模型 x1lh、模型 x1ll 表示股权分置改革之前组中市场化进程按照中位数划分为三组中的最高组和最低组；模型采用稳健聚类公司回归方法；***、**、* 分别表示 1%、5%、10% 的显著性水平。"—"表示数据缺失。

因变量为长期债务率的股权分置改革分组二，见表 5-28。

表 5-28　因变量为长期债务率的股权分置改革分组二

变量	(1) x2s	(2) x2h	(3) x2hh	(4) x2hl	(5) x2l	(6) x2lh	(7) x2ll
x2	0.039 0 ***	0.048 3 ***	0.039 8 ***	0.046 4 ***	0.026 1 ***	0.024 8 **	0.024 6
	(6.99)	(8.06)	(4.09)	(4.15)	(3.04)	(2.18)	(1.55)
gqfz	-0.144 ***	—	—	—	—	—	—
	(-15.54)						
w_totalindex	-0.008 79 ***	-0.006 80 ***	-0.005 57	-0.013 6 ***	-0.013 4 ***	-0.013 6 **	-0.010 6
	(-7.45)	(-5.08)	(-0.62)	(-3.18)	(-6.78)	(-2.21)	(-1.42)
w_roe	0.048 9 ***	0.053 7 ***	0.037 5	0.048 0 *	0.040 2 ***	0.052 3 **	0.033 9
	(4.31)	(3.19)	(1.09)	(1.86)	(2.66)	(2.22)	(1.28)
w_lnsize	0.046 6 ***	0.043 2 ***	0.038 9 ***	0.045 1 ***	0.048 8 ***	0.050 7 ***	0.049 4 ***
	(18.63)	(17.38)	(8.50)	(10.49)	(9.64)	(8.42)	(4.89)
w_tobinq	-0.006 93 ***	-0.006 81 ***	-0.003 70	-0.009 29 ***	0.005 59	0.025 1 *	-0.001 06

续表

变量	(1) x2s	(2) x2h	(3) x2hh	(4) x2hl	(5) x2l	(6) x2lh	(7) x2ll
	(-3.64)	(-3.42)	(-1.12)	(-2.92)	(0.93)	(1.72)	(-0.10)
state	-0.000 749	-0.002 45	0.004 72	-0.001 76	0.001 73	-0.011 1	0.003 84
	(-0.15)	(-0.42)	(0.51)	(-0.18)	(0.24)	(-1.15)	(0.31)
w_ndtax	-0.797***	-2.543***	-2.489***	-2.123***	1.253***	1.335***	0.754
	(-4.41)	(-12.02)	(-6.62)	(-6.21)	(4.56)	(3.71)	(1.34)
w_assetstock	0.155***	0.152***	0.187***	0.053 2*	0.159***	0.127***	0.201***
	(9.94)	(8.36)	(6.07)	(1.68)	(6.32)	(4.06)	(4.38)
w_liquid	0.014 5***	0.014 7***	0.014 0***	0.014 5***	0.011 2***	0.006 33*	0.015 6**
	(14.27)	(14.84)	(7.42)	(6.96)	(3.37)	(1.80)	(2.38)
w_unique	-0.223***	-0.238***	-0.097 1*	-0.294***	-0.181***	-0.224***	-0.095 8
	(-7.98)	(-7.65)	(-1.91)	(-5.59)	(-3.79)	(-3.77)	(-1.14)
w_oprisk	0.382***	0.475***	0.398***	0.529***	—	—	—
	(21.86)	(25.93)	(11.34)	(18.27)	—	—	—
w_opncash	-0.116***	-0.195***	-0.141***	-0.238***	-0.043 4	-0.033 4	-0.021 3
	(-5.96)	(-8.19)	(-3.78)	(-5.45)	(-1.43)	(-0.72)	(-0.41)
rate06	-0.004 17*	-0.007 93***	-0.002 74	-0.009 29**	-0.003 61	0.009 63	-0.017 1
	(-1.87)	(-3.21)	(-0.54)	(-2.13)	(-0.42)	(0.51)	(-1.02)
gdp	-0.000 969	-0.000 376	0.001 12	-0.000 567	0.003 51	0.002 74	-0.008 73
	(-1.17)	(-0.41)	(0.68)	(-0.35)	(1.20)	(0.49)	(-1.22)
_cons	-0.724***	-0.858***	-0.971***	-0.806***	-1.299***	-1.313**	0.070 4
	(-7.05)	(-7.42)	(-4.08)	(-3.87)	(-3.74)	(-2.15)	(0.08)
N	16 934	10 486	2 883	3 548	6 448	2 103	2 160
F	107.1	123.5	19.70	58.37	23.11	15.29	6.977
Adj-R^2	0.282	0.383	0.305	0.417	0.159	0.183	0.118

注：模型 x2s 表示全样本回归；模型 x2h、模型 x2l 分别表示股权分置改革之后组和股权分置改革之前组；模型 x2hh、模型 x2hl 表示股权分置改革之后组中市场化进程按照中位数划分为三组中的最高组和最低组；模型 x2lh、模型 x2ll 表示股权分置改革之前组中市场化进程按照中位数划分为三组中的最高组和最低组；模型采用稳健聚类公司回归方法；***、**、*分别表示 1%、5%、10% 的显著性水平。"—"表示数据缺失。

因变量为长期贷款率的股权分置改革分组一，见表 5-29。

表 5-29　　因变量为长期贷款率的股权分置改革分组一

变量	(1) xls	(2) xlh	(3) xlhh	(4) xlhl	(5) xll	(6) xllh	(7) xlll
indcycle	0.022 1 ***	0.027 3 ***	0.027 4 ***	0.025 5 ***	0.013 3 ***	0.014 6 **	0.005 49
	(6.83)	(7.33)	(5.16)	(3.21)	(2.91)	(2.30)	(0.63)
gqfz	-0.103 ***	—	—	—	—	—	—
	(-12.25)	—	—	—	—	—	—
w_totalindex	-0.009 51 ***	-0.007 02 ***	0.004 03	-0.012 5 ***	-0.012 6 ***	-0.006 56	-0.013 7 **
	(-8.63)	(-5.64)	(0.58)	(-2.85)	(-6.99)	(-1.20)	(-1.98)
w_roe	0.038 6 ***	0.031 4 **	0.002 68	0.027 2	0.041 3 ***	0.044 8 **	0.050 3 **
	(3.77)	(2.07)	(0.09)	(1.13)	(3.08)	(2.17)	(2.12)
w_lnsize	0.032 7 ***	0.029 6 ***	0.024 4 ***	0.034 6 ***	0.038 7 ***	0.039 7 ***	0.039 7 ***
	(14.05)	(12.48)	(6.49)	(7.68)	(8.65)	(6.85)	(4.51)
w_tobinq	-0.007 45 ***	-0.008 89 ***	-0.005 27 **	-0.008 39 ***	-0.000 087 5	0.007 55	-0.003 34
	(-4.85)	(-5.72)	(-2.20)	(-3.13)	(-0.02)	(0.56)	(-0.36)
state	-0.008 41 *	-0.012 8 **	-0.002 17	-0.015 0 *	-0.003 50	-0.017 5 *	-0.003 01
	(-1.88)	(-2.52)	(-0.31)	(-1.66)	(-0.52)	(-1.85)	(-0.26)
w_ndtax	-0.631 ***	-2.009 ***	-1.865 ***	-1.714 ***	1.062 ***	0.757 **	1.174 **
	(-3.78)	(-10.25)	(-6.46)	(-4.81)	(4.25)	(2.28)	(2.38)
w_assetstock	0.153 ***	0.176 ***	0.191 ***	0.115 ***	0.110 ***	0.125 ***	0.126 ***
	(10.59)	(10.52)	(7.99)	(3.57)	(5.18)	(4.19)	(3.42)
w_liquid	0.004 94 ***	0.005 54 ***	0.004 94 ***	0.005 36 ***	0.001 41	0.000 411	0.003 47
	(6.86)	(7.79)	(4.67)	(3.37)	(0.71)	(0.18)	(0.91)
w_unique	-0.195 ***	-0.196 ***	-0.082 9 **	-0.233 ***	-0.154 ***	-0.231 ***	-0.022 0
	(-7.71)	(-6.92)	(-1.98)	(-4.24)	(-3.59)	(-4.24)	(-0.30)
w_oprisk	0.236 ***	0.304 ***	0.202 ***	0.371 ***	—	—	—
	(14.07)	(16.66)	(6.88)	(11.55)	—	—	—
w_opncash	-0.099 8 ***	-0.142 ***	-0.071 9 **	-0.180 ***	-0.066 6 ***	-0.030 2	-0.064 0
	(-5.12)	(-6.70)	(-2.37)	(-4.24)	(-2.35)	(-0.70)	(-1.33)
rate06	-0.013 7 ***	-0.023 3 ***	-0.016 4 ***	-0.025 5 ***	0.002 72	0.019 9	-0.011 5
	(-6.88)	(-10.82)	(-3.86)	(-6.52)	(0.33)	(1.14)	(-0.70)
gdp	0.004 39 ***	0.007 51 ***	0.008 04 ***	0.006 91 ***	0.001 81	-0.005 03	-0.007 52

续表

变量	(1) x1s	(2) x1h	(3) x1hh	(4) x1hl	(5) x1l	(6) x1lh	(7) x1ll
	(5.78)	(9.45)	(5.92)	(4.85)	(0.66)	(-1.01)	(-1.15)
_cons	-0.982***	-1.337***	-1.436***	-1.337***	-0.915***	-0.319	0.156
	(-10.27)	(-12.71)	(-7.20)	(-6.69)	(-2.82)	(-0.59)	(0.20)
N	16 934	10 486	2 883	3 548	6 448	2 103	2 160
F	62.71	68.28	16.63	28.64	20.62	11.37	6.403
Adj-R^2	0.220	0.312	0.243	0.326	0.129	0.154	0.0916

注:模型 x1s 表示全样本回归;模型 x1h、模型 x1l 分别表示股权分置改革之后组和股权分置改革之前组;模型 x1hh、模型 x1hl 表示股权分置改革之后组中市场化进程按照中位数划分为三组中的最高组和最低组;模型 x1lh、模型 x1ll 表示股权分置改革之前组中市场化进程按照中位数划分为三组中的最高组和最低组;模型采用稳健聚类公司回归方法;***、**、* 分别表示 1%、5%、10% 的显著性水平。"—"表示数据缺失。

因变量为长期贷款率的股权分置改革分组二,见表 5-30。

表 5-30 因变量为长期贷款率的股权分置改革分组二

变量	(1) x2s	(2) x2h	(3) x2hh	(4) x2hl	(5) x2l	(6) x2lh	(7) x2ll
x2	0.022 7***	0.033 6***	0.034 6***	0.027 8**	0.005 09	0.011 5	-0.005 20
	(4.51)	(5.95)	(4.22)	(2.29)	(0.69)	(1.08)	(-0.41)
gqfz	-0.103***	—	—	—	—	—	—
	(-12.15)	—	—	—	—	—	—
w_totalindex	-0.009 62***	-0.007 31***	0.003 93	-0.012 3***	-0.012 4***	-0.006 36	-0.013 1*
	(-8.72)	(-5.84)	(0.56)	(-2.78)	(-6.83)	(-1.16)	(-1.90)
w_roe	0.040 9***	0.032 7**	0.003 56	0.028 1	0.044 2***	0.044 9**	0.053 3**
	(4.00)	(2.16)	(0.12)	(1.17)	(3.29)	(2.17)	(2.26)
w_lnsize	0.033 0***	0.029 7***	0.023 8***	0.035 2***	0.039 7***	0.040 8***	0.040 0***
	(14.07)	(12.47)	(6.32)	(7.72)	(8.81)	(6.96)	(4.52)
w_tobinq	-0.007 40***	-0.009 00***	-0.005 44**	-0.008 34***	0.001 26	0.010 6	-0.002 53
	(-4.81)	(-5.80)	(-2.24)	(-3.12)	(0.22)	(0.78)	(-0.27)
state	-0.008 38*	-0.013 1**	-0.002 64	-0.014 0	-0.003 27	-0.017 5*	-0.004 03
	(-1.86)	(-2.54)	(-0.37)	(-1.55)	(-0.49)	(-1.85)	(-0.35)
w_ndtax	-0.558***	-1.921***	-1.796***	-1.615***	1.087***	0.787***	1.186**
	(-3.34)	(-9.84)	(-6.24)	(-4.57)	(4.35)	(2.33)	(2.41)

续表

变量	(1) x2s	(2) x2h	(3) x2hh	(4) x2hl	(5) x2l	(6) x2lh	(7) x2ll
w_assetstock	0.151***	0.174***	0.191***	0.110***	0.109***	0.125***	0.123***
	(10.35)	(10.37)	(8.00)	(3.42)	(5.07)	(4.18)	(3.33)
w_liquid	0.00524***	0.00581***	0.00532***	0.00569***	0.00185	0.000777	0.00392
	(7.24)	(8.14)	(4.97)	(3.57)	(0.93)	(0.34)	(1.04)
w_unique	−0.190***	−0.200***	−0.0899**	−0.225***	−0.136***	−0.221***	−0.00190
	(−7.47)	(−6.99)	(−2.13)	(−4.12)	(−3.11)	(−3.95)	(−0.03)
w_oprisk	0.237***	0.305***	0.203***	0.372***	—	—	—
	(14.01)	(16.58)	(6.79)	(11.52)	—	—	—
w_opncash	−0.102***	−0.145***	−0.0749**	−0.184***	−0.0686**	−0.0352	−0.0613
	(−5.83)	(−6.85)	(−2.45)	(−4.34)	(−2.41)	(−0.82)	(−1.27)
rate06	−0.0138***	−0.0231***	−0.0156***	−0.0258***	0.00166	0.0191	−0.0121
	(−6.89)	(−10.72)	(−3.68)	(−6.59)	(0.20)	(1.08)	(−0.74)
gdp	0.00438***	0.00742***	0.00779***	0.00704***	0.00190	−0.00486	−0.00764
	(5.76)	(9.34)	(5.76)	(4.95)	(0.69)	(−0.98)	(−1.17)
_cons	−0.969***	−1.308***	−1.379***	−1.345***	−0.930***	−0.351	0.167
	(−10.14)	(−12.45)	(−7.01)	(−6.73)	(−2.86)	(−0.64)	(0.21)
N	16934	10486	2883	3548	6448	2103	2160
F	61.86	67.38	16.45	28.44	20.24	11.27	6.422
Adj-R^2	0.216	0.308	0.237	0.323	0.126	0.151	0.0914

注：模型 x2s 表示全样本回归；模型 x2h、模型 x2l 分别表示股权分置改革之后组和股权分置改革之前组；模型 x2hh、模型 x2hl 表示股权分置改革之后组中市场化进程按照中位数划分为三组中的最高组和最低组；模型 x2lh、模型 x2ll 表示股权分置改革之前组中市场化进程按照中位数划分为三组中的最高组和最低组；模型采用稳健聚类公司回归方法；***、**、* 分别表示1%、5%、10%的显著性水平。"—"表示数据缺失。

从表5-27～表5-30的4个表中均发现，gqfz的系数在1%的显著性水平上均与longdebt和longbankr负相关，股权分置改革后，趋向于债务融资，但在债务融资中，长期债务占总债务的比率下降了。可能的原因是，股权分置改革的同时主要商业银行也在进行改革（如上市），银行等金融机构的治理结构和风险防范意识在增强,对于金融风险防控有了更多的措施。如对于长期债务的控制,毕竟长期债务具有较大的风险,而短期债务风险相对较小。

行业特征变量 indcycle、模型 x2 的系数在模型 x1lh、模型 x2lh 中比较显著,而在模型 x1ll 和模型 x2ll 中显著性较差,表明在股权分置改革之前的市场化程度越高的地区行业特征越显著。而在股权分置改革之后,市场化程度分组下的差异并不明显。可能的原因是,在股权分置改革之前,市场化程度的效应更明显;在股权分置改革之后,市场化程度的效应存在弱化的情况,股权分置改革在一定程度上替代了市场化程度的效应。

另外,rate 06 的系数在 10% 或 1% 的显著性水平上与 longdebt 或 longbankr 负相关,表明货币政策处于紧缩时期,贷款利率越高,长期债务比例越低,[①] 融资成本的提高降低了对长期债务的获取,此现象在股权分置改革之后更加明显。可能的原因是,股权分置改革之后,市场趋于理性,货币政策的作用更加明显。

5.2.8 敏感性测试

为了进一步验证研究结论的可靠性,本书进行了以下稳健性检验,限于表格占篇幅太多,实证结果未报告。(1) 行业层面的证据,依据每年 21 个行业共 13 年的 273 样本计算出每个变量的行业均值进行回归,行业生命周期与行业资产负债率均值在

[①] 段云等(2012)表明,依据产权经济学观点,银行与企业间的长期债务契约对货币政策变动更敏感,当货币政策紧缩时债权人将发放较少的长期债务资金,以降低违约风险。另外,从货币供需双方视角,商业银行作为货币的直接供给方,中央银行通过改变货币政策调节货币供应量以实现对经济的宏观调节的同时,尽量降低信贷成本及风险,当货币政策紧缩时收缩信贷规模,尤其是长期信贷规模,当货币政策宽松时,扩大信贷规模以实现利益最大化。

1%的显著性水平上负相关,行业生命周期分别与长期债务率和长期贷款率均值均在1%的显著性水平上正相关。(2)市场化水平的分指标变量。政府与市场关系指数、非国有经济发展指数、产品市场发育指数、要素市场发育指数、市场中介组织的发育和法律环境指数,分别代替市场化总指数进行检验。(3)变量替代(盈利能力变量替换为roa,内源融资能力变量替换为ncash,另外,cpi、rate1分别替换宏观变量)等。(4)分年度截面数据分析。(5)pooling一般回归分析、中位数回归分析。(6)适当扩大或缩小winsor范围。在稳健性检验后,基本研究结论没有显著差异。由于行业特征一般来讲是外生的,所以,本书没有进行相关的内生性分析。

5.2.9 对非上市公司数据进行分析

上述分析主要基于中国上市公司数据,样本也可能带来一定的偏差,本书同时还用中国工业企业数据库中的相关数据进行进一步检验。中国工业企业数据库主要涉及工业企业,行业门类较少,行业生命周期的具体划分标准与第3章一致。利用中国工业企业数据库中2005~2010年历年数据合并,剔除重复样本值,利用Stata软件中"Duplicates drop code year, force"命令之后得到1 623 816个样本,最后得到回归变量值均有的1 551 789个有效样本。文中变量进行了1%的winsor处理,见表5-31。

表5-31　　　　中国工业企业各年度的样本容量

项目	2005年	2006年	2007年	2008年	2009年	2010年
样本	271 812	301 931	336 732	199 787	205 029	308 525

通过表5-32可知,2005~2010年,中国工业企业资产负债率均值为0.557,中位数为0.571,而前述上市公司资产负债率均值为0.452,中位数0.461,可见,工业企业数据比上市公司

的数据高出约 0.1。这表明，中国工业企业的负债率总体偏高，可能原因是融资渠道较窄，负债融资占据了更大部分。长期债务比例均值为 0.088，比上市公司低一些，表明工业企业的融资和偿付债务更灵活，长期债务融资成本更高，总体期限较短。表 5-32 中其他变量值也在合理范围内。

表 5-32　　中国工业企业的描述性统计

Variable	Obs	Mean	SD	Min	p25	p50	p75	Max
w_lev	1 551 789	0.557	0.277	0.010	0.349	0.571	0.766	1.297
w_longterm	1 551 752	0.088	0.198	0.000	0.000	0.000	0.030	1.000
indcycle	1 551 789	0.896	0.441	0.000	1.000	1.000	1.000	2.000
x2	1 551 789	0.051	0.219	0.000	0.000	0.000	0.000	1.000
x3	1 551 789	0.795	0.404	0.000	1.000	1.000	1.000	1.000
x4	1 551 789	0.154	0.361	0.000	0.000	0.000	0.000	1.000
w_totalindex	1 551 789	9.243	1.780	5.110	7.780	9.350	10.580	11.800
w_lnsize	1 551 789	9.850	1.382	7.193	8.858	9.668	10.653	14.049
w_roe	1 551 789	0.270	0.603	-1.290	0.023	0.120	0.328	3.823
state	1 551 789	0.093	0.291	0.000	0.000	0.000	0.000	1.000
w_liquid	1 551 789	2.152	3.776	0.142	0.820	1.143	1.824	28.894
w_unique	1 551 789	0.028	0.041	0.000	0.003	0.014	0.036	0.233
w_oprisk	1 551 789	0.421	0.240	0.016	0.225	0.405	0.598	0.951
rate06	1 551 789	5.500	0.598	4.860	4.860	5.350	5.580	6.570
rate1	1 551 789	6.046	0.776	5.310	5.310	5.810	6.120	7.470
cpi	1 551 789	102.844	2.023	99.300	101.500	103.300	104.800	105.900
gdp	1 551 789	111.511	1.767	109.200	109.600	111.300	112.700	114.200

表 5-33 是按照行业所处的阶段分为成长期行业、成熟期行业、衰退期行业后的债务组成，可知成长期行业、成熟期行业、衰退期行业的资产负债率均值分别是 0.549、0.553、0.580，中位数分别是 0.551、0.565、0.605。可见，存在依次递增的趋势，与上市公司的数据趋势比较一致，与闵丹和韩立岩（2008）发现平均负债随着周期的延续逐渐增加一致。

表 5-33　　　　　　　分行业发展阶段的债务特征

indcycle	stats	w_lev
衰退期	N	239 500
	mean	0.580
	p50	0.605
	sd	0.277
	min	0.010
	max	1.297
成熟期	N	1 233 558
	mean	0.553
	p50	0.565
	sd	0.277
	min	0.010
	max	1.297
成长期	N	78 731
	mean	0.549
	p50	0.551
	sd	0.268
	min	0.010
	max	1.297

从表 5-34 可知，在全部模型中，模型的 F 值和 Adj-R^2 均较好，模型设定具有较好的统计意义。在控制了相关变量之后发现，成长期行业与资产负债率在 1% 的显著性水平上负相关，表明越是成长期行业其资产负债率越低，与闵丹和韩立岩（2008）的发现一致，与前述上市公司的实证结果类似。在表 5-35 中发现，衰退期行业（x4）与资产负债率在 1% 的显著性水平上正相关，越是衰退期行业的财务杠杆越高，也与前面的实证结果类似，支持了前面的研究假设。另外，在表 5-34 和表 5-35 中，所有模型中产权性质变量与资产负债率的系数在 1% 的显著性水平上正相关。这表明，国有企业债务率更高，国有企业存在一定的融资优势，可能导致其债务率往往较高，此研究发现支持了前

述研究假设。

表5-34 财务杠杆与行业生命周期的回归分析一

变量	(1) x1r	(2) x1s	(3) x1y	(4) x2r	(5) x2s	(6) x2y
indcycle	-0.019 2 ***	-0.019 2 ***	-0.019 2 ***	—	—	—
	(-44.80)	(-24.51)	(-64.61)	—	—	—
w_totalindex	0.001 53 ***	0.001 53 ***	0.001 53	0.002 13 ***	0.002 13 ***	0.002 13
	(13.11)	(7.40)	(0.85)	(18.26)	(10.30)	(1.18)
w_lnsize	0.009 58 ***	0.009 58 ***	0.009 58 ***	0.009 29 ***	0.009 29 ***	0.009 29 ***
	(69.58)	(39.36)	(11.57)	(67.31)	(38.07)	(11.38)
w_roe	0.035 4 ***	0.035 4 ***	0.035 4 ***	0.035 2 ***	0.035 2 ***	0.035 2 ***
	(99.17)	(73.81)	(79.40)	(98.66)	(73.42)	(78.99)
state	0.060 0 ***	0.060 1 ***	0.060 0 ***	0.058 8 ***	0.058 8 ***	0.058 8 ***
	(78.42)	(47.39)	(5.22)	(76.74)	(46.38)	(5.13)
w_liquid	-0.034 3 ***	-0.034 3 ***	-0.034 3 ***	-0.034 4 ***	-0.034 4 ***	-0.034 4 ***
	(-377.33)	(-273.92)	(-78.98)	(-377.36)	(-273.92)	(-79.28)
w_unique	-0.139 ***	-0.139 ***	-0.139 ***	-0.151 ***	-0.151 ***	-0.151 ***
	(-27.21)	(-16.14)	(-19.01)	(-29.80)	(-17.67)	(-20.80)
w_oprisk	-0.309 ***	-0.309 ***	-0.309 ***	-0.309 ***	-0.309 ***	-0.309 ***
	(-350.52)	(-210.89)	(-135.71)	(-349.99)	(-210.56)	(-137.07)
rate06	-0.036 9 ***	-0.036 9 ***	-0.036 9 **	-0.037 7 ***	-0.037 7 ***	-0.037 7 **
	(-39.33)	(-41.35)	(-3.66)	(-40.07)	(-42.15)	(-3.65)
gdp	0.013 1 ***	0.013 1 ***	0.013 1 **	0.013 3 ***	0.013 3 ***	0.013 3 **
	(41.14)	(43.23)	(3.67)	(41.86)	(43.99)	(3.65)
x2	—	—	—	-0.020 0 ***	-0.020 0 ***	-0.020 0 ***
	—	—	—	(-23.34)	(-12.88)	(-26.71)
_cons	-0.601 ***	-0.601 ***	-0.601	-0.642 ***	-0.642 ***	-0.642
	(-19.32)	(-19.83)	(-1.76)	(-20.61)	(-21.17)	(-1.83)
N	1 551 789	1 551 786	1 551 789	1 551 789	1 551 786	1 551 789
F	27 717.9	13 205.0	—	27 552.1	13 144.3	—
Adj-R^2	0.291	0.291	0.291	0.291	0.291	0.291

注：模型x1r、模型x2r采用稳健回归；模型x1s、模型x2s采用稳健聚类公司回归；模型x1y、模型x2y采用稳健聚类年度回归。稳健聚类年度回归F值存在缺失现象，其他模型是F检验，后面的模型类似。***、**、* 分别表示1%、5%、10%的显著性水平。"—"表示数字缺失。

资料来源：中国工业企业数据库。

表 5-35　　　财务杠杆与行业生命周期的回归分析二

变量	(1) x3r	(2) x3s	(3) x3y	(4) x4r	(5) x4s	(6) x4y
x3	-0.010 8***	-0.010 8***	-0.010 8***	—	—	—
	(-23.06)	(-12.62)	(-30.34)	—	—	—
w_totalindex	0.001 69***	0.001 69***	0.001 69	0.001 41***	0.001 41***	0.001 41
	(14.35)	(8.09)	(0.93)	(11.97)	(6.75)	(0.78)
w_lnsize	0.008 89***	0.008 89***	0.008 89***	0.009 25***	0.009 25***	0.009 25***
	(64.85)	(36.65)	(10.78)	(67.46)	(38.14)	(11.15)
w_roe	0.035 5***	0.035 5***	0.035 5***	0.035 5***	0.035 5***	0.035 5***
	(99.57)	(74.10)	(79.84)	(99.61)	(74.14)	(79.88)
state	0.060 0***	0.060 0***	0.060 0***	0.060 5***	0.060 5***	0.060 5***
	(78.25)	(47.31)	(5.21)	(78.95)	(47.73)	(5.25)
w_liquid	-0.034 3***	-0.034 3***	-0.034 3***	-0.034 3***	-0.034 3***	-0.034 3***
	(-377.33)	(-273.85)	(-79.06)	(-377.32)	(-273.87)	(-78.92)
w_unique	-0.157***	-0.157***	-0.157***	-0.146***	-0.146***	-0.146***
	(-31.01)	(-18.35)	(-22.51)	(-28.64)	(-16.96)	(-20.50)
w_oprisk	-0.308***	-0.308***	-0.308***	-0.308***	-0.308***	-0.308***
	(-349.31)	(-210.06)	(-135.96)	(-349.95)	(-210.49)	(-135.36)
rate06	-0.037 1***	-0.037 1***	-0.037 1**	-0.036 8***	-0.036 8***	-0.036 8**
	(-39.47)	(-41.49)	(-3.68)	(-39.14)	(-41.14)	(-3.68)
gdp	0.013 1***	0.013 1***	0.013 1**	0.013 0***	0.013 1***	0.013 0**
	(41.22)	(43.30)	(3.68)	(40.92)	(42.98)	(3.68)
x4	—	—	—	0.021 1***	0.021 1***	0.021 1***
	—	—	—	(40.39)	(22.04)	(54.58)
_cons	-0.607***	-0.607***	-0.607	-0.611***	-0.611***	-0.611
	(-19.49)	(-19.98)	(-1.78)	(-19.63)	(-20.15)	(-1.80)
N	1 551 789	1 551 786	1 551 789	1 551 789	1 551 786	1 551 789
F	27 557.2	13 142.0	—	27 682.8	13 190.0	—
Adj-R^2	0.291	0.291	0.291	0.291	0.291	0.291

注：模型 x3r、模型 x4r 采用稳健回归；模型 x3s、模型 x4s 采用稳健聚类公司回归；模型 x3y、模型 x4y 采用稳健聚类年度回归。***、**、* 分别表示 1%、5%、10%的显著性水平。"—"表示数字缺失。

资料来源：中国工业企业数据库。

从表 5-36 可知，对市场化总指数按照分位数分为五组，分别对最高组和最低组进行分组回归，研究发现，模型 m1 中的 x3 与资产负债率在 1%的显著性水平上负相关，而在 m2 中不显著。另外，在 m3、m5 中，x4 与资产负债率在显著性水平方面比 m4、m6 中的显著性更强，更具有统计意义，表示市场化指数高的地区行业特征对资产负债率的影响越显著，也与上市公司的数据结论较一致。

表 5 - 36　　　市场化分组下的中国工业企业数据检验

变量	(1) x3hy	(2) x3ly	(3) x4hs	(4) x4ls	(5) x4hy	(6) x4ly
x3	-0.0210**	0.00533	—	—	—	—
	(-4.32)	(1.67)				
w_totalindex	0.0187	-0.0302***	0.0167***	-0.0305***	0.0167	-0.0305***
	(2.11)	(-8.40)	(6.95)	(-28.50)	(1.90)	(-8.52)
w_lnsize	0.00236	0.0161***	0.00295***	0.0160***	0.00295*	0.0160***
	(2.05)	(16.65)	(7.44)	(31.19)	(2.61)	(15.90)
w_roe	0.0477***	0.0296***	0.0477***	0.0296***	0.0477***	0.0296***
	(9.61)	(11.03)	(48.44)	(30.78)	(9.66)	(11.03)
state	-0.0155**	0.0831***	-0.0147***	0.0836***	-0.0147***	0.0836***
	(-4.04)	(5.75)	(-6.46)	(38.65)	(-3.83)	(5.80)
w_liquid	-0.0425***	-0.0297***	-0.0424***	-0.0298***	-0.0424***	-0.0298***
	(-18.62)	(-79.57)	(-104.04)	(-140.82)	(-18.86)	(-79.53)
w_unique	-0.242***	-0.162***	-0.220***	-0.162***	-0.220***	-0.162***
	(-14.86)	(-15.55)	(-12.41)	(-11.01)	(-21.80)	(-14.09)
w_oprisk	-0.244***	-0.323***	-0.245***	-0.322***	-0.245***	-0.322***
	(-44.02)	(-51.38)	(-88.09)	(-108.66)	(-43.57)	(-51.14)
rate06	-0.0728	-0.0572***	-0.0670***	-0.0568***	-0.0670	-0.0568***
	(-1.97)	(-6.87)	(-7.76)	(-25.62)	(-1.87)	(-6.86)
gdp	0.0241	0.0180***	0.0222***	0.0178***	0.0222	0.0178***
	(1.81)	(6.44)	(7.22)	(22.33)	(1.71)	(6.40)
x4	—	—	0.0306***	0.00690**	0.0306**	0.00690*
			(22.66)	(2.52)	(5.32)	(2.45)
_cons	-1.735	-0.899**	-1.556***	-0.879***	-1.556	-0.879***
	(-1.32)	(-3.19)	(-4.89)	(-10.93)	(-1.22)	(-3.12)
N	297935	321223	297935	321223	297935	321223
F			2122.9	3930.6		
Adj-R^2	0.293	0.276	0.295	0.276	0.295	0.276

注：模型 x3hy、模型 x4hy 表示市场化程度较高组，模型 x3ly、模型 x4ly 表示市场化程度较低组，采用稳健聚类年度回归。模型 x4hs 表示市场化程度较高组，模型 x4ls 表示市场化程度较低组，采用稳健聚类公司模型回归。***、**、* 分别表示1%、5%、10%的显著性水平。"—"表示数据缺失。

资料来源：中国工业企业数据库。

从表5-37中可知，indcycle与因变量Longdebt在m1和m2中均在1%的显著性水平上正相关，表明越是成长期行业其长期债务越长，totalindex与因变量Longdebt也在m1和m2中均在1%的显著性水平上负相关，在m3和m5中，indcycle与资产负债率在显著性水平上比m4、m6中的显著性更强，更具有统计意义，此结果与前述研究结论类似。

表5-37　长期债务率与行业生命周期间中国工业企业数据检验

变量	(1) x1s	(2) x1y	(3) x1hs	(4) x1ls	(5) x1hy	(6) x1ly
indcycle	0.003 34 ***	0.003 34 ***	0.004 22 ***	0.003 39 *	0.004 22 ***	0.003 39
	(6.68)	(4.66)	(6.46)	(1.93)	(9.25)	(1.99)
w_totalindex	-0.011 1 ***	-0.011 1 ***	-0.015 5 ***	0.002 57 ***	-0.015 5	0.002 57
	(-71.94)	(-19.57)	(-9.58)	(2.86)	(-1.55)	(1.26)
w_lnsize	0.014 1 ***	0.014 1 ***	0.009 39 ***	0.018 9 ***	0.009 39 ***	0.018 9 ***
	(73.72)	(20.58)	(33.09)	(42.14)	(29.82)	(13.96)
w_roe	0.013 3 ***	0.013 3 ***	0.009 93 ***	0.015 5 ***	0.009 93 ***	0.015 5 ***
	(36.78)	(8.70)	(15.31)	(19.38)	(5.86)	(16.90)
state	0.041 4 ***	0.041 4 ***	0.032 8 ***	0.049 6 ***	0.032 8 ***	0.049 6 ***
	(40.77)	(6.22)	(17.79)	(27.71)	(7.41)	(6.43)
w_liquid	0.012 2 ***	0.012 2 ***	0.011 6 ***	0.014 3 ***	0.011 6 ***	0.014 3 ***
	(105.66)	(46.93)	(39.82)	(63.19)	(22.59)	(24.39)
w_unique	0.017 0 ***	0.017 0 ***	0.010 7	-0.001 25	0.010 7	-0.001 25
	(2.74)	(4.47)	(0.92)	(-0.10)	(0.59)	(-0.08)
w_oprisk	0.201 ***	0.201 ***	0.144 ***	0.274 ***	0.144 ***	0.274 ***
	(173.55)	(57.89)	(67.77)	(106.96)	(14.44)	(37.71)
rate06	0.007 01 ***	0.007 01 *	0.051 6 ***	-0.016 0 ***	0.051 6	-0.016 0 **
	(9.36)	(2.47)	(9.47)	(-7.98)	(1.61)	(-3.09)
gdp	-0.003 99 ***	-0.003 99 **	-0.017 2 ***	0.002 13 ***	-0.017 2	0.002 13
	(-15.96)	(-3.56)	(-8.91)	(2.97)	(-1.49)	(1.20)
_cons	0.336 ***	0.336 **	1.677 ***	-0.397 ***	1.677	-0.397 *
	(13.54)	(2.90)	(8.36)	(-5.54)	(1.39)	(-2.23)
N	1 551 749	1 551 752	297 933	321 207	297 933	321 207
F	5 669.5	—	689.2	1 676.1	—	—
Adj-R²	0.154	0.154	0.104	0.147	0.104	0.147

注：模型x1s、模型x1y分别运用稳健聚类公司和稳健聚类年度回归；模型x1hs表示市场化程度较高组，模型x1ls表示市场化程度较低组，采用稳健聚类公司回归；模型x1hy表示市场化程度较高组，模型x1ly表示市场化程度较低组，采用稳健聚类年度回归。***、**、*分别表示1%、5%、10%的显著性水平。"—"表示数据缺失。

资料来源：中国工业企业数据库。

5.3 本章小结

通过上市公司数据和非上市公司数据，运用多种计量模型检验后发现：相比于成熟期行业和衰退期行业，成长期行业的资产负债率更低，相比于成熟期行业和成长期行业，衰退期行业的资产负债率更高；在市场化程度越高地区的成长期行业对资产负债率的影响越显著。在资产负债率一定的情况下，相比于非成长期行业，成长期行业的债务期限更长，亦即长期债务比例和长期借款比例更高。市场化程度越高地区的公司长期债务比例和长期借款比例越低。市场化程度越高地区的行业特征对债务期限的影响越显著。相对于民营企业，国有企业更能获取债务资源以及获取债务的期限更长。

本书同时还对我国公司终极控制人差异、股权分置改革和货币政策变化做进一步分析。中央控股的上市公司债务率更高、债务期限更长，中央控股的上市公司比地方控股的上市公司能够获得更多的债务资源。行业效应在地方控股的上市公司中的市场化程度较高组中更显著。在非成长性行业中，中央控股的上市公司和地方控股的上市公司具有显著的差异。在股权分置改革后，公司债务融资比例增加，股权融资比例下降，但在债务融资中，长期债务占总债务的比率则下降了。股权分置改革之前的市场化程度越高的地区行业特征更显著，而在股权分置改革之后，市场化程度分组下的差异并不明显。货币政策处于紧缩时，贷款利率越高，长期债务比例越低，融资成本的提高降低了对长期债务的获取，此现象在股权分置改革之后更加明显。

本书尽管对行业生命周期、制度环境与债务期限结构进行了理论与实证研究，提供了一定的经验证据，但仍存在些许不足：

非上市公司数据中某些变量缺失，导致文中部分结论的检验存在困难。另外，行业生命周期的划分，此概念很难界定，也很难具体地划分出准确的阶段，本书主要参考以前学者们的划分方法；行业生命周期一般时间很长，本书的时间跨度还不是非常长，还不能准确地描述出准确的行业生命周期，但相比于国内其他文献时间跨度是比较长的。

第6章

行业生命周期对债务来源结构的效应

债务融资在公司融资结构中具有重要地位。债务融资来源（主要包括商业信用与银行贷款）存在异质性，现实问题是为什么不同的公司债务融资来源存在差异；多种债务来源为什么会存在，单一存在还是同时并存；债务来源间是否存在内在效应，具体的效应如何等重要问题是值得大家深入思考的。然而，已有的文献忽视了对此问题进行广泛而深入的探讨，无疑对此问题的研究有助于理解债务来源的存在性和内部结构的内在效应以及现实中公司的债务融资决策。行业效应在公司财务中具有重要的作用（MacKay and Phillips, 2005）。行业效应下不同的行业特征对企业财务行为具有重要影响，然而，目前更多的研究是关于产品市场行为与财务结构的相互效应（Opler and Titman, 1994; Chevalier, 1995; Campello, 2003; Clayton, 2009; Kayo and Kimura, 2011）。中文文献研究行业特征对企业资本结构存在效应（郭鹏飞和孙培源，2003；姜付秀和刘志彪，2005；赵蒲和孙爱英，2005；闵丹和韩立岩，2008；等），然而，更多的是关注总体债务层面，较少关注债务来源结构。行业的生命周期特征很可能影响债务来源的构成，不同的行业生命周期特征，如成长期行业、成熟期行业和衰退期行业其债务来源内部的相互效应是存在差异的，而研究此行业特征下债务来源的内在效应很少。

关于商业信用的存在性问题，主要是基于融资相对优势假说（Petersen and Rajan，1997；Burkart and Ellingsen，2004；Fabbri and Menichini，2010；Aktas et al；，2012）和信贷配给假说（Petersen and Rajan，1994；Petersen and Rajan，1995；Biais and Gollier，1997；等），这些假说也间接表明了商业信用在公司中为什么会存在。另外，现有文献没有具体区分成长期行业与企业成长性的差异，基本上视两者是同质的，如姜付秀和刘志彪（2005）与闵丹和韩立岩（2008），然而，现实中两者是存在较大差异的。

基于此，本章主要回答以下几个问题：（1）我国不同生命周期的行业其债务来源存在怎样的差异？（2）不同行业生命周期下商业信用与银行贷款间替代效应是减弱还是加强？（3）不同市场化进程下替代效应是减弱还是加强？（4）行业的生命周期特征与企业成长机会存在怎样的差异？

6.1 理论分析和研究假设

一般来讲，债务来源主要有三种，银行借款、商业信用和公司债券（童盼，陆正飞，2005）。公司债券发行在我国有起步晚、发行公司数少、发行量小等特点，所以商业信用与银行借款构成了我国债务来源的主要部分。① 商业信用主要包括应付票

---

① 段云等（2012）表明，中国发行企业债券的融资方式限制条件较多，发行成本较高，符合发行条件并愿意发行债券的企业较少。本书收集资料发现，2000~2012年发行公司债券的大型公司共有963笔债券，其中，还存在一家主体一年发行多笔债券的行为发行的公司数则会更少；另外，2000~2012年发行企业债券的一般企业共有234笔债券，发行数量则更少，数据来源为CSMAR数据库。可见，债券发行公司数少，目前并不是我国公司主要的融资方式。

据、应付账款和预收账款,体现在公司与供应商之间利益往来产生的债权债务关系。商业信用的融资相对优势假说认为,信息不对称程度越高,风险相对较大,而商业信用债权人与客户经常性的业务往来,使其便于了解客户更具有信息优势,另外,当企业经营失败时债权人能够更熟悉供应产品的特性和真实价值,清算成本则相对更低(Mian and Smith, 1992; Petersen and Rajan, 1997; Fabbri and Menichini, 2010)。信贷配给假说则认为,信贷资源的限制对大型企业有利而对小型企业不利,规模越大的企业更容易获取信贷资源。那么,商业信用的存在与银行贷款之间的关系如何呢?有文献认为,商业信用对银行借款存在一定的替代效应(Peterse and Rajan, 1997; Nilsen, 2002; Fisman and Love, 2003; Guariglia and Mateut, 2006; Ge and Qiu, 2007; 石晓军,张顺明, 2010)。然而,上述文献主要基于货币政策改变、信贷约束视角探讨商业信用对银行借款的替代效应,现实中不同的行业生命周期和市场化进程下商业信用对银行贷款的替代效应也是存在差异的。

商业信用是债务来源的重要组成部分,商业信用债权人本身是理性经济人,在信用期限、额度、折扣等方面会对债务人进行考量。在不限制总体债务的状态下,成长性行业可能在有形资产、经营业务、管理能力等方面比成熟性行业存在劣势。商业信用债权人尽管更接近债务人,具有信息优势,但在成长性行业和成熟性行业之间进行决策时可能会选择成熟性行业,以降低其自身往来款项变为"坏账"的风险。而衰退期行业可能在行业未来前景上处于劣势,但从现有的资产、管理能力等方面可能还是要比成长性行业强。所以,相比于成长期行业和衰退期行业,成熟期行业的商业信用比例更高。另外,从市场发展视角看,市场化程度越高,个人、企业和社会等不同的组织遵循法律法规等制度规范的程度也较高,组织之间信用可靠性也比市场化程度低的地区更高,而商业信用是一种建立在信用基础上的债权债务契约，所以，市场化程度越高的地区的公司其商业信用比例越高。基于此，本书提出以下假设。

H6－1a： 在其他条件相同的情况下，相比于成熟期行业和衰退期行业，成长期行业的商业信用比例更低；相比于成长期行业和衰退期行业，成熟期行业的商业信用比例更高。①

H6－1b： 市场化程度越高地区的公司其商业信用比例更高。

信息不对称程度越高，风险相对较大。商业信用的融资相对优势假说认为，商业信用具有信息优势，经常性的业务往来更方便了解客户的业务经营流程、状况以及整个企业文化氛围、管理者能力、职工的工作积极性、规章制度的建设与执行力，甚至可能推测出企业的核心竞争力以及真实的财务状况等。而银行等金融机构不具备此优势，只能从债务人申请贷款的材料中判断其各种能力，如债务人的会计信息成为银行贷款的重要参考（刘慧凤，杨扬，2012；等）。另外，当企业经营失败时商业信用债权人能够更熟悉供应产品的特性和真实价值，所以清算成本相对更低。信贷配给假说认为，银行等金融机构注重企业的偿债能力，看重具体的抵押资产，规模越大的企业其有形资产更多，能够获取的贷款也更多；而小规模企业则相反，获取贷款的能力有限，商业信用便成为银行贷款的一种替代，所以，在总负债率一定的情况下，银行贷款与商业信用相互间发生挤占效应。成长性行业的企业信息不对称程度较高，获取银行贷款支持有限，银行贷款可能相对较少，而成熟期行业的企业财务状况较好，有形资产较多，衰退期行业尽管经营业绩等处于下滑趋势，但其有形资产较多，可抵押的资产多银行也愿意为其贷款，所以相比成熟期行业和衰退期行业，成长期行业的企业缓解了银行贷款对商业信用的替代效应。另外，市场化程度越高的地区，因金融市场较发达，

---

① 此假设是在商业信用与银行贷款互相分离的基础上进行的探讨，单独考察行业生命周期与商业信用之间的关系。

就存在更多的银行等金融机构和更多的信贷额度,银行贷款可能相对容易。我国的信贷资源存在向大城市集中的现象(易行健,张德常,2007),所以,贷款融资的增加在一定程度上加剧了银行贷款对商业信用的替代效应。基于此,本书提出以下假设。

H6-2:在资产负债率一定的情况下,商业信用与银行贷款存在替代效应。[①]

H6-2a:在其他条件相同的情况下,相比成熟期行业和衰退期行业,成长期行业的企业缓解了银行贷款对商业信用的替代效应。

H6-2b:在其他条件相同的情况下,相比市场化程度低的地区的公司,市场化程度高地区的公司加剧了银行贷款对商业信用的替代效应。

6.2 实证分析

6.2.1 嵌入行业生命周期的债务来源间替代效应模型

$$\begin{aligned}
credit = & a0 + a1(bank) + a2(indcycle) + a3(indcycle \times bank) \\
& + a4(totalindex) + a5(roe) + a6(\ln size) \\
& + a7(tobinq) + a8(state) + a9(ndtax) \\
& + a10(assetstock) + a11(liquid) + a12(unique) \\
& + a13(oprisk) + a14(opncash) + a15(rate06)
\end{aligned}$$

---

① 基于企业债务水平一定的情况下,在融资来源结构间进行权衡情况下的一种结果。H6-2a 中缓解和 H6-2b 中加速主要是基于相对视角,并非绝对意义上的概念。

$$\begin{aligned}credit = {} & a0 + a1(bank) + a2(indcycle) + a3(totalindex) \\& + a3(totalindex \times bank) + a5(roe) + a6(lnsize) \\& + a7(tobinq) + a8(state) + a9(ndtax) \\& + a10(assetstock) + a11(liquid) + a12(unique) \\& + a13(oprisk) + a14(opncash) + a15(rate06) \\& + a16(gdp) + \mu2\end{aligned}$$

样本选取来源和变量定义与第5章阐述的一致，credit 表示商业信用/总负债；bank 表示银行借款/总负债。基础模型如上，在具体模型中被解释变量 credit，主要解释变量分别是 bank、indcycle、indcycle × bank，具体模型分别用 x2、x3、x4 代替 indcycle，同时，用 x2 × bank、x3 × bank、x4 × bank 代替 indcycle × bank，其余为控制变量。

6.2.2 描述性统计

从表6-1可知，商业信用比例均值为0.357，中位数为0.313，表明公司与供应商之间的商业信用比例是较高的。银行贷款比例均值为0.393，中位数为0.418，可见，在债务总体中比例很高，向银行举债成为公司债务融资的主要渠道。另外，由于直接融资的公司债券在我国刚起步，门槛高导致发行公司数和发行量较少，使得债务融资渠道较窄，客观上导致了银行融资比例高。成长期行业的均值为0.300，成熟性行业的均值为0.551，衰退性行业的均值为0.149，总体的分布是比较客观的，大部分公司属于成熟期的行业，近1/3的公司是成长期行业，只有少部分公司属于衰退期行业。其变量均在合理的范围内，客观上表明本书的样本选取是具有现实意义的。

表 6-1 描述性统计

Variable	Obs	Mean	SD	Min	p25	p50	p75	Max
w_credit	18 178	0.357	0.231	0.013	0.170	0.313	0.509	0.936
w_bank	18 178	0.393	0.249	0.000	0.188	0.418	0.591	0.863
indcycle	18 178	1.151	0.653	0.000	1.000	1.000	2.000	2.000
x2	18 178	0.300	0.458	0.000	0.000	0.000	1.000	1.000
x3	18 178	0.551	0.497	0.000	0.000	1.000	1.000	1.000
x4	18 178	0.149	0.356	0.000	0.000	0.000	0.000	1.000
w_totalindex	18 178	8.170	2.321	3.040	6.230	8.180	10.250	11.800
w_govmar	18 178	8.488	1.467	3.750	7.720	8.820	9.650	10.650
w_nonstated	18 178	9.044	3.063	1.590	7.100	9.270	11.870	13.630
w_promar	18 178	8.288	1.345	4.000	7.470	8.660	9.030	10.570
w_factormar	18 178	5.901	2.144	1.290	4.270	6.540	7.390	11.090
w_interlaw	18 178	9.117	5.347	1.780	4.990	7.390	13.870	19.890

6.2.3 不同行业生命周期的债务来源结构比较

从表6-2可知,商业信用比例均值在成长期行业、成熟期行业、衰退期行业中依次是0.342、0.361、0.373,中位数依次是0.301、0.316、0.329,存在递增的趋势。银行借款比例均值在成长期行业、成熟期行业、衰退期行业中依次是0.354、0.414、0.391,中位数依次是0.363、0.444、0.41,可知成熟期行业的均值和中位数较高,而成长期行业和衰退期行业较低。另外,通过均值T检验和Wilcoxon秩和Z检验发现,不同行业生命周期下的商业信用和银行借款的均值和中位数存在显著的差异,即不同的行业生命周期具有差异的商业信用比例和银行贷款比例分布。另外,在相关性分析中,商业信用率和银行贷款率在1%的显著性水平上负相关，呈现出此消彼长的关系，行业生命周期与商业信用率在1%的显著性水平上负相关，表明越是成长期行业商业信用比例越低，另外，市场化指数与商业信用显著正相关。成熟期行业与商业信用存在1%的显著性水平，而衰退期行业与商业信用在1%显著性上正相关，总体趋势是成长期行业、成熟期行业、衰退期行业与商业信用的关系由负显著到正显著的过程。①

表6-2　　　不同行业生命周期的商业信用和银行贷款差异

indcycle	stats	w_credit	w_bank
衰退期行业	N	2707	2707
	mean	0.373***	0.391
	p50	0.329***	0.410
	sd	0.232	0.245
	min	0.013	0.000
	max	0.936	0.863
成熟期行业	N	10 012	10 012
	mean	0.361***	0.414***
	p50	0.316***	0.444***
	sd	0.227	0.243
	min	0.013	0.000
	max	0.936	0.863
成长期行业	N	5459	5459
	mean	0.342***	0.354***
	p50	0.301***	0.363***
	sd	0.235	0.255
	min	0.013	0.000
	max	0.936	0.863

注：***、**、*分别表示1%、5%、10%的显著性水平。

---

① 表格太多，相关性分析未列出表格。

6.2.4 行业生命周期与债务来源间替代效应分析

通过表 6-3 可知，在全部模型中发现银行贷款与商业信用之间在 1% 的显著性水平上负相关，银行贷款与商业信用之间存在显著的替代关系。行业生命周期在全部模型中与商业信用在 1% 的显著性水平上负相关，表明越是成长期行业商业信用比例越低，在全部模型中发现市场化水平与商业信用之间在 1% 的显著性水平上正相关。另外，在 indcycle × bank 交互项中系数在模型 m3、模型 m4 中显著为正，表明行业生命周期特征在一定程度上抵消了银行贷款对商业信用的替代程度，在其他条件相同的情况下，相比于成熟期行业和衰退期行业，成长期行业的企业缓解了银行贷款对商业信用的替代效应。另外，在 mark × bank 交互项中系数在模型 m5、模型 m6 中显著为负，可知相比于市场化程度低的地区的公司，市场化程度越高地区的公司加剧了银行贷款对商业信用的替代效应，支持了本章的研究假设。另外，控制变量的符号与预期也比较一致。①

表 6-3　行业生命周期与债务来源间替代效应回归模型

变量	(1) fe1	(2) re1	(3) fe2	(4) re2	(5) fe3	(6) re3
w_bank	-0.469***	-0.515***	-0.551***	-0.598***	-0.308***	-0.320***
	(-86.78)	(-99.88)	(-54.74)	(-62.50)	(-18.79)	(-20.05)
indcycle	-0.023 8***	-0.030 2***	-0.050 5***	-0.055 6***	-0.023 8***	-0.029 8***
	(-4.59)	(-9.28)	(-8.62)	(-13.68)	(-4.61)	(-9.20)

---

① 本书回归模型中变量间共线性均较小，通过固定效应模型和随机效应模型在一定程度上克服了计量偏误问题。

续表

变量	(1) fe1	(2) re1	(3) fe2	(4) re2	(5) fe3	(6) re3
w_totalindex	0.014 2***	0.017 9***	0.014 1***	0.017 7***	0.022 0***	0.027 0***
	(12.40)	(20.98)	(12.31)	(20.90)	(16.07)	(24.41)
w_roe	0.025 4***	0.030 4***	0.024 2***	0.029 0***	0.023 2***	0.028 0***
	(3.68)	(4.36)	(3.51)	(4.18)	(3.37)	(4.04)
w_lnsize	0.005 44***	−0.003 03*	0.005 94***	−0.002 82*	0.005 21***	−0.003 09**
	(2.80)	(−1.95)	(3.07)	(−1.82)	(2.69)	(−2.00)
w_tobinq	−0.001 77	−0.005 65***	−0.001 57	−0.005 43***	−0.002 40**	−0.006 28***
	(−1.53)	(−4.92)	(−1.37)	(−4.75)	(−2.08)	(−5.49)
state	0.000 192	−0.021 0***	−0.000 395	−0.021 6***	−0.000 335	−0.021 5***
	(0.05)	(−6.05)	(−0.10)	(−6.22)	(−0.08)	(−6.21)
w_ndtax	−0.671***	−0.821***	−0.670***	−0.818***	−0.621***	−0.763***
	(−6.76)	(−8.71)	(−6.76)	(−8.70)	(−6.27)	(−8.12)
w_assetstock	0.027 7***	−0.002 28	0.029 0***	−0.000 864	0.030 3***	0.001 72
	(3.58)	(−0.31)	(3.76)	(−0.12)	(3.93)	(0.23)
w_liquid	−0.002 63***	−0.003 56***	−0.002 37***	−0.003 16***	−0.002 76***	−0.003 84***
	(−4.24)	(−6.73)	(−3.84)	(−5.99)	(−4.48)	(−7.30)
w_unique	−0.142***	−0.151***	−0.146***	−0.153***	−0.148***	−0.159***
	(−6.42)	(−7.63)	(−6.64)	(−7.78)	(−6.69)	(−8.04)
w_oprisk	−0.035 7***	−0.047 9***	−0.036 7***	−0.048 6***	−0.030 9***	−0.041 6***
	(−7.60)	(−10.85)	(−7.83)	(−11.04)	(−6.58)	(−9.40)
w_opncash	0.093 7***	0.053 3***	0.093 6***	0.053 5***	0.092 5***	0.051 4***
	(7.64)	(4.32)	(7.66)	(4.36)	(7.57)	(4.19)
rate06	−0.021 8***	−0.016 8***	−0.021 8***	−0.016 7***	−0.022 5***	−0.017 8***
	(−11.52)	(−8.92)	(−11.55)	(−8.92)	(−11.92)	(−9.49)

续表

变量	(1) fe1	(2) re1	(3) fe2	(4) re2	(5) fe3	(6) re3
gdp	0.006 29***	0.004 16***	0.006 24***	0.004 10***	0.006 79***	0.004 85***
	(10.41)	(7.49)	(10.36)	(7.39)	(11.24)	(8.72)
indcycle ×bank	—	—	0.069 8***	0.071 4***	—	—
	—	—	(9.70)	(10.37)	—	—
mark × bank	—	—	—	—	−0.020 4***	−0.024 4***
	—	—	—	—	(−10.33)	(−12.86)
_cons	−0.214***	0.230***	−0.187**	0.262***	−0.325***	0.082 9
	(−2.64)	(3.34)	(−2.31)	(3.82)	(−3.98)	(1.19)
N	18178	18178	18178	18178	18178	18178
F	679.0	13828.5	646.2	14012.9	647.5	14113.3
r^2_w	0.393	0.389	0.396	0.392	0.397	0.393

注：模型 fe 表示固定效应回归；模型 re 表示随机效应回归；固定效应模型和随机效应报告的是 R − sq（within）。***、**、* 分别表示 1%、5%、10% 的显著性水平。限于表格宽度，totalindex × bank 简写为 mark × bank。"—"表示数据缺失。

表 6 − 4 中的结果与表 6 − 3 接近，不再赘述。从表 6 − 5 得知，在全部模型中发现银行贷款与商业信用之间在 1% 的显著性水平上负相关，表明存在替代效应；成熟期行业在全部模型中与商业信用在 1% 的显著性水平上正相关，表明越是成熟期行业其商业信用比例越高；在全部模型中发现，市场化水平与商业信用之间在 1% 的显著性水平上正相关，与前述一致。另外，在 x3 × bank 交互项中系数在模型 m3、模型 m4 中显著为负。在其他条件相同的情况下，相比成长期行业和衰退期行业，成熟期行业的企业加速了银行贷款对商业信用的替代效应；在 mark × bank 交互项中，系数在 m5、m6 中显著为负，同样表明市场化程度越高地区的公司加剧了银行贷款对商业信用的替代效应。另外，在表 6 − 6 中，衰退期行业与商业信用的关系不是很明显，但 x4 ×

bank 的系数显著为负,在一定程度上还是加剧了银行贷款对商业信用的替代效应。

表6-4 成长期行业与债务来源间替代效应检验

变量	(1) fe1	(2) re1	(3) fe2	(4) re2	(5) fe3	(6) re3
w_bank	-0.469***	-0.517***	-0.503***	-0.551***	-0.309***	-0.321***
	(-86.84)	(-100.34)	(-78.61)	(-91.27)	(-18.83)	(-20.15)
x2	-0.0387***	-0.0551***	-0.0767***	-0.0923***	-0.0387***	-0.0547***
	(-5.20)	(-12.06)	(-9.14)	(-16.26)	(-5.21)	(-12.02)
w_totalindex	0.0144***	0.0183***	0.0143***	0.0182***	0.0221***	0.0274***
	(12.50)	(21.53)	(12.50)	(21.47)	(16.15)	(24.85)
w_roe	0.0256***	0.0309***	0.0245***	0.0296***	0.0234***	0.0286***
	(3.71)	(4.43)	(3.55)	(4.26)	(3.39)	(4.12)
w_lnsize	0.00553***	-0.00308**	0.00586***	-0.00286*	0.00530***	-0.00314**
	(2.85)	(-1.99)	(3.03)	(-1.85)	(2.74)	(-2.03)
w_tobinq	-0.00178	-0.00562***	-0.00171	-0.00549***	-0.00241**	-0.00625***
	(-1.54)	(-4.90)	(-1.49)	(-4.80)	(-2.09)	(-5.47)
state	0.000171	-0.0208***	-0.000445	-0.0212***	-0.000354	-0.0213***
	(0.04)	(-6.00)	(-0.11)	(-6.14)	(-0.09)	(-6.16)
w_ndtax	-0.684***	-0.875***	-0.689***	-0.872***	-0.634***	-0.816***
	(-6.88)	(-9.28)	(-6.96)	(-9.28)	(-6.39)	(-8.69)
w_assetstock	0.0287***	-0.000997	0.0300***	0.000275	0.0314***	0.00302
	(3.71)	(-0.13)	(3.88)	(0.04)	(4.06)	(0.41)
w_liquid	-0.00267***	-0.00360***	-0.00244***	-0.00326***	-0.00281***	-0.00388***
	(-4.32)	(-6.85)	(-3.96)	(-6.20)	(-4.55)	(-7.41)

续表

变量	(1) fe1	(2) re1	(3) fe2	(4) re2	(5) fe3	(6) re3
w_unique	-0.142***	-0.144***	-0.147***	-0.148***	-0.148***	-0.152***
	(-6.44)	(-7.30)	(-6.66)	(-7.49)	(-6.72)	(-7.72)
w_oprisk	-0.0364***	-0.0496***	-0.0369***	-0.0498***	-0.0316***	-0.0432***
	(-7.74)	(-11.24)	(-7.88)	(-11.31)	(-6.71)	(-9.78)
w_opncash	0.0933***	0.0524***	0.0944***	0.0541***	0.0921***	0.0505***
	(7.61)	(4.25)	(7.72)	(4.41)	(7.54)	(4.12)
rate06	-0.0217***	-0.0167***	-0.0216***	-0.0166***	-0.0224***	-0.0177***
	(-11.48)	(-8.89)	(-11.47)	(-8.88)	(-11.88)	(-9.47)
gdp	0.00624***	0.00409***	0.00619***	0.00405***	0.00674***	0.00477***
	(10.32)	(7.35)	(10.27)	(7.31)	(11.15)	(8.59)
x2×bank	—	—	0.101***	0.107***	—	—
	—	—	(9.75)	(10.99)	—	—
mark×bank	—	—	—	—	-0.0204***	-0.0245***
	—	—	—	—	(-10.32)	(-12.90)
_cons	-0.228***	0.218***	-0.216***	0.230***	-0.338***	0.0713
	(-2.81)	(3.18)	(-2.67)	(3.37)	(-4.16)	(1.03)
N	18 178	18 178	18 178	18 178	18 178	18 178
F	679.6	13 970.9	646.9	14 179.1	648.1	14 258.7
r^2_w	0.393	0.389	0.397	0.393	0.397	0.393

注：模型 fe 表示固定效应回归；模型 re 表示随机效应回归；固定效应模型和随机效应模型报告的是 R - sq（within）。***、**、* 分别表示1%、5%、10%的显著性水平。限于表格宽度，totalindex × bank 简写为 mark × bank。"—"表示数据缺失。

表 6-5　　成熟期行业与债务来源间替代效应检验

变量	(1) fe1	(2) re1	(3) fe2	(4) re2	(5) fe3	(6) re3
w_bank	-0.469***	-0.516***	-0.441***	-0.481***	-0.309***	-0.320***
	(-86.73)	(-100.20)	(-59.95)	(-68.33)	(-18.80)	(-20.06)
x3	0.0261***	0.0435***	0.0478***	0.0689***	0.0259***	0.0435***
	(3.65)	(10.16)	(5.85)	(12.62)	(3.64)	(10.20)
w_totalindex	0.0141***	0.0179***	0.0142***	0.0180***	0.0218***	0.0271***
	(12.28)	(21.12)	(12.37)	(21.18)	(15.96)	(24.58)
w_roe	0.0243***	0.0286***	0.0241***	0.0283***	0.0221***	0.0262***
	(3.52)	(4.10)	(3.49)	(4.07)	(3.21)	(3.78)
w_lnsize	0.00544***	-0.00304*	0.00542***	-0.00297*	0.00521***	-0.00311**
	(2.80)	(-1.96)	(2.80)	(-1.91)	(2.69)	(-2.01)
w_tobinq	-0.00165	-0.00545***	-0.00174	-0.00550***	-0.00228**	-0.00609***
	(-1.43)	(-4.75)	(-1.51)	(-4.80)	(-1.98)	(-5.33)
state	0.000411	-0.0207***	0.000196	-0.0207***	-0.000113	-0.0211***
	(0.10)	(-5.95)	(0.05)	(-5.98)	(-0.03)	(-6.11)
w_ndtax	-0.668***	-0.878***	-0.676***	-0.881***	-0.618***	-0.820***
	(-6.72)	(-9.29)	(-6.81)	(-9.34)	(-6.23)	(-8.70)
w_assetstock	0.0270***	-0.00119	0.0275***	-0.000842	0.0297***	0.00286
	(3.50)	(-0.16)	(3.56)	(-0.11)	(3.85)	(0.38)
w_liquid	-0.00274***	-0.00395***	-0.00269***	-0.00388***	-0.00287***	-0.00423***
	(-4.42)	(-7.51)	(-4.35)	(-7.40)	(-4.66)	(-8.08)
w_unique	-0.145***	-0.153***	-0.146***	-0.155***	-0.150***	-0.161***
	(-6.54)	(-7.77)	(-6.61)	(-7.84)	(-6.82)	(-8.19)
w_oprisk	-0.0361***	-0.0499***	-0.0361***	-0.0495***	-0.0317***	-0.0435***
	(-7.68)	(-11.28)	(-7.67)	(-11.22)	(-6.66)	(-9.82)

续表

变量	(1) fe1	(2) re1	(3) fe2	(4) re2	(5) fe3	(6) re3
w_opncash	0.093 4***	0.051 9***	0.094 6***	0.053 8***	0.092 3***	0.049 9***
	(7.61)	(4.21)	(7.71)	(4.37)	(7.55)	(4.07)
rate06	-0.021 6***	-0.016 7***	-0.021 6***	-0.016 6***	-0.022 3***	-0.017 7***
	(-11.45)	(-8.87)	(-11.41)	(-8.86)	(-11.85)	(-9.45)
gdp	0.006 27***	0.004 12***	0.006 25***	0.004 13***	0.006 77***	0.004 81***
	(10.36)	(7.40)	(10.34)	(7.43)	(11.19)	(8.64)
x3×bank	—	—	-0.053 4***	-0.069 0***	—	—
	—	—	(-5.46)	(-7.47)	—	—
mark×bank	—	—	—	—	-0.020 4***	-0.024 6***
	—	—	—	—	(-10.31)	(-12.96)
_cons	-0.253***	0.177***	-0.261***	0.162**	-0.363***	0.029 8
	(-3.12)	(2.58)	(-3.23)	(2.36)	(-4.46)	(0.43)
N	18 178	18 178	18 178	18 178	18 178	18 178
F	678.1	13 889.3	638.8	13 990.6	646.6	14 180.7
r^2_w	0.392	0.388	0.394	0.390	0.396	0.392

注：模型 fe 表示固定效应回归；模型 re 表示随机效应回归；固定效应模型和随机效应模型报告的是 R-sq（within）。***、**、* 分别表示1%、5%、10%的显著性水平。限于表格宽度，totalindex×bank 简写为 mark×bank。"—"表示数据缺失。

表 6-6　衰退期行业与债务来源间替代效应回归模型

变量	(1) fe1	(2) re1	(3) fe2	(4) re2	(5) fe3	(6) re3
w_bank	-0.468***	-0.513***	-0.457***	-0.504***	-0.308***	-0.318***
	(-86.63)	(-99.41)	(-78.99)	(-91.07)	(-18.73)	(-19.89)
x4	0.018 1*	0.009 51	0.048 4***	0.033 4***	0.018 4*	0.008 86
	(1.84)	(1.55)	(4.29)	(4.22)	(1.87)	(1.45)

续表

变量	(1) fe1	(2) re1	(3) fe2	(4) re2	(5) fe3	(6) re3
w_totalindex	0.013 9***	0.017 2***	0.013 7***	0.017 2***	0.021 6***	0.026 4***
	(12.11)	(20.19)	(12.02)	(20.13)	(15.83)	(23.81)
w_roe	0.024 0***	0.027 7***	0.023 6***	0.027 3***	0.021 8***	0.025 4***
	(3.48)	(3.97)	(3.42)	(3.92)	(3.16)	(3.65)
w_lnsize	0.005 28***	−0.002 96*	0.005 56***	−0.002 90*	0.005 05***	−0.003 02*
	(2.72)	(−1.89)	(2.86)	(−1.86)	(2.61)	(−1.94)
w_tobinq	−0.001 64	−0.005 51***	−0.001 49	−0.005 39***	−0.002 27**	−0.006 14***
	(−1.42)	(−4.79)	(−1.29)	(−4.70)	(−1.97)	(−5.36)
state	0.000 436	−0.021 1***	0.000 260	−0.021 3***	−0.000 0915	−0.021 5***
	(0.11)	(−6.04)	(0.06)	(−6.10)	(−0.02)	(−6.19)
w_ndtax	−0.646***	−0.784***	−0.640***	−0.781***	−0.596***	−0.726***
	(−6.52)	(−8.31)	(−6.46)	(−8.28)	(−6.02)	(−7.72)
w_assetstock	0.025 3***	−0.003 51	0.025 8***	−0.003 03	0.027 9***	0.000 510
	(3.28)	(−0.47)	(3.34)	(−0.41)	(3.63)	(0.07)
w_liquid	−0.002 65***	−0.003 87***	−0.002 55***	−0.003 71***	−0.002 79***	−0.004 15***
	(−4.28)	(−7.30)	(−4.11)	(−7.00)	(−4.52)	(−7.87)
w_unique	−0.144***	−0.165***	−0.145***	−0.165***	−0.149***	−0.172***
	(−6.49)	(−8.33)	(−6.56)	(−8.35)	(−6.76)	(−8.74)
w_oprisk	−0.035 0***	−0.046 9***	−0.035 6***	−0.047 4***	−0.030 2***	−0.040 6***
	(−7.45)	(−10.60)	(−7.58)	(−10.71)	(−6.42)	(−9.15)
w_opncash	0.094 1***	0.053 4***	0.093 3***	0.052 7***	0.093 0***	0.051 5***
	(7.67)	(4.33)	(7.61)	(4.27)	(7.60)	(4.19)
rate06	−0.021 8***	−0.016 8***	−0.021 9***	−0.016 8***	−0.022 5***	−0.017 8***
	(−11.52)	(−8.92)	(−11.56)	(−8.93)	(−11.92)	(−9.49)

续表

变量	(1) fe1	(2) re1	(3) fe2	(4) re2	(5) fe3	(6) re3
gdp	0.00636***	0.00426***	0.00635***	0.00422***	0.00686***	0.00494***
	(10.51)	(7.64)	(10.50)	(7.58)	(11.34)	(8.87)
x4×bank	—	—	-0.0736***	-0.0620***	—	—
	—	—	(-5.44)	(-4.78)	—	—
mark×bank	—	—	—	—	-0.0204***	-0.0245***
	—	—	—	—	(-10.33)	(-12.88)
_cons	-0.245***	0.188***	-0.253***	0.187***	-0.356***	0.0414
	(-3.02)	(2.73)	(-3.13)	(2.71)	(-4.37)	(0.60)
N	18 178	18 178	18 178	18 178	18 178	18 178
F	677.0	13 648.9	637.7	13 684.3	645.6	13 934.9
r²_w	0.392	0.388	0.393	0.389	0.396	0.392

注：模型 fe 表示固定效应回归；模型 re 表示随机效应回归；固定效应模型和随机效应模型报告的是 R-sq（within）。***、**、* 分别表示1%、5%、10%的显著性水平。限于表格宽度，totalindex×bank 简写为 mark×bank。"—"表示数据缺失。

6.2.5 成长期行业与企业成长机会的比较分析

行业生命周期是很长的过程，国外学者认为行业生命周期应比较前20年和后20年的差异，而企业成长性时间较短。[①] 二者的区别是整个行业总体上处于成长阶段，但是所属行业中众多企业表现并非均同步，是存在差异的。目前，作者查阅的文献并没有具体区分成长期行业与企业的成长性，只是简单描述，如姜付秀和刘志彪（2005）认为，按照增长率对产业进行分类，就考

---

① 但是，现代社会科技进步快，行业生命周期前后阶段的时间已经在缩短，即便如此，行业生命周期时间也长于企业成长性时间。

虑到了产业的成长性；闵丹和韩立岩（2008）指出，企业的成长率与企业所处行业的生命周期存在一定的相关关系。但探讨并不具体，也没有提供经验证据表明其差异，本书尝试性地比较成长期行业与成长性企业银行贷款对商业信用替代效应的差异。从表6-7和表6-8中得知，indcycle、x2、x3、x4以及交互项indcycle×bank、x2×bank、x3×bank、x4×bank在固定效应模型和随机效应模型中均显著影响了商业信用的使用，影响了银行贷款对商业信用的替代效应，而微观的tobinq反映了企业成长性在固定效应模型中均不显著。另外，在表6-7、表6-8中，行业生命周期变量的系数远大于tobinq的系数，表明企业成长性对商业信用的影响更不显著或影响程度更小。这在一定程度上表明，相对于企业成长性特征，行业特征对债务来源的影响更显著、效应更大。可能的原因是，债务来源的配置更多地参考了行业整体特性，而个体效应差别较大，相互间存在抵消的可能。

表6-7 成长期行业与企业成长机会的比较分析一

变量	(1) fe1	(2) re1	(3) fe2	(4) re2	(5) fe3	(6) re3
w_bank	-0.469***	-0.515***	-0.551***	-0.598***	-0.469***	-0.517***
	(-86.78)	(-99.88)	(-54.74)	(-62.50)	(-86.84)	(-100.34)
indcycle	-0.0238***	-0.0302***	-0.0505***	-0.0556***	—	—
	(-4.59)	(-9.28)	(-8.62)	(-13.68)	—	—
w_tobinq	-0.00177	-0.00565***	-0.00157	-0.00543***	-0.00178	-0.00562***
	(-1.53)	(-4.92)	(-1.37)	(-4.75)	(-1.54)	(-4.90)
w_totalindex	0.0142***	0.0179***	0.0141***	0.0177***	0.0144***	0.0183***
	(12.40)	(20.98)	(12.31)	(20.90)	(12.50)	(21.53)
w_roe	0.0254***	0.0304***	0.0242***	0.0290***	0.0256***	0.0309***
	(3.68)	(4.36)	(3.51)	(4.18)	(3.71)	(4.43)

续表

变量	(1) fe1	(2) re1	(3) fe2	(4) re2	(5) fe3	(6) re3
w_lnsize	0.005 44***	-0.003 03*	0.005 94***	-0.002 82*	0.005 53***	-0.003 08**
	(2.80)	(-1.95)	(3.07)	(-1.82)	(2.85)	(-1.99)
state	0.000 192	-0.021 0***	-0.000 395	-0.021 6***	0.000 171	-0.020 8***
	(0.05)	(-6.05)	(-0.10)	(-6.22)	(0.04)	(-6.00)
w_ndtax	-0.671***	-0.821***	-0.670***	-0.818***	-0.684***	-0.875***
	(-6.76)	(-8.71)	(-6.76)	(-8.70)	(-6.88)	(-9.28)
w_assetstock	0.027 7***	-0.002 28	0.029 0***	-0.000 864	0.028 7***	-0.000 997
	(3.58)	(-0.31)	(3.76)	(-0.12)	(3.71)	(-0.13)
w_liquid	-0.002 63***	-0.003 56***	-0.002 37***	-0.003 16***	-0.002 67***	-0.003 60***
	(-4.24)	(-6.73)	(-3.84)	(-5.99)	(-4.32)	(-6.85)
w_unique	-0.142***	-0.151***	-0.146***	-0.153***	-0.142***	-0.144***
	(-6.42)	(-7.63)	(-6.64)	(-7.78)	(-6.44)	(-7.30)
w_oprisk	-0.035 7***	-0.047 9***	-0.036 7***	-0.048 6***	-0.036 4***	-0.049 6***
	(-7.60)	(-10.85)	(-7.83)	(-11.04)	(-7.74)	(-11.24)
w_opncash	0.093 7***	0.053 3***	0.093 6***	0.053 5***	0.093 3***	0.052 4***
	(7.64)	(4.32)	(7.66)	(4.36)	(7.61)	(4.25)
rate06	-0.021 8***	-0.016 8***	-0.021 8***	-0.016 7***	-0.021 7***	-0.016 7***
	(-11.52)	(-8.92)	(-11.55)	(-8.92)	(-11.48)	(-8.89)
gdp	0.006 29***	0.004 16***	0.006 24***	0.004 10***	0.006 24***	0.004 09***
	(10.41)	(7.49)	(10.36)	(7.39)	(10.32)	(7.35)
indcycle×bank	—	—	0.069 8***	0.071 4***	—	—
	—	—	(9.70)	(10.37)	—	—
x2	—	—	—	—	-0.038 7***	-0.055 1***
	—	—	—	—	(-5.20)	(-12.06)

续表

变量	(1) fe1	(2) re1	(3) fe2	(4) re2	(5) fe3	(6) re3
_cons	-0.214***	0.230***	-0.187**	0.262***	-0.228***	0.218***
	(-2.64)	(3.34)	(-2.31)	(3.82)	(-2.81)	(3.18)
N	18 178	18 178	18 178	18 178	18 178	18 178
F	679.0	13 828.5	646.2	14 012.9	679.6	13 970.9
r^2_w	0.393	0.389	0.396	0.392	0.393	0.389

注：模型 fe 表示固定效应回归；模型 re 表示随机效应回归；固定效应模型和随机效应模型报告的是 R-sq（within）。***、**、* 分别表示 1%、5%、10% 的显著性水平。"—"表示数据缺失。限于表格宽度，在模型中分别加入 x2×bank 和 x4×bank 的统计结果未列示。

表 6-8　成长期行业与企业成长机会的比较分析二

变量	(1) fe1	(2) re1	(3) fe2	(4) re2	(5) fe3	(6) re3
w_bank	-0.469***	-0.516***	-0.441***	-0.481***	-0.468***	-0.513***
	(-86.73)	(-100.20)	(-59.95)	(-68.33)	(-86.63)	(-99.41)
x3	0.026 1***	0.043 5***	0.047 8***	0.068 9***	—	—
	(3.65)	(10.16)	(5.85)	(12.62)	—	—
w_tobinq	-0.001 65	-0.005 45***	-0.001 74	-0.005 50***	-0.001 64	-0.005 51***
	(-1.43)	(-4.75)	(-1.51)	(-4.80)	(-1.42)	(-4.79)
w_totalindex	0.014 1***	0.017 9***	0.014 2***	0.018 0***	0.013 9***	0.017 2***
	(12.28)	(21.12)	(12.37)	(21.18)	(12.11)	(20.19)
w_roe	0.024 3***	0.028 6***	0.024 1***	0.028 3***	0.024 0***	0.027 7***
	(3.52)	(4.10)	(3.49)	(4.07)	(3.48)	(3.97)
w_lnsize	0.005 44***	-0.003 04*	0.005 42***	-0.002 97*	0.005 28***	-0.002 96*
	(2.80)	(-1.96)	(2.80)	(-1.91)	(2.72)	(-1.89)

续表

变量	(1) fe1	(2) re1	(3) fe2	(4) re2	(5) fe3	(6) re3
state	0.000 411	-0.020 7***	0.000 196	-0.020 7***	0.000 436	-0.021 1***
	(0.10)	(-5.95)	(0.05)	(-5.98)	(0.11)	(-6.04)
w_ndtax	-0.668***	-0.878***	-0.676***	-0.881***	-0.646***	-0.784***
	(-6.72)	(-9.29)	(-6.81)	(-9.34)	(-6.52)	(-8.31)
w_assetstock	0.027 0***	-0.001 19	0.027 5***	-0.000 842	0.025 3***	-0.003 51
	(3.50)	(-0.16)	(3.56)	(-0.11)	(3.28)	(-0.47)
w_liquid	-0.002 74***	-0.003 95***	-0.002 69***	-0.003 88***	-0.002 65***	-0.003 87***
	(-4.42)	(-7.51)	(-4.35)	(-7.40)	(-4.28)	(-7.30)
w_unique	-0.145***	-0.153***	-0.146***	-0.155***	-0.144***	-0.165***
	(-6.54)	(-7.77)	(-6.61)	(-7.84)	(-6.49)	(-8.33)
w_oprisk	-0.036 1***	-0.049 9***	-0.036 1***	-0.049 5***	-0.035 0***	-0.046 9***
	(-7.68)	(-11.28)	(-7.67)	(-11.22)	(-7.45)	(-10.60)
w_opncash	0.093 4***	0.051 9***	0.094 6***	0.053 8***	0.094 1***	0.053 4***
	(7.61)	(4.21)	(7.71)	(4.37)	(7.67)	(4.33)
rate06	-0.021 6***	-0.016 7***	-0.021 6***	-0.016 6***	-0.021 8***	-0.016 8***
	(-11.45)	(-8.87)	(-11.41)	(-8.86)	(-11.52)	(-8.92)
gdp	0.006 27***	0.004 12***	0.006 25***	0.004 13***	0.006 36***	0.004 26***
	(10.36)	(7.40)	(10.34)	(7.43)	(10.51)	(7.64)
x3×bank	—	—	-0.053 4***	-0.069 0***	—	—
			(-5.46)	(-7.47)		
x4	—	—	—	—	0.018 1*	0.009 51
					(1.84)	(1.55)
_cons	-0.253***	0.177***	-0.261***	0.162**	-0.245***	0.188***

续表

变量	(1) fe1	(2) re1	(3) fe2	(4) re2	(5) fe3	(6) re3
	(-3.12)	(2.58)	(-3.23)	(2.36)	(-3.02)	(2.73)
N	18 178	18 178	18 178	18 178	18 178	18 178
F	678.1	13 889.3	638.8	13 990.6	677.0	13 648.9
r^2_w	0.392	0.388	0.394	0.390	0.392	0.388

注：模型 fe 表示固定效应回归；模型 re 表示随机效应回归；固定效应模型和随机效应模型报告的是 R-sq (within)。***、**、* 分别表示 1%、5%、10% 的显著性水平。"—"表示数据缺失。在模型中分别加入 x4×bank 的统计结果未列示。

6.2.6 进一步分析

因变量为商业信用的股权分置改革分组

从表 6-9 和表 6-10 中可知，gqfz 的系数在 1% 的显著性水平上与商业信用比例正相关，表明股权分置改革之后，商业信用比例增加，可能的原因是股权分置改革之后，股权融资偏好有所下降，债务融资比例增加，而长期债务比例下降，商业信用是债务融资中的重要部分，大部分属于短期债务，从理论上可知随着债务融资比例的增加商业信用的比例也会增加。Indcycle 或 x2 的系数分别在模型 x1h 或模型 x2h 中在 1% 的显著性水平上与商业信用比例负相关，而在模型 x1l 或模型 x2l 中不显著，表明行业效应在股权分置改革之后比较显著。另外，indcycle 或 x2 的系数分别在模型 x1hl 或模型 x2hl 中显著负相关，而在模型 x1hh 或模型 x2hh 中不显著，表明行业效应在改革之后的市场化程度更低的地区更显著。

表6-9　　因变量为商业信用的股权分置改革分组检验一

变量	(1) x1s	(2) x1h	(3) x1hh	(4) x1hl	(5) x1l	(6) x1lh	(7) x1ll
w_bank	-0.545***	-0.546***	-0.604***	-0.476***	-0.497***	-0.587***	-0.488***
	(-51.84)	(-34.63)	(-20.44)	(-17.99)	(-28.98)	(-15.71)	(-15.15)
indcycle	-0.0525***	-0.0409***	-0.000593	-0.0840***	-0.0160	-0.0491*	-0.0653**
	(-8.72)	(-4.98)	(-0.03)	(-5.57)	(-1.47)	(-1.69)	(-2.47)
gqfz	0.0423***	—	—	—	—	—	—
	(7.95)	—	—	—	—	—	—
w_totalindex	0.0105***	0.00292	-0.00103	0.0229*	0.00277	0.0112	0.000971
	(7.81)	(0.67)	(-0.17)	(1.87)	(1.12)	(1.22)	(0.13)
indcycle*bank	0.0701***	0.0732***	0.0517**	0.0827***	0.0476***	0.0894***	0.0830***
	(9.35)	(6.58)	(2.38)	(4.17)	(3.91)	(3.69)	(3.24)
w_roe	0.0203***	0.00317	-0.0440*	0.0310**	0.0411***	0.0107	0.0545***
	(2.77)	(0.31)	(-1.79)	(2.14)	(4.16)	(0.51)	(3.32)
w_lnsize	0.00260	-0.00619*	-0.0220***	0.00271	0.0476***	0.0607***	0.0492***
	(1.27)	(-1.94)	(-2.98)	(0.57)	(8.74)	(4.74)	(4.76)
w_tobinq	-0.00514***	-0.00156	-0.000691	-0.000172	-0.0159***	-0.0323***	-0.00977
	(-4.18)	(-1.16)	(-0.24)	(-0.09)	(-4.15)	(-2.76)	(-1.51)
state	0.00130	-0.00576	-0.0111	0.0185	0.00311	-0.0324**	-0.0136
	(0.31)	(-0.64)	(-0.63)	(1.33)	(0.50)	(-2.30)	(-1.21)
w_ndtax	-0.537***	-0.297**	-0.441	-0.210	-0.644***	-1.131***	0.319
	(-5.16)	(-2.15)	(-1.57)	(-0.89)	(-3.58)	(-2.81)	(1.03)
w_assetstock	0.0278***	0.0647***	0.117***	0.0608***	0.0299**	-0.0191	0.0289
	(3.45)	(5.50)	(5.04)	(3.26)	(2.20)	(-0.70)	(1.22)
w_liquid	-0.00275***	-0.00184**	-0.00236	0.000471	-0.000122	-0.0101***	0.00578**
	(-4.26)	(-2.49)	(-1.59)	(0.35)	(-0.09)	(-4.10)	(2.47)
w_unique	-0.133***	-0.0443	0.0410	-0.0525	-0.193***	-0.507***	-0.124**
	(-5.83)	(-1.32)	(0.56)	(-1.05)	(-5.45)	(-6.54)	(-2.10)

续表

变量	(1) x1s	(2) x1h	(3) x1hh	(4) x1hl	(5) x1l	(6) x1lh	(7) x1ll
w_oprisk	-0.091 3***	-0.182***	-0.179***	-0.236***	—	—	—
	(-11.87)	(-13.90)	(-6.52)	(-11.31)	—	—	—
w_opncash	0.102***	0.127***	0.140***	0.106***	0.093 0***	0.139***	0.073 6**
	(8.01)	(8.36)	(4.72)	(4.14)	(5.11)	(4.24)	(2.34)
rate06	-0.023 5***	-0.013 7***	-0.014 4***	-0.013 0***	-0.038 2***	-0.050 4***	-0.038 0***
	(-12.28)	(-6.66)	(-3.48)	(-3.98)	(-6.18)	(-3.43)	(-3.75)
gdp	0.007 72***	0.004 11***	0.005 68***	0.000 235	0.008 47***	-0.001 71	0.007 36
	(12.20)	(5.54)	(3.82)	(0.20)	(3.44)	(-0.25)	(1.39)
_cons	-0.246***	0.404***	0.600**	0.506**	-1.211***	-0.211	-1.114*
	(-2.89)	(3.06)	(2.17)	(2.37)	(-4.43)	(-0.28)	(-1.90)
N	16 934	10 486	2 883	3 548	6 448	2 103	2 160
F	570.6	279.3	92.59	88.77	239.2	70.39	59.86
r^2_w	0.401	0.355	0.419	0.341	0.411	0.430	0.384

注：模型 x1s 表示全样本回归；模型 x1h、模型 x1l 分别表示股权分置改革之后组和股权分置改革之前组；模型 x1hh、模型 x1hl 表示股权分置改革之后组中市场化进程按照中位数划分为三组中的最高组和最低组；x1lh、x1ll 表示股权分置改革之前组中市场化进程按照中位数划分为三组中的最高组和最低组；模型采用固定效应方法。在随机效应模型检验中，文中主要结论是一样的。***、**、* 分别表示1%、5%、10% 的显著性水平。"—" 表示数据缺失。

表6-10 因变量为商业信用的股权分置改革分组检验二

变量	(1) x2s	(2) x2h	(3) x2hh	(4) x2hl	(5) x2l	(6) x2lh	(7) x2ll
w_bank	-0.497***	-0.493***	-0.568***	-0.410***	-0.463***	-0.502***	-0.436***
	(-74.25)	(-51.72)	(-29.93)	(-27.39)	(-42.82)	(-20.78)	(-24.31)

续表

变量	(1) x2s	(2) x2h	(3) x2hh	(4) x2hl	(5) x2l	(6) x2lh	(7) x2ll
x2	-0.080 5***	-0.067 1***	-0.025 4	-0.117***	-0.012 1	-0.028 8	-0.150***
	(-9.32)	(-5.57)	(-0.94)	(-5.64)	(-0.76)	(-0.75)	(-3.99)
gqfz	0.043 6***	—	—	—	—	—	—
	(8.18)	—	—	—	—	—	—
w_totalindex	0.010 6***	0.002 99	-0.000 928	0.023 0*	0.002 60	0.011 9	0.000 526
	(7.89)	(0.68)	(-0.15)	(1.87)	(1.05)	(1.30)	(0.07)
x2*bank	0.101***	0.106***	0.072 4**	0.098 4***	0.066 7***	0.076 5**	0.174***
	(9.45)	(6.96)	(2.26)	(3.69)	(3.86)	(2.26)	(4.81)
w_roe	0.020 4***	0.003 49	-0.044 0*	0.029 8**	0.040 3***	0.011 6	0.051 4***
	(2.78)	(0.34)	(-1.79)	(2.06)	(4.08)	(0.55)	(3.14)
w_lnsize	0.002 46	-0.006 41**	-0.022 7***	0.001 90	0.048 1***	0.058 8***	0.053 8***
	(1.20)	(-2.01)	(-3.08)	(0.40)	(8.81)	(4.58)	(5.22)
w_tobinq	-0.005 35***	-0.001 63	-0.000 823	-0.000 346	-0.015 9***	-0.031 7***	-0.010 2
	(-4.36)	(-1.21)	(-0.28)	(-0.17)	(-4.16)	(-2.70)	(-1.59)
state	0.001 32	-0.004 91	-0.009 41	0.019 2	0.003 51	-0.032 0**	-0.012 6
	(0.31)	(-0.55)	(-0.53)	(1.37)	(0.56)	(-2.27)	(-1.13)
w_ndtax	-0.555***	-0.309**	-0.448	-0.245	-0.627***	-1.120***	0.376
	(-5.32)	(-2.23)	(-1.59)	(-1.04)	(-3.48)	(-2.78)	(1.22)
w_assetstock	0.028 8***	0.065 4***	0.116***	0.066 2***	0.029 9**	-0.014 8	0.034 9
	(3.58)	(5.56)	(4.97)	(3.56)	(2.20)	(-0.55)	(1.48)
w_liquid	-0.002 86***	-0.001 89**	-0.002 46*	0.000 215	0.000 012 1	-0.010 0***	0.007 26***
	(-4.44)	(-2.56)	(-1.66)	(0.16)	(0.01)	(-4.06)	(3.07)
w_unique	-0.134***	-0.051 5	0.037 2	-0.062 8	-0.194***	-0.501***	-0.126**
	(-5.85)	(-1.53)	(0.51)	(-1.25)	(-5.49)	(-6.45)	(-2.14)

续表

变量	(1) x2s	(2) x2h	(3) x2hh	(4) x2hl	(5) x2l	(6) x2lh	(7) x2ll
w_oprisk	-0.0929***	-0.182***	-0.176***	-0.239***	—	—	—
	(-12.06)	(-13.89)	(-6.43)	(-11.45)	—	—	—
w_opncash	0.103***	0.127***	0.144***	0.104***	0.0940***	0.141***	0.0762**
	(8.05)	(8.41)	(4.86)	(4.07)	(5.17)	(4.28)	(2.43)
rate06	-0.0234***	-0.0136***	-0.0142***	-0.0127***	-0.0377***	-0.0498***	-0.0382***
	(-12.23)	(-6.61)	(-3.43)	(-3.90)	(-6.09)	(-3.39)	(-3.79)
gdp	0.00768***	0.00404***	0.00560***	0.000 096 5	0.00853***	-0.00182	0.00652
	(12.14)	(5.46)	(3.76)	(0.08)	(3.46)	(-0.26)	(1.24)
_cons	-0.275***	0.388***	0.630**	0.474**	-1.243***	-0.222	-1.162**
	(-3.25)	(2.94)	(2.28)	(2.22)	(-4.56)	(-0.30)	(-1.99)
N	16 934	10 486	2 883	3 548	6 448	2 103	2 160
F	571.5	280.1	92.44	88.55	239.3	69.41	61.52
r^2_w	0.401	0.356	0.419	0.340	0.411	0.427	0.390

注：模型 x2s 表示全样本回归；模型 x2h、模型 x2l 分别表示股权分置改革之后组和股权分置改革之前组；模型 x2hh、模型 x2hl 表示股权分置改革之后组中市场化进程按照中位数划分为 3 组中的最高组和最低组；模型 x2lh、模型 x2ll 表示股权分置改革之前组中市场化进程按照中位数划分为 3 组中的最高组和最低组；模型采用固定效应方法；***、**、* 分别表示 1%、5%、10% 的显著性水平。"—"表示数据缺失。

6.3 稳健性检验

本书进行了以下稳健性测试：（1）行业层面的证据，依据每年 21 个行业共 13 年的 273 个样本计算出每个变量的行业均值进行回归，银行贷款与商业信用在1%的显著性水平上存在替代关系；行业生命周期与商业信用率均值在1%的显著性水平上负相关，市场化总指数与商业信用率均值在1%的显著性水平上正相关。(2)用短期借款替代原来的银行贷款。(3)市场化水平的分指标变量：政府与市场关系指数、非国有经济发展指数、产品市场发育指数、要素市场发育指数、市场中介组织的发育和法律环境指数，分别代替市场化总指数进行检验。(4)适当扩大缩尾（winsor）范围或缩小缩尾范围。(5)变量替代（cpi、rate1分别替换宏观变量等）。(6) pooling一般回归分析、中位数回归分析。稳健性检验后，基本结论没有显著差异。

6.4 本章小结

通过理论与多种计量模型研究发现，相比于成熟期行业和衰退期行业，成长期行业的商业信用比例更低；商业信用是一种建立在信用基础上的债权债务契约，组织之间信用可靠性在市场化程度越高的地区比市场化程度越低的地区更高，所以，市场化程度高的地区的公司其商业信用比例可能也越高；在资产负债率一定的情况下，商业信用与银行贷款存在替代效应；依据商业信用融资相对优势假说，相比于成熟期行业和衰退期行业，成长期行业缓解了银行贷款对商业信用的替代效应；银行资源存在向大城市和发达地区集中的趋势，市场化程度越高地区的公司加剧了银行贷款对商业信用的替代效应；相对于企业成长性特征，行业特征对债务来源的影响效应更大。研究表明，不同行业生命周期对债务来源异质性的构成有重要的影响。股权分置改革之后，商业信用比例增加，可能的原因是股权分置改革之后，股权融资偏好有所下降。债务融资比例增加，而长期债务比例下降。商业信用是债务融资的重要部分，大部分属于短期债务，从理论上可知，随着债务融资比例的增加，商业信用的比例也会增加。另外，行业效应在股权分置改革之后的市场化程度更低的地区更显著。

通过理论与实证分析后的启示，企业应更加明确行业生命周期下不同阶段其债务融资决策是存在差异的；企业所属市场化进程差异下不同地区的商业信用与银行贷款的替代性是不同的，企业只有更加明确自身的外部环境才能更有效地组合债务融资来源；有助于更好的理解行业生命周期特征与企业成长性特征的差异。总之，债务来源优化配置的提高，应该重点考虑自身财务特征以外的债务内部效应、行业生命周期以及制度环境等特征。

第7章

行业生命周期影响债务资本成本的理论与实证

7.1 理论分析与研究假设

债务人为了获取银行贷款,需要支付一定的贷款成本形成贷款利率,债权人依据债务人的财务状况等考量其财务风险进而确定贷款利率,作为其承担风险的一种补偿。[①] 现有文献关于贷款成本高低的影响因素方面的研究,主要体现在财务信息、关系借贷、审计信息等。从财务信息视角来看,债权人会关注债务人的

---

① 存在较多的文献研究权益成本的估计,而关注债务成本的研究则很少 (Baule, 2012)。陈 (Chen, 1978) 表明,债务资本成本是资本成本的一部分,被定义为对于公司风险债券上的均衡必要回报率。国外公司融资渠道较广泛,发行公司债券很多,公司债券成本方面的研究相对较多。而我国公司债券市场不发达,债务的表现形式更多地表现为银行债务和商业信用 (段云等, 2012)。一般来讲,商业信用的融资成本较低,还存在商业折扣等,所以,有息债务主要还是金融性负债,债务成本的研究更多地集中于金融机构的信贷融资等金融负债成本。

财务信息状况（Abdel-Khalik, 1973）。研究了会计主体（债务人）经营状况与贷款成本的关系，债务人的风险是个重要的因素，风险较高的债务人的贷款利率更高（Blackwell et al., 1998）。通过企业信贷相关调查发现，企业的财务指标与贷款付出的成本、贷款是否抵押等有关（Berger and Udell, 1992, 1995）。马查尔和维贝（Machauer and Weber, 1998）研究了银行贷款与债务人风险的关系，发现贷款期限不会随着债务人信用级别的变动而变化，但贷款的利率和授信的额度则会发生变化。胡奕明和谢诗蕾（2005）表明，银行的贷款利率无论长期还是短期，都与借款企业当前财务状况和公司治理状况有一定的合理相关关系。胡奕明等（2008）表明，贷款利率与借款人财务状况之间有正向压力传导效应，即业绩越好，贷款利率越低。

  关于关系借贷方面的研究：关系借贷能够增加小企业的信用可获得性（Petersen and Rajan, 1994; Cole, 1998），并有助于借款人获得银行优惠利率并减少抵押品要求，从而降低企业的融资成本（Diamond, 1991b; Boot and Thakor, 1994; Berger and Udell, 1995），另外，表明债务人与债权人合作关系越长，利率可能更优惠（Blackwell et al., 1998）。关系能够降低利率在学界还是存在一定争议的，有文献如皮特森和让坚（Petersen and Rajan, 1994）表明，债务人与债权人的合作关系可能使得债权人监督成本下降，但债权人对债务人的贷款利率并没有明显降低。哈霍夫等（Harhoff et al., 1998）在调查中发现，与银行合作的长期化并没有显著降低贷款抵押物，还发现随着合作的深入，贷款利率可能上升，如分别在意大利银行和比利时银行，随着合作的深入，债权人对债务人的利率还在上升（Angelini et al., 1998; Degryse et al., 2000）。巴斯和斯启如腾（Baas and Schrooten, 2006）表明，由于银行对中小企业有较高的监督成本，关系借贷会导致高利率的贷款。导致利率可能上升的原因是随着时间的延长，债权人对债务人更加了解和熟悉。一般来讲，公司的盈利信息存在一定的盈余操作现象，知道得越多可能会更了解对方，使得贷款变得更加谨慎。

审计信息：经审计的企业比未经审计的企业利率显著要低（Blackwell et al.，1998）。审计师的自身特征和审计任期与债券融资成本之间存在一定的关联（Mansi et al.，2004）。审计师的特征对企业贷款成本影响显著（Kim et al.，2007）。审计作为一种外部监督机制，在一定程度上保证了公司财务信息的真实客观。被出具标准审计意见的公司，应该更值得债权人信赖。

信息不对称导致事前债权人在发放信贷时为了减少信息不对称，更加注重有形资产的多少，避免由于公司内部的道德风险而产生损害债权人利益的事情。另外，从清算风险的角度来看，债务人同样会进行选择。戴蒙德（Diamond，1991a）建立模型分析了债务期限与清算风险之间的关系，企业内部拥有更多的信息资源，较好的公司进行融资比较容易，短期负债的利率往往较低，但短期负债带来的清算风险则较大。所以，较好的公司面临的清算风险较低使其选择利率较低的短期债务，而对于那些清算风险较高的公司则会尽量选择期限较长的债务，避免被清算的可能，但公司面临着贷款利率比较高的风险。

然而，现有文献并没有充分考虑行业特征在债务资本成本中的重要性，并没在模型中进行有效控制，如何特能和帕佳能（Hyytinen and Pajarinen，2007）、克姆等（Kim et al.，2011）等。即使控制了行业效应也仅限于设置简单的哑变量，不能够很好地区分其行业的具体特征，如皮特曼和弗挺（Pittman and Fortin，2004）。正如迈可凯和菲利普斯（MacKay and Phillips，2005）的研究表明，利用设置虚拟变量删除行业的固定效应，利用剩余的变化测试公司特征对财务政策的影响，然而，这种做法并没有体现行业如何影响公司的财务行为。不同行业的发展阶段是存在差异的，行业效应作为中观效应对贷款的利率是有影响的。行业的主要发展阶段是成长期、成熟期和衰退期，不同行业发展阶段下的盈利能力、贷款可抵押物等是存在本质差异的，这种内在的差异导致了不同类别行业中的企业在贷款时所支付的贷款成本是存在差异的。

年轻的（成长性）主体相比于成熟的主体更容易违约，违约风险更大，存在以下特征影响了违约风险，如行业、公司规模、有形资产等（Hyytinen and Pajarinen，2007）。可见，行业特征是影响违约概率的重要方面。生命周期的早期阶段信息不对称比较严重（Petersen and Rajan，1994），成长性行业可能面临较大的市场风险，债权人更多地考虑其信贷风险，所以，成长性行业的公司债务资本成本比较高。陆正飞和辛宇（1998）认为，行业生命周期阶段存在差异，在同一时期，不同行业所处的生命周期阶段存在差异，处于不同生命周期阶段的行业就会具有不同的经营风险等级。可能的原因是，成长性行业尚处于发展时期，存在较多的投资机会，需要一定的外部融资满足其投资，但其有形可抵押资产较少，银行方面鉴于风险考虑，可能会更加关注其贷款风险，故在贷款利息方面会提高得较多。而成熟期行业自身有形可抵押资产较多，行业发展比较稳定，相对而言，贷款风险较小，其利息率较低，而衰退期行业可能面临较大的行业风险，盈利能力下滑，所以其贷款的利息率会较低。基于上述分析，提出以下假设。

H7-1：相比非成长期行业，成长期行业的利息率更高，债务资本成本更大；相比非成熟期行业，成熟期行业的利息率更低，债务资本成本更小；衰退期行业的利息率偏高。

市场化程度越高的地区，资源竞争越激烈，行业的内在特征可能成为获取资源的一个重要方面，市场化程度越高，政府干预越少的地区市场识别机制越强，越能识别出不同行业的特性，更具行业效应；而政府干预越多的地区市场识别机制更弱，政府干预在一定程度上替代了行业效应的发挥，政府干预成为市场机制的替代机制，因此可能导致市场化程度不同地区的行业特性对债务资本成本支出的影响不同。

国有企业在获取银行资源时,存在一系列优惠。余明桂和潘红波(2008a)表明,地方政府对经济活动的干预可以从两个方面来理解:一方面,地方政府有很强的动机保护和支持当地的国有企业;另一方面,地方政府有能力通过干预银行的信贷决策,为当地的国有企业提供信贷支持。而民营企业可能受到融资约束的限制更多,缺乏地方政府的支持,获取信贷资源需要付出更多的贷款成本,支付更高的利息。在市场化程度较低的地区,政府干预越多,产权性质的特征体现得更加明显,影响了贷款利息率的高低,地方政府的作用更加明显。基于上述分析,提出以下假设。

H7-2a:市场化程度越高地区的行业特征更加明显,市场化程度越低的地区的政府干预可能比行业特征更能发挥效用。

H7-2b:国有企业贷款利率更低,市场化程度较低的地区产权性质特征更明显。

7.2 实证分析

7.2.1 行业生命周期影响债务资本成本的两阶段模型

第一阶段:
$$lev = a0 + a1(ndtax) + a2(assetstock) + a3(liquid)$$
$$+ a4(unique) + a5(oprisk) + a6(opncash) +$$
$$+ a7(gdp) + \mu1$$

第二阶段:
$$qb\_m = a0 + a1(indcycle) + a2(totalindex) + a3(roe)$$
$$+ a4(\ln size) + a5(tobinq) + a6(state)$$

$$+ a7(pw\_lev) + a8(rate06) + \mu2$$

$$qb\_simplem = a0 + a1(indcycle) + a2(totalindex) + a3(roe)$$
$$+ a4(lnsize) + a5(tobinq) + a6(state)$$
$$+ a7(pw\_lev) + a8(rate06) + \mu2$$

样本选取来源和变量定义与第 5 章阐述的一致，文中用到的贷款利率来自中国企业银行贷款数据库（CSMAR）。[①] qb_m 表示，全部短期贷款额和利息率与长期贷款额和利息率的加权算术平均数；qb_simplem 表示，全部利息率的简单算术平均数。基础模型如上，在具体模型中被解释变量是 qb_m 或 qb_simplem，具体模型分别用 x2、x3、x4 代替 indcycle，其余为控制变量。参数估计分为两个阶段，第一阶段运用稳健回归估计出 lev 模型中的 lev 预测值 pw_lev。再把 pw_lev 分别运用于 qb_m 和 qb_simplem 模型作为控制变量，这样处理的原因是 lev 在第 5 章已经存在多种影响因素，直接把 lev 运用于 qb_m 和 qb_simplem 模型不恰当，分为两个阶段处理更符合逻辑。[②] 两个阶段的回归模型的变量是不一致的，避免产生共线性，影响模型的偏误。[③]

7.2.2 不同行业发展阶段的总体利息差异分析

从表 7-1 中可知，w_qb_m 均值和中位数分别是 6.304、5.825；w_qb_simplem 均值和中位数分别是 6.544、5.850，可知银行贷款利息普遍是按照国家相关货币政策在执行。从表 7-2

[①] 贷款利率能够最直接地反映企业为获取信贷资源所付出的代价，能够区分短期偿债成本和长期偿债成本，是比较干净、噪音少的度量方式。

[②] 有观点认为，将资产负债率作为控制变量影响债务资本成本（Pittman and Fortin，2004；胡奕明，谢诗蕾，2005；胡奕明等，2008；Kim et al.，2011；魏志华等，2012）。将资产负债率作为影响债务成本的控制因素，主要是考虑到融资结构可能会影响债务资本成本表现出的债务融资效率。

[③] 第二阶段的控制变量的选取，主要参考克姆等（Kim et al.，2011）。

中可知，w_qb_m 均值在成长期、成熟期、衰退期行业中依次是 6.835、5.664、6.871，中位数依次是 5.994、5.557、5.840。另外，w_qb_simplem 均值在成长期、成熟期行业、衰退期行业中依次是 7.118、5.926、6.874，中位数依次是 6.078、5.580、5.840。

表7-1　　　　　　　　描述性统计

Variable	Obs	Mean	SD	Min	p25	p50	p75	Max
w_qb_m	429	6.304	2.538	0.000	5.234	5.825	6.918	15.000
w_qb_simplem	429	6.544	2.369	2.700	5.310	5.850	7.000	15.000
indcycle	429	1.305	0.672	0.000	1.000	1.000	2.000	2.000
x2	429	0.424	0.495	0.000	0.000	0.000	1.000	1.000
x3	429	0.457	0.499	0.000	0.000	0.000	1.000	1.000
x4	429	0.119	0.324	0.000	0.000	0.000	0.000	1.000

注：变量前面加 w_ 表示进行1%的 winsor 处理，贷款利率变量的单位是百分数，后面类似。

表7-2　　　　　不同行业生命周期的总体利息差异

indcycle	stats	w_qb_m	w_qb_simplem
衰退期	N	51	51
	mean	6.871	6.874
	p50	5.840	5.840
	sd	2.592	2.567
	min	3.000	3.000
	max	15.000	15.000
成熟期	N	196	196
	mean	5.664	5.926
	p50	5.557	5.580
	sd	1.717	1.596
	min	0.000	2.700
	max	14.364	15.000

续表

indcycle	stats	w_qb_m	w_qb_simplem
成长期	N	182	182
	mean	6.835	7.118
	p50	5.994	6.078
	sd	3.062	2.816
	min	0.000	2.700
	max	15.000	15.000

7.2.3 全部利息的两阶段模型分析

由表 7-3 可知，在模型 m1h 和模型 m2h 中分别发现，indcycle 与 w_qb_m 和 w_qb_simplem 之间在 5% 的显著性水平上的正相关，而在 m1l 和 m2l 中没有发现上述结果。这表明，在市场化程度高的地方，行业特征表现得更加明显。从表 7-4 中可知，在模型 m1 和模型 m2 中分别发现，x2 与 w_qb_m 和 w_qb_simplem 之间在 5% 的显著性水平上正相关，表明相比非成长性行业，成长性行业的利息率更高，债务资本成本更大。另外，在模型 m1h 和模型 m2h 中分别发现，x2 与 w_qb_m 和 w_qb_simplem 之间在 1% 的显著性水平上正相关，而在 m1l 和 m2l 中没有发现上述结果。另外，在模型 m1 和模型 m2 中分别发现，state 与 w_qb_m 和 w_qb_simplem 之间在 1% 的显著性水平上负相关，表明国有企业贷款利率更低，[①] 同时，在模型 m1l 和模型 m2l 中分别发现，state 与 w_qb_m 和 w_qb_simplem 之间在 5% 的显著性水平上负相关，而在 m1h 和 m2h 中没有发现上述结果，表明市场化程度较低的地区产权性质特征更明显。

---

① 以往实证研究也发现，国有企业比民营企业的债务资本成本更低（李广子、刘力，2009；魏志华等，2012）。

表7-3 行业生命周期分别与全部利息两种度量值的检验

变量	(1) m1	(2) m1h	(3) m1l	(4) m2	(5) m2h	(6) m2l
indcycle	0.216	0.955**	0.120	0.278	0.978**	0.150
	(1.00)	(2.19)	(0.53)	(1.38)	(2.45)	(0.74)
w_totalindex	0.029 9	0.603	0.028 8	0.064 3	0.840**	-0.068 5
	(0.43)	(1.35)	(0.18)	(1.06)	(2.24)	(-0.51)
state	-1.032***	-0.480	-0.967**	-1.314***	-0.357	-1.034***
	(-3.04)	(-0.71)	(-2.35)	(-4.41)	(-0.57)	(-2.76)
w_roe	-0.463	-2.378	-2.464***	-1.052	-0.999	-2.435***
	(-0.59)	(-0.64)	(-3.16)	(-1.61)	(-0.33)	(-3.18)
w_tobinq	0.0913	-0.434	-0.126	0.0634	-0.420	-0.128
	(0.80)	(-0.99)	(-0.52)	(0.57)	(-0.97)	(-0.52)
w_lnsize	0.308***	-0.088 6	0.265	0.343***	-0.101	0.310**
	(2.61)	(-0.29)	(1.50)	(3.22)	(-0.34)	(2.01)
pw_lev	5.944***	5.591**	5.816***	6.604***	4.847**	6.092***
	(3.55)	(2.27)	(3.22)	(4.54)	(2.50)	(3.55)
rate06	0.752**	0.643	1.824***	1.202***	0.828*	1.866***
	(2.26)	(1.03)	(4.02)	(4.63)	(1.83)	(4.38)
_cons	-7.374**	-4.328	-11.66***	-10.72***	-7.068	-12.38***
	(-2.42)	(-0.64)	(-2.65)	(-4.05)	(-1.19)	(-2.94)
N	429	134	143	429	134	143
F	3.488	1.651	3.827	8.097	2.864	4.188
Adj-R^2	0.115	0.076 1	0.232	0.228	0.130	0.304

注：模型 m1、模型 m1h、模型 m1l 的因变量是 w_qb_m，m1 表示全样本组，429 个样本分为三组，m1h 表示市场化程度最高组，m1l 表示市场化程度最低组；模型 m2、模型 m2h、模型 m2l 的因变量是 w_qb_simplem，m2 表示全样本组，429 个样本分为三组，m2h 表示市场化程度较高组，m2l 表示市场化程度较低组；全部模型采用稳健聚类公司回归。***、**、* 分别表示1%、5%、10%的显著性水平。

表7-4　成长期行业分别与全部利息两种度量值的检验

变量	(1) m1	(2) m1h	(3) m1l	(4) m2	(5) m2h	(6) m2l
x2	0.646**	1.748***	0.348	0.617**	1.552***	0.372
	(2.41)	(3.04)	(1.09)	(2.51)	(2.98)	(1.30)
w_totalindex	0.0146	0.636	0.0265	0.0514	0.844**	-0.0700
	(0.21)	(1.44)	(0.17)	(0.85)	(2.22)	(-0.52)
state	-0.988***	-0.341	-0.906**	-1.273***	-0.249	-0.974***
	(-3.02)	(-0.51)	(-2.35)	(-4.35)	(-0.40)	(-2.75)
w_roe	-0.451	-2.462	-2.297***	-1.029	-1.007	-2.265***
	(-0.57)	(-0.68)	(-3.09)	(-1.57)	(-0.33)	(-3.06)
w_tobinq	0.0983	-0.356	-0.0725	0.0737	-0.344	-0.0741
	(0.89)	(-0.80)	(-0.31)	(0.69)	(-0.78)	(-0.31)
w_lnsize	0.307***	-0.112	0.270	0.346***	-0.0943	0.315**
	(2.63)	(-0.37)	(1.52)	(3.26)	(-0.32)	(2.05)
pw_lev	5.837***	4.790**	6.012***	6.496***	4.196**	6.269***
	(3.61)	(2.27)	(3.26)	(4.59)	(2.40)	(3.59)
rate06	0.709**	0.500	1.801***	1.168***	0.700	1.842***
	(2.15)	(0.83)	(3.96)	(4.55)	(1.59)	(4.35)
_cons	-6.982**	-2.743	-11.82***	-10.39***	-5.847	-12.50***
	(-2.35)	(-0.41)	(-2.75)	(-3.97)	(-0.98)	(-3.04)
N	429	134	143	429	134	143
F	3.654	2.111	3.391	8.311	3.024	3.916
Adj-R^2	0.127	0.103	0.238	0.238	0.142	0.311

注：模型m1、模型m1h、模型m1l的因变量是w_qb_m，m1表示全样本组，429个样本分为三组，m1h表示市场化程度最高组，m1l表示市场化程度最低组；模型m2、模型m2h、模型m2l的因变量是w_qb_simplem，m2表示全样本组，429个样本分为三组，m2h表示市场化程度较高组，m2l表示市场化程度较低组；全部模型采用稳健聚类公司回归。***、**、*分别表示1％、5％、10％的显著性水平。

从表7-5中可知，在模型 m1 和模型 m2 中分别发现，x3 与 w_qb_m 和 w_qb_simplem 之间在 1% 的显著性水平上负相关，表明相比于非成熟期行业，成熟期行业的利息率更低，债务资本成本更小。另外，在模型 m1h 和模型 m2h 中分别发现，x3 与 w_qb_m 和 w_qb_simplem 之间在 1% 和 5% 的显著性水平上负相关，而在 m1l 和 m2l 中没有发现非常显著的结果。这表明，在市场化程度高的地方，行业特征表现得更加明显。而在表 7-6 中，相互间显著性较差，可能的原因是成长期行业和成熟期行业样本综合后掩盖了衰退期行业与贷款利息之间的效应。

表7-5 成熟期行业分别与全部利息两种度量值的检验

变量	(1) m1	(2) m1h	(3) m1l	(4) m2	(5) m2h	(6) m2l
x3	-0.894***	-1.664***	-0.411	-0.719***	-1.178**	-0.404*
	(-3.78)	(-2.92)	(-1.66)	(-3.23)	(-2.32)	(-1.86)
w_totalindex	0.000 037 0	0.509	0.034 0	0.042 9	0.715*	-0.062 0
	(0.00)	(1.12)	(0.22)	(0.70)	(1.76)	(-0.47)
state	-0.912***	-0.309	-0.880**	-1.218***	-0.272	-0.955**
	(-2.85)	(-0.46)	(-2.17)	(-4.18)	(-0.43)	(-2.57)
w_roe	-0.356	-2.123	-2.173***	-0.951	-0.662	-2.161***
	(-0.45)	(-0.60)	(-2.90)	(-1.45)	(-0.22)	(-2.91)
w_tobinq	0.137	-0.241	-0.036 3	0.105	-0.267	-0.044 7
	(1.25)	(-0.54)	(-0.15)	(1.00)	(-0.61)	(-0.18)
w_lnsize	0.331***	0.035 0	0.271	0.367***	0.050 1	0.315**
	(2.77)	(0.12)	(1.56)	(3.39)	(0.17)	(2.08)
pw_lev	5.611***	4.437**	5.904***	6.329***	4.170**	6.129***
	(3.60)	(2.02)	(3.32)	(4.58)	(2.10)	(3.65)
rate06	0.685**	0.361	1.779***	1.158***	0.625	1.823***
	(2.07)	(0.58)	(3.88)	(4.46)	(1.35)	(4.28)

续表

变量	(1) m1	(2) m1h	(3) m1l	(4) m2	(5) m2h	(6) m2l
_cons	-6.584**	-2.460	-11.43***	-10.15***	-6.179	-12.08***
	(-2.23)	(-0.38)	(-2.80)	(-3.87)	(-1.08)	(-3.06)
N	429	134	143	429	134	143
F	4.082	2.193	3.199	8.186	2.310	3.744
Adj-R^2	0.141	0.0901	0.243	0.244	0.109	0.314

注：模型 m1、模型 m1h、模型 m1l 的因变量是 w_qb_m，m1 表示全样本组，429 个样本分为三组，m1h 表示市场化程度最高组，m1l 表示市场化程度最低组；模型 m2、模型 m2h、模型 m2l 的因变量是 w_qb_simplem，m2 表示全样本组，429 个样本分为三组，m2h 表示市场化程度较高组，m2l 表示市场化程度较低组；全部模型采用稳健聚类公司回归。***、**、* 分别表示1%、5%、10%的显著性水平。

表7-6　衰退期行业分别与全部利息两种度量值的检验

变量	(1) m1	(2) m1h	(3) m1l	(4) m2	(5) m2h	(6) m2l
x4	0.556	-0.492	0.235	0.221	-0.985	0.172
	(1.28)	(-0.57)	(0.74)	(0.51)	(-1.20)	(0.61)
w_totalindex	0.0312	0.451	0.0389	0.0696	0.718*	-0.0585
	(0.45)	(0.98)	(0.25)	(1.12)	(1.84)	(-0.44)
state	-0.996***	-0.605	-0.989**	-1.301***	-0.498	-1.064**
	(-2.88)	(-0.86)	(-2.15)	(-4.28)	(-0.76)	(-2.56)
w_roe	-0.370	-1.974	-2.465***	-0.987	-0.675	-2.461***
	(-0.47)	(-0.52)	(-2.98)	(-1.52)	(-0.22)	(-3.08)
w_tobinq	0.127	-0.415	-0.130	0.0876	-0.434	-0.140
	(1.10)	(-0.94)	(-0.49)	(0.76)	(-1.01)	(-0.52)
w_lnsize	0.337***	0.0719	0.262	0.364***	0.0240	0.306**
	(2.75)	(0.23)	(1.51)	(3.33)	(0.08)	(2.01)

续表

变量	(1) m1	(2) m1h	(3) m1l	(4) m2	(5) m2h	(6) m2l
pw_lev	5.811***	6.156**	5.531***	6.538***	5.545**	5.789***
	(3.46)	(2.11)	(3.24)	(4.45)	(2.31)	(3.56)
rate06	0.773**	0.674	1.818***	1.230***	0.903*	1.864***
	(2.29)	(1.01)	(3.97)	(4.63)	(1.83)	(4.33)
_cons	-7.931**	-5.333	-11.33***	-11.05***	-7.739	-11.98***
	(-2.56)	(-0.80)	(-2.74)	(-4.11)	(-1.31)	(-2.99)
N	429	134	143	429	134	143
F	3.704	1.204	3.934	7.764	2.163	4.327
Adj-R^2	0.116	0.0345	0.232	0.223	0.0865	0.302

注：模型m1、m1h、m1l的因变量是w_qb_m，m1表示全样本组，429个样本分为三组，m1h表示市场化程度最高组，m1l表示市场化程度最低组；模型m2、模型m2h、模型m2l的因变量是w_qb_simplem，m2表示全样本组，429个样本分为三组，m2h表示市场化程度较高组，m2l表示市场化程度较低组；全部模型采用稳健聚类公司回归。***、**、*分别表示1%、5%、10%的显著性水平。

7.2.4 短期利率分析

从表7-7中可知，w_m表示短期贷款额和利息率的加权算术平均数；w_simplem表示短期全部利息率的简单算术平均数。w_m均值和中位数分别是6.105、5.737；w_simplem均值和中位数分别是6.239、5.806，短期贷款利息与前述的全部贷款利息率之间的差额很小，表明利息的波动较小，长期利息与短期利息之间的差异也非常小。从表7-8中可知，w_m均值在成长期行业、成熟期行业、衰退期行业中依次是6.678、5.536、6.552，中位数依次是5.947、5.419、5.700，可知成长期行业和衰退期行业的利息率普遍较高，而成熟期行业的利息率较低。另外，w_simplem均值在成长期行业、成熟期行业、衰退期行业中依次是

6.698、5.791、6.555，中位数依次是 5.969、5.535、5.723，结果与前述类似。

表7-7 短期利率描述性统计

Variable	Obs	Mean	SD	Min	p25	p50	p75	Max
w_m	300	6.105	2.015	0.000	5.245	5.737	6.630	12.909
w_simplem	300	6.239	1.795	3.250	5.310	5.806	6.830	12.667

表7-8 不同行业发展阶段的短期贷款利息差异

indcycle	stats	w_m	w_simplem
衰退期	N	31	31
	mean	6.552	6.555
	p50	5.700	5.723
	sd	2.386	2.308
	min	3.000	3.250
	max	12.909	12.667
成熟期	N	147	147
	mean	5.536	5.791
	p50	5.419	5.535
	sd	1.531	1.244
	min	0.000	3.250
	max	11.176	12.500
成长期	N	122	122
	mean	6.678	6.698
	p50	5.947	5.969
	sd	2.239	2.071
	min	0.000	3.250
	max	12.909	12.667

从短期利率的回归模型看出，行业生命周期与贷款利率的结

果类似,只是产权性质在市场化程度高低中不存在显著差异,可能是样本较小的原因,见表7-9～表7-11。

表7-9　行业生命周期分别与短期利息两种度量值的检验

变量	(1) m1	(2) m1h	(3) m1l	(4) m2	(5) m2h	(6) m2l
indcycle	0.370*	0.726**	-0.146	0.274	0.617**	-0.232
	(1.72)	(2.31)	(-0.59)	(1.39)	(2.22)	(-1.06)
w_totalindex	0.0869	0.102	0.175*	0.139***	0.223	0.124*
	(1.41)	(0.45)	(1.91)	(2.68)	(1.08)	(1.69)
state	-0.851***	-1.317***	-0.537**	-0.726***	-1.161***	-0.426*
	(-2.97)	(-2.65)	(-1.99)	(-2.87)	(-2.63)	(-1.86)
w_roe	-0.797	-1.442	-0.508	-0.523	-0.835	-0.435
	(-1.37)	(-1.53)	(-0.85)	(-1.01)	(-1.02)	(-0.79)
w_tobinq	0.115	0.195	-0.0200	0.116	0.220	-0.0379
	(0.91)	(1.14)	(-0.13)	(0.99)	(1.40)	(-0.26)
w_lnsize	0.221**	0.264	0.123	0.217**	0.316*	0.0719
	(2.26)	(1.51)	(1.03)	(2.49)	(1.94)	(0.77)
pw_lev	5.810***	7.108**	2.391	5.108***	6.082***	2.052
	(3.18)	(2.57)	(1.45)	(3.40)	(2.88)	(1.46)
rate06	0.737**	0.907*	0.559**	0.726***	0.814**	0.645***
	(2.49)	(1.90)	(2.24)	(2.95)	(2.11)	(2.92)
_cons	-6.238**	-9.207**	-1.384	-5.983**	-10.28**	-0.200
	(-2.30)	(-2.07)	(-0.42)	(-2.49)	(-2.55)	(-0.08)
N	300	150	150	300	150	150
F	4.764	4.253	1.936	5.094	4.352	2.079
Adj-R^2	0.145	0.156	0.0641	0.185	0.192	0.0632

注:模型m1、模型m1h、模型m1l的因变量是w_m,m1表示全样本组,300个样本分为两组,m1h表示市场化程度最高组,m1l表示市场化程度最低组;模型m2、模型m2h、模型m2l的因变量是w_simplem,m2表示全样本组,300个样本分为两组,m2h表示市场化程度较高组,m2l表示市场化程度较低组;全部模型采用稳健聚类公司回归。***、**、*分别表示1%、5%、10%的显著性水平。

表 7-10　成长期行业分别与短期利息两种度量值的检验

变量	(1) m1	(2) m1h	(3) m1l	(4) m2	(5) m2h	(6) m2l
$x2$	0.796***	1.401***	0.136	0.566**	1.065***	0.006 25
	(2.95)	(3.15)	(0.58)	(2.40)	(2.77)	(0.03)
w_totalindex	0.063 9	0.097 8	0.156*	0.123**	0.215	0.108
	(1.04)	(0.46)	(1.72)	(2.38)	(1.07)	(1.46)
state	-0.830***	-1.323***	-0.482*	-0.711***	-1.153***	-0.382*
	(-3.00)	(-2.83)	(-1.90)	(-2.85)	(-2.72)	(-1.76)
w_roe	-0.758	-1.735*	-0.406	-0.494	-1.021	-0.362
	(-1.25)	(-1.80)	(-0.67)	(-0.92)	(-1.23)	(-0.64)
w_tobinq	0.138	0.204	0.0229	0.133	0.233	-0.006 46
	(1.13)	(1.17)	(0.14)	(1.16)	(1.44)	(-0.04)
w_lnsize	0.245**	0.304*	0.142	0.234***	0.351**	0.0874
	(2.48)	(1.76)	(1.20)	(2.66)	(2.16)	(0.96)
pw_lev	5.677***	6.615***	2.663	5.014***	5.724***	2.300
	(3.30)	(2.73)	(1.59)	(3.48)	(2.98)	(1.61)
rate06	0.684**	0.861*	0.492*	0.691***	0.786**	0.587**
	(2.33)	(1.83)	(1.93)	(2.83)	(2.04)	(2.61)
_cons	-6.120**	-9.228**	-1.795	-5.897**	-10.33***	-0.625
	(-2.32)	(-2.12)	(-0.56)	(-2.50)	(-2.59)	(-0.25)
N	300	150	150	300	150	150
F	5.494	5.136	1.855	5.618	4.943	2.023
Adj-R^2	0.168	0.194	0.062 2	0.199	0.212	0.0491

注：模型 m1、模型 m1h、模型 m1l 的因变量是 w_m，m1 表示全样本组，300 个样本分为两组，m1h 表示市场化程度最高组，m1l 表示市场化程度最低组；模型 m2、模型 m2h、模型 m2l 的因变量是 w_simplem，m2 表示全样本组，300 个样本分为两组，m2h 表示市场化程度较高组，m2l 表示市场化程度较低组；全部模型采用稳健聚类公司回归。***、**、*分别表示1%、5%、10%的显著性水平。

表7-11 成熟期行业分别与短期利息两种度量值的检验

变量	(1) m1	(2) m1h	(3) m1l	(4) m2	(5) m2h	(6) m2l
x3	-0.946***	-1.466***	-0.471*	-0.653***	-0.978**	-0.360
	(-3.64)	(-3.18)	(-1.84)	(-2.91)	(-2.46)	(-1.61)
w_totalindex	0.0420	0.0469	0.133	0.108**	0.177	0.0835
	(0.67)	(0.21)	(1.57)	(2.08)	(0.85)	(1.22)
state	-0.772***	-1.206**	-0.401	-0.671***	-1.062**	-0.300
	(-2.81)	(-2.59)	(-1.56)	(-2.68)	(-2.47)	(-1.36)
w_roe	-0.657	-1.683*	-0.210	-0.425	-0.922	-0.170
	(-1.07)	(-1.84)	(-0.34)	(-0.78)	(-1.19)	(-0.30)
w_tobinq	0.185	0.275	0.103	0.165	0.285*	0.0720
	(1.53)	(1.63)	(0.58)	(1.47)	(1.84)	(0.43)
w_lnsize	0.280***	0.397**	0.167	0.257***	0.414**	0.114
	(2.72)	(2.08)	(1.45)	(2.85)	(2.35)	(1.28)
pw_lev	5.501***	6.241***	2.873*	4.895***	5.536***	2.546*
	(3.29)	(2.67)	(1.70)	(3.46)	(2.84)	(1.75)
rate06	0.679**	0.880*	0.427	0.689***	0.810**	0.515**
	(2.28)	(1.81)	(1.64)	(2.76)	(2.01)	(2.22)
_cons	-5.904**	-9.600**	-1.818	-5.750**	-10.61***	-0.749
	(-2.25)	(-2.19)	(-0.60)	(-2.45)	(-2.64)	(-0.31)
N	300	150	150	300	150	150
F	5.771	4.678	2.019	5.756	4.326	2.329
Adj-R^2	0.183	0.196	0.0886	0.206	0.200	0.0717

注：模型m1、模型m1h、模型m1l的因变量是w_m，m1表示全样本组，300个样本分为两组，m1h表示市场化程度最高组，m1l表示市场化程度最低组；模型m2、模型m2h、模型m2l的因变量是w_simplem，m2表示全样本组，300个样本分为两组，m2h表示市场化程度较高组，m2l表示市场化程度较低组；全部模型采用稳健聚类公司回归。***、**、*分别表示1%、5%、10%的显著性水平。

7.2.5 长期利率分析

从表 7-12 中可知，w_cqm 表示长期贷款额和利息率的加权算术平均数；w_simplecqm 表示长期全部利息率的简单算术平均数。w_cqm 的均值和中位数分别是 6.788、5.940；w_simplecqm 的均值和中位数分别是 7.155、6.120，长期贷款利息与前述的全部贷款利息率之间的差额比较小。从表 7-13 中可知，w_cqm 均值在成长期行业、成熟期行业、衰退期行业依次是 7.279、5.858、7.528，中位数依次是 6.114、5.583、6.650，另外，w_simplecqm 均值在成长期行业、成熟期行业、衰退期行业依次是 7.747、6.231、7.504，中位数依次是 6.630、5.85、6.650，可知成长期行业和衰退期行业的利息率普遍较高，而成熟期行业的利息率较低，结果与前述类似。[①]

表 7-12　长期利率描述性统计

Variable	Obs	Mean	SD	Min	p25	p50	p75	Max
w_cqm	179	6.788	3.190	0.000	5.265	5.940	7.527	15.500
w_simplecqm	179	7.155	3.008	0.675	5.352	6.120	7.998	15.500

表 7-13　不同行业发展阶段的长期贷款利息差异

indcycle	stats	w_cqm	w_simplecqm
衰退期	N	24	24
	mean	7.528	7.504
	p50	6.650	6.650

---

① 公司短期利率和公司长期利率合并后样本存在压缩现象，短期样本为 300 个，长期样本为 176 个，总体样本为 429 个。

续表

indcycle	stats	w_cqm	w_simplecqm
	sd	2.719	2.690
	min	4.000	4.000
	max	14.000	14.000
成熟期	N	66	66
	mean	5.858	6.231
	p50	5.583	5.850
	sd	2.019	2.049
	min	0.000	3.510
	max	14.364	15.000
成长期	N	89	89
	mean	7.279	7.747
	p50	6.114	6.630
	sd	3.822	3.504
	min	0.000	0.675
	max	15.500	15.500

从表 7-14 中可知，x2 与长期贷款利息间相关系数分别是 0.153 和 0.196，分别在 5% 和 1% 的显著性水平上正相关。X3 与长期贷款利息间相关系数分别是 -0.223 和 -0.236，均在 1% 的显著性水平上负相关。这一结果在一定程度上与前述研究结论比较一致。[①]

表 7-14　　　　行业发展阶段与长期贷款利息间相关性

变量	w_cqm	w_simplecqm	indcycle	x2	x3	x4
w_cqm	1					
w_simplecqm	0.803 0.000	1				

---

① 由于长期贷款利率的样本太少，回归结果存在较大的偏误，故本章的研究主要分析了全部利息和短期贷款利息的回归分析。

续表

变量	w_cqm	w_simplecqm	indcycle	x2	x3	x4
indcycle	0.064 0.392	0.117 0.120	1			
x2	0.153 0.041	0.196 0.009	0.849 0.000	1		
x3	-0.223	-0.236	-0.246	-0.721	1	
x4	0.003 0.092 0.223	0.002 0.046 0.544	0.000 -0.740 0.000	0.000 -0.274 0.000	-0.469 0.000	1

注：相关系数下面是 P 值。

7.2.6 进一步分析

7.2.6.1 中央控股上市公司和地方控股上市公司分组检验

变量 yq 的定义与第 5 章类似，表示是否为中央控股上市公司。从表 7-15 中因变量全部利息回归模型中得知，yq 的系数在 1% 的显著性水平上与利息率负相关。另外，从表 7-16 中得出，yq 的系数在 5% 的显著性水平上与利息率负相关，表明相比于地方控股的上市公司，中央控股的上市公司贷款利息更低，获得了更多的贷款优惠。① 另外，从表中也得知，行业效应在市场化程度更高的地方控股上市公司中更显著，这与第 5 章的发现类似，表明结果具有较好的稳健性。②

---

① 债务融资优惠主要体现在获取的债务期限更长，贷款利率更低，此结果与第 5 章的发现具有较好的一致性，可能的原因也类似。

② 另外，通过简单算术平均数计算的利息率，也得到类似的结果。

表 7-15　因变量为全部利息的中央控股上市公司和地方控股上市公司分组检验

变量	(1) m2	(2) m2h	(3) m2l	(4) m2lh	(5) m2ll
x2	0.132	-0.699	0.255	1.006*	-0.439
	(0.45)	(-1.11)	(0.76)	(1.74)	(-1.55)
yq	-0.903***	—	—	—	—
	(-2.85)	—	—	—	—
w_totalindex	0.0641	0.0359	0.0668	0.404	0.0210
	(0.76)	(0.17)	(0.72)	(1.23)	(0.17)
w_roe	-0.848*	-1.920	-0.896*	-0.997	-2.056***
	(-1.67)	(-0.72)	(-1.72)	(-1.08)	(-3.36)
w_tobinq	0.192	0.0488	0.212	0.0919	0.353
	(1.48)	(0.22)	(1.47)	(0.44)	(1.01)
w_lnsize	0.146	0.0965	0.186	0.120	0.205
	(1.22)	(0.34)	(1.36)	(0.53)	(1.25)
pw_lev	6.870***	0.650	7.337***	5.368	6.658**
	(3.21)	(0.10)	(3.09)	(1.20)	(2.30)
rate06	0.808**	0.977	0.795**	0.534	1.058**
	(2.42)	(0.80)	(2.22)	(0.99)	(2.58)
_cons	-5.654*	-2.402	-6.786*	-6.340	-7.909*
	(-1.67)	(-0.41)	(-1.74)	(-1.07)	(-1.85)
N	288	48	240	120	120
F	3.804	0.563	3.511	1.729	3.945
Adj-R^2	0.0913	-0.0949	0.0871	0.0715	0.108

注：模型 m2 表示国有控股上市公司的全样本回归；模型 m2h、模型 m2l 分别表示中央控股上市公司组和地方控股上市公司组；模型 m2lh、模型 m2ll 分别表示地方控股上市公司组中市场化进程按照中位数划分为三组中的最高组和最低组；模型采用稳健聚类公司回归方法；***、**、* 分别表示 1%、5%、10% 的显著性水平。"—" 表示数据缺失。由于中央控股的上市公司很少，在回归模型中样本只有 48 个，如果再分组则可能不满足大样本检验的要求，故没有对其再进行分组，后面的检验情况类似，不再赘述。

表 7-16　因变量为短期利息的中央控股上市公司和地方控股上市公司分组检验

变量	(1) m2	(2) m2h	(3) m2l	(4) m2lh	(5) m2ll
x2	0.522	-0.743	0.727*	1.364**	-0.238
	(1.51)	(-1.11)	(1.93)	(2.14)	(-1.06)
yq	-0.792**	—	—	—	—
	(-2.07)	—	—	—	—
w_totalindex	0.021 8	0.224	-0.010 2	0.005 42	0.172
	(0.26)	(1.02)	(-0.11)	(0.02)	(1.44)
w_roe	-0.716	-3.116	-0.687	-0.735	-1.641***
	(-1.18)	(-1.48)	(-1.09)	(-0.70)	(-3.19)
w_tobinq	0.188	0.208	0.202	0.212	-0.0191
	(1.39)	(0.92)	(1.33)	(1.07)	(-0.04)
w_lnsize	0.193	-0.000 114	0.269**	0.429*	-0.006 95
	(1.65)	(-0.00)	(2.04)	(1.92)	(-0.06)
pw_lev	7.081***	-2.250	8.326***	8.313*	3.624
	(2.81)	(-0.27)	(3.01)	(1.82)	(1.08)
rate06	0.670*	0.233	0.659	0.306	1.101***
	(1.76)	(0.18)	(1.64)	(0.45)	(3.51)
_cons	-5.967*	3.417	-8.045**	-10.16*	-2.549
	(-1.84)	(0.80)	(-2.19)	(-1.80)	(-0.56)
N	208	37	171	88	83
F	3.343	0.990	2.936	2.273	3.309
Adj-R^2	0.132	-0.089 4	0.151	0.170	0.061 1

注：模型 m2 表示国有控股上市公司的全样本回归；模型 m2h、模型 m2l 分别表示中央控股上市公司组和地方控股上市公司组；m2lh、m2ll 分别表示地方控股上市公司组中市场化进程按照中位数划分为三组中的最高组和最低组；模型采用稳健聚类公司回归方法；***、**、* 分别表示1%、5%、10%的显著性水平。"—"表示数据缺失。

7.2.6.2 因变量为全部利息的股权分置改革和货币政策分组

从表 7-17 和表 7-18 中可知,gqfz 的系数在模型 m2 和模型 m3 中均在 1% 的显著性水平上与债务资本成本正相关。这表明,在股权分置改革之后,债务资本成本呈现增长趋势,可能的原因,一方面,是股权分置改革之后公司趋向于债务融资,需求大于供给可能抬高了债务融资的成本;另一方面,随着资本市场的完善,利率市场化的不断进行,企业债务融资成本也会呈现增长趋势。

表 7-17 因变量为全部利息的股权分置改革分组检验一

变量	(1) m2	(2) m2h	(3) m2hh	(4) m2hl	(5) m2l	(6) m2lh	(7) m2ll
x2	0.801***	1.227***	1.803***	0.634	-0.010 0	0.102	-0.081 2
	(3.08)	(2.83)	(2.77)	(1.10)	(-0.06)	(0.59)	(-0.30)
gqfz	1.777***	—	—	—	—	—	—
	(6.08)	—	—	—	—	—	—
w_totalindex	-0.118*	-0.179*	0.165	-0.190	-0.002 04	-0.091 2	0.077 5
	(-1.80)	(-1.70)	(0.45)	(-0.98)	(-0.05)	(-1.20)	(0.65)
state	-0.819**	-1.225**	-0.395	-1.956***	-0.177	-0.236	-0.029 9
	(-2.57)	(-2.52)	(-0.53)	(-3.23)	(-1.05)	(-1.59)	(-0.11)
w_roe	-0.001 46	1.153	2.961	0.029 4	-1.439***	-1.282**	-1.757**
	(-0.00)	(0.87)	(0.63)	(0.03)	(-3.81)	(-2.48)	(-2.49)
w_tobinq	-0.201	-0.294	-0.803**	-0.063 8	0.059 4	-0.043 8	0.203
	(-1.46)	(-1.56)	(-2.11)	(-0.28)	(0.48)	(-0.42)	(0.86)
w_lnsize	-0.050 5	0.022 4	-0.381	0.278	-0.272**	-0.254***	-0.255
	(-0.37)	(0.12)	(-1.09)	(1.60)	(-2.14)	(-2.82)	(-1.06)
pw_lev	6.198***	7.595***	5.506**	9.209***	2.246*	1.720	3.320

续表

变量	(1) m2	(2) m2h	(3) m2hh	(4) m2hl	(5) m2l	(6) m2lh	(7) m2ll
	(3.88)	(3.53)	(2.20)	(3.64)	(1.86)	(1.22)	(1.60)
rate06	0.304	0.038 4	-0.009 82	0.133	1.039**	1.533***	0.873
	(0.94)	(0.11)	(-0.02)	(0.34)	(2.08)	(3.64)	(1.20)
_cons	3.046	4.586	11.10	-1.958	4.651	2.846	3.921
	(0.88)	(0.97)	(1.18)	(-0.37)	(1.41)	(1.03)	(0.61)
N	420	240	116	124	180	90	90
F	7.994	4.089	2.479	3.996	11.08	6.396	4.874
Adj-R^2	0.193	0.135	0.083 7	0.199	0.155	0.252	0.078 1

注：模型 m2 表示全样本回归；模型 m2h、模型 m2l 分别表示股权分置改革之后组和股权分置改革之前组；模型 m2hh、模型 m2hl 分别表示股权分置改革之后组中市场化进程按照中位数划分为最高组和最低组；模型 m2lh、模型 m2ll 分别表示股权分置改革之前组中市场化进程按照中位数划分为最高组和最低组；模型采用稳健聚类公司回归方法；***、**、* 分别表示 1%、5%、10% 的显著性水平。"—"表示数据缺失。回归表格中的全部利息变量是加权算术平均数的债务资本成本，另外，用简单算术平均数替换后得到类似的结论。

表 7-18　因变量为全部利息的股权分置改革分组检验二

变量	(1) m3	(2) m3h	(3) m3hh	(4) m3hl	(5) m3l	(6) m3lh	(7) m3ll
x3	-1.025***	-1.476***	-1.594**	-1.289**	-0.163	-0.287*	-0.130
	(-4.51)	(-3.98)	(-2.42)	(-2.55)	(-1.13)	(-1.79)	(-0.51)
gqfz	1.781***	—	—	—	—	—	—
	(6.21)						
w_totalindex	-0.134**	-0.194*	0.022 9	-0.179	-0.014 5	-0.082 7	0.083 2
	(-2.06)	(-1.87)	(0.06)	(-0.94)	(-0.38)	(-1.11)	(0.68)
state	-0.738**	-1.134**	-0.430	-1.702***	-0.156	-0.190	0.011 8

续表

变量	(1) m3	(2) m3h	(3) m3hh	(4) m3hl	(5) m3l	(6) m3lh	(7) m3ll
w_roe	0.105 (-2.36)	0.985 (-2.39)	2.760 (-0.57)	0.049 0 (-2.94)	-1.353*** (-0.94)	-1.140** (-1.29)	-1.689** (0.04)
w_tobinq	-0.157 (0.13)	-0.231 (0.73)	-0.661 (0.61)	-0.047 0 (0.04)	0.065 1 (-3.92)	-0.053 7 (-2.47)	0.244 (-2.54)
w_lnsize	-0.022 3 (-1.19)	0.083 0 (-1.29)	-0.195 (-1.64)	0.254 (-0.23)	-0.263** (0.49)	-0.240** (-0.52)	-0.250 (1.04)
pw_lev	5.929*** (-0.16)	7.052*** (0.46)	5.268** (-0.54)	9.026*** (1.48)	2.138* (-2.01)	1.610 (-2.64)	3.345 (-1.04)
rate06	0.280 (3.88)	0.024 2 (3.54)	-0.110 (2.04)	0.144 (3.83)	0.993** (1.68)	1.536*** (1.18)	0.821 (1.55)
_cons	3.503 (0.86)	4.776 (0.07)	10.43 (-0.18)	-0.709 (0.34)	4.872 (2.01)	2.629 (3.88)	4.015 (1.12)
	(1.01)	(1.01)	(1.13)	(-0.13)	(1.47)	(0.94)	(0.63)
N	420	240	116	124	180	90	90
F	8.638	4.880	2.392	5.286	10.71	6.873	4.777
Adj-R^2	0.208	0.152	0.062 9	0.238	0.161	0.276	0.0801

注：模型 m3 表示全样本回归；模型 m3h、模型 m3l 分别表示股权分置改革之后组和股权分置改革之前组；模型 m3hh、模型 m3hl 分别表示在股权分置改革之后组中，市场化进程按照中位数划分为最高组和最低组；模型 m3lh、模型 m3ll 分别表示股权分置改革之前组中市场化进程按照中位数划分为最高组和最低组；模型采用稳健聚类公司回归方法；***、**、* 分别表示1%、5%、10%的显著性水平。"—"表示数据缺失。

另外，行业特征变量 x2、x3 在模型 m2h 和模型 m3h 中均在1%的显著性水平上与债务资本成本相关，而在模型 m2l 和模型 m3l 中不显著。这表明，在股权分置改革之后，成长期行业债务资本成本更高，成熟期行业债务资本成本更低，而在股权分置改革之前并不显著,行业特征在之后更加明显。可能的原因是,股权分置改革之后,我国的资本市场更趋完善,行业特征在信贷配置中发挥更大的作用。

State 变量在模型 m2hl 和模型 m3hl 中,均在 1% 的显著性水平上与债务资本成本负相关,而在模型 m2hh 和模型 m3hh 中不显著。这表明,在股权分置改革之后市场化程度越低的地区,产权性质仍然在资源配置中具有重要的作用,国有企业贷款成本更低。

从表 7 - 19 和表 7 - 20 中可知,rate06 在模型 m2 和模型 m3 中均在 5% 的显著性水平上与债务资本成本正相关。这表明,国家贷款利率越高,企业支付的贷款成本越高,国家的货币政策在现实中得到有效的执行,在一定程度上能够发挥资源配置的作用。

表 7 - 19 因变量为全部利息的货币政策分组检验一

变量	(1) m2	(2) m2h	(3) m2hh	(4) m2hl	(5) m2l	(6) m2lh	(7) m2ll
x2	0.646**	1.391***	1.945**	0.891**	-0.171	-0.218	-0.167
	(2.41)	(3.15)	(2.49)	(2.09)	(-0.70)	(-0.59)	(-0.57)
w_totalindex	0.0146	-0.144	-0.202	-0.151	0.148**	0.524**	0.378***
	(0.21)	(-1.40)	(-0.48)	(-1.08)	(2.07)	(2.35)	(3.00)
state	-0.988***	-1.379**	-0.498	-1.933***	-0.610**	-0.616	-0.429
	(-3.02)	(-2.57)	(-0.57)	(-3.39)	(-2.27)	(-1.62)	(-1.31)
w_roe	-0.451	-0.0630	0.890	-0.652	-1.223**	-1.392	-0.953
	(-0.57)	(-0.04)	(0.27)	(-0.45)	(-2.39)	(-1.31)	(-1.46)
w_tobinq	0.0983	-0.0221	-0.191	0.0227	0.125	0.302*	0.0328
	(0.89)	(-0.11)	(-0.81)	(0.07)	(1.01)	(1.67)	(0.13)
w_lnsize	0.307***	0.340**	-0.125	0.519***	0.0302	-0.0784	0.0561
	(2.63)	(2.07)	(-0.38)	(3.23)	(0.21)	(-0.40)	(0.27)

第 7 章　行业生命周期影响债务资本成本的理论与实证

续表

变量	(1) m2	(2) m2h	(3) m2hh	(4) m2hl	(5) m2l	(6) m2lh	(7) m2ll
pw_lev	5.837***	6.951***	4.592	11.05***	5.159**	9.115***	1.504
	(3.61)	(3.32)	(1.64)	(4.49)	(2.29)	(2.86)	(0.71)
rate06	0.709**	—	—	—	—	—	—
	(2.15)	—	—	—	—	—	—
_cons	-6.982**	-2.705	8.893	-8.052**	1.730	-1.898	1.913
	(-2.35)	(-0.74)	(1.07)	(-2.03)	(0.54)	(-0.45)	(0.39)
N	429	211	100	111	218	108	110
F	3.654	3.563	1.544	5.312	2.546	2.362	1.878
Adj-R^2	0.127	0.144	0.040 9	0.295	0.065 4	0.127	0.073 3

注：模型 m2 表示全样本回归；模型 m2h、模型 m2l 分别表示货币政策紧缩和货币政策宽松下的分组；模型 m2hh、模型 m2hl 分别表示货币政策紧缩组中市场化进程按照中位数划分为最高组和最低组；模型 m2lh、模型 m2ll 分别表示货币政策宽松组中市场化进程按照中位数划分为最高组和最低组；模型采用稳健聚类公司回归方法；***、**、* 分别表示 1%、5%、10% 的显著性水平。"—" 表示数据缺失。

表 7-20　　因变量为全部利息的货币政策分组检验二

变量	(1) m3	(2) m3h	(3) m3hh	(4) m3hl	(5) m3l	(6) m3lh	(7) m3ll
x3	-0.894***	-1.658***	-2.199***	-1.251***	-0.090 3	0.134	-0.212
	(-3.78)	(-4.41)	(-3.17)	(-3.26)	(-0.37)	(0.33)	(-0.81)
w_totalindex	0.000 037 0	-0.160	-0.232	-0.140	0.139*	0.531**	0.357***
	(0.00)	(-1.56)	(-0.56)	(-1.02)	(1.88)	(2.37)	(2.89)
state	-0.912***	-1.314**	-0.285	-1.933***	-0.579**	-0.622*	-0.353
	(-2.85)	(-2.51)	(-0.34)	(-3.36)	(-2.19)	(-1.67)	(-1.09)
w_roe	-0.356	-0.197	0.189	-0.668	-1.143**	-1.445	-0.788
	(-0.45)	(-0.13)	(0.06)	(-0.46)	(-2.17)	(-1.36)	(-1.19)

续表

变量	(1) m3	(2) m3h	(3) m3hh	(4) m3hl	(5) m3l	(6) m3lh	(7) m3ll
w_tobinq	0.137	0.0733	-0.137	0.121	0.114	0.279	0.112
	(1.25)	(0.39)	(-0.62)	(0.36)	(0.93)	(1.62)	(0.43)
w_lnsize	0.331***	0.406**	0.00564	0.552***	0.0394	-0.0814	0.0734
	(2.77)	(2.42)	(0.02)	(3.54)	(0.27)	(-0.39)	(0.35)
pw_lev	5.611***	6.366***	3.673	10.47***	4.880**	8.814***	1.723
	(3.60)	(3.29)	(1.54)	(4.50)	(2.21)	(2.78)	(0.84)
rate06	0.685**	—	—	—	—	—	—
	(2.07)	—	—	—	—	—	—
_cons	-6.584**	-2.572	8.366	-7.739**	1.717	-1.865	1.459
	(-2.23)	(-0.70)	(1.00)	(-2.01)	(0.54)	(-0.44)	(0.30)
N	429	211	100	111	218	108	110
F	4.082	4.382	1.898	6.077	2.313	2.284	1.828
Adj-R^2	0.141	0.162	0.0529	0.322	0.0637	0.125	0.0763

注：模型 m3 表示全样本回归；模型 m3h、模型 m3l 分别表示货币政策紧缩和货币政策宽松下的分组；模型 m3hh、模型 m3hl 分别表示货币政策紧缩组中市场化进程按照中位数划分为最高组和最低组；模型 m3lh、模型 m3ll 分别表示货币政策宽松组中市场化进程按照中位数划分为最高组和最低组；模型采用稳健聚类公司回归方法；***、**、* 分别表示1％、5％、10％的显著性水平。"—"表示数据缺失。

行业特征变量 x2、变量 x3 在模型 m2h 和模型 m3h 中均在 1％的显著性水平上与债务资本成本相关，而在模型 m2l 和模型 m3l 中不显著。这表明，货币紧缩时期，经济形势比较低迷，行业特征的效应更加明显，而在货币政策比较宽松时期，行业特征的效应并不明显，产权性质的效应反而更大。state 变量在模型 m2l 和模型 m3l 中均在5％的显著性水平上与债务资本成本负相关，产权性质效应在一定程度上替代了行业特征效应，更能发挥资源配置的效应。可能的原因是，在货币紧缩时期，国家对于信贷资源的控制更严。在资源有限的背景下，政府可能更注重行业本身的作用，产权性质的效应则被弱化，State 变量在模型 m2h 和模型 m3h 中的系数均比 x2、x3 的系数小，行业特征的效应则更加明显。而在货币政策比较宽松时期，信贷资源较多，政府背景的企业可能得到更多的照顾，产权性质的效应则被强化。

7.3　稳健性检验

本书进行了以下稳健性测试：（1）pooling 一般回归分析、中位数回归分析；（2）分年度截面数据分析；（3）Lev 模型估计 pw_lev 值时，控制变量的适当变化；（4）市场化水平的分指标变量：政府与市场关系指数、非国有经济发展指数、产品市场发育指数、要素市场发育指数、市场中介组织的发育和法律环境指数分别代替市场化总指数进行检验；（5）适当扩大或缩小 winsor 范围；（6）变量替代（cpi、rate1 分别替换宏观变量等）。在稳健性检验后，基本研究结论是存在的。

7.4　本章小结

通过理论与多种计量模型研究发现，相比于非成长性行业，成长性行业的利息率更高，债务资本成本更大；相比于非成熟性行业，成熟性行业的利息率更低，债务资本成本更小；衰退期行业的利息率偏高。市场化程度越高的地区，行业特征表现得更加明显，市场化程度更低的地区，政府干预可能成为行业特征发挥效用的替代机制。国有企业贷款利率更低，市场化程度较低的地区产权性质特征更明显。

　　进一步分析发现，中央控股的上市公司贷款利息更低，中央控股上市公司比地方控股上市公司能够获得更多的贷款优惠。行业效应在地方控股上市公司中的市场化程度较高组中更显著。在股权分置改革之后，债务资本成本呈现增长趋势，可能的原因，一方面，是股权分置改革之后公司趋向于债务融资，需求大于供给可能抬高了债务融资的成本；另一方面，随着资本市场的完善，利率市场化的不断进行，企业债务融资成本也会呈现增长趋势。在股权分置改革之后，成长期行业债务资本成本更高，成熟期行业债务资本成本更低，而在股权分置改革之前并不显著，行业特征在之后更加明显。可能的原因是，在股权分置改革之后，我国的资本市场更趋完善，行业特征在信贷配置中发挥更大的作用。在股权分置改革之后市场化程度越低的地区，产权性质仍然在资源配置中具有重要的作用，国有企业贷款成本更低。国家贷款利率越高，企业支付的贷款成本越高，国家的货币政策得到了有效执行，在一定程度上能够发挥资源配置的作用。在货币紧缩时期，经济形势比较低迷，行业特征的效应更加明显，而在货币政策比较宽松的时期，行业特征的效应并不明显，产权性质的效应反而更大，产权性质效应在一定程度上替代了行业特征效应，更能发挥资源配置的效应。而在货币政策比较宽松的时期，信贷资源较多，由于政府背景的企业承担了更多的社会功能，可能得到更多的优惠，产权性质的效应则被强化。

第8章

行业生命周期影响债务代理成本的理论与实证

8.1 理论分析与研究假设

债权人依据当前有限的信息与债务人签订贷款合约，确定贷款利率。但是，信息是不完善的，贷款合约是不能穷尽未来所有发生的可能以及约束所有的行为。合约双方的环境是动态变化的，契约的不完备性导致债权人和债务人签订贷款合约的不完善，事后债务人往往存在道德风险、机会主义行为。这些可能损害债权人利益的行为，债权人也是有所预见的，对于那些风险等级比较高的债务人，债权人则会增加其贷款利率，以此弥补自身承担的较高风险。

斯蒂格利茨和维斯（Stiglitz and Weiss, 1981）建立理论模型，研究了不完全信息下的市场信贷配给，由于不同的债务人偿还贷款的概率不同。银行等债权人希望能够区分出不同风险类型的债务人，但现实中并不能很好地区分，那些希望支付更高利息的主体，银行认为贷款风险比较大，因为它们偿还贷款的概率比较低。

事前债权人为获取信贷资源而付出的资金成本形成债务资本成本，事后由于债权人和公司之间存在信息不对称而发生的损害债权人利益的行为从而形成了债务代理成本，这一部分成本可能往往是难以观测的，这是两种不同的成本类型。委托代理关系的存在，信息不对称导致企业存在损害债权人利益的行为，如投资较高风险的项目形成资产替代或发生投资不足等行为，有损于公司的整体价值（Jensen and Meckling，1976；Myers，1977；Smith and Warner，1979），由于代理问题产生了债务代理成本，损害公司的价值。对债权人的保护，需要相关法律的有效制定和严格执行。有明确破产法并严格执行的国家，当公司无法持续经营时，债权人可依据法律程序对其资产进行清算，债权人权益得到较好的保护。我国虽然有《中华人民共和国破产法》，但实质上进行破产清算后倒闭的上市公司很少，绝大部分上市公司处于财务困境，无法持续经营时，更大的可能是被兼并重组。由于《中华人民共和国破产法》强制执行的力度还较弱，理论上具有强制执行法律力度较低的国家或地区其债权人权益保障程度低，在金融机构和企业产权并不完全明晰的背景下，债务人易于出现侵占债权人利益的行为。由于公司代理问题的存在，债权人为企业提供资金，企业获得债务融资，对于获取的资金，企业股东或管理层存在滥用资金的行为，损害了债权人的利益。

詹森和迈克林（Jensen and Meckling，1976）提出资产替代行为，当存在债务融资时所有权人和经理具有很强的激励从事高风险投资，因为如果成功便会有高回报的收益，此收益大部分归公司所有，如果失败债权人将承担大部分损失。对于债权人而言，风险与报酬不成比例，形成了债务代理成本。格威斯和凯雷（Gavish and Kalay，1983）研究了由债务引起的资产替代问题，发现在一定的债务水平上，债务比例的上升会加大资产替代行为的发生。运用模拟的方法验证了股东与债券持有者之间存在投资扭曲行为(Parrino and Weisbach, 1999)。由于债务代理成本难以量化,实证检验股东-债权人对投资行为影响的研究较少(童盼,陆正飞, 2005)。童盼和陆正飞(2005)及江伟和沈艺峰(2005)研究表明,我国上市公司存在股东通过高风险项目的投资侵占债权人利益的行为,存在比较严重的资产替代问题。在股东-债权人之间的利益冲突下,资产替代现象是一个较普遍的现象,是客观存在的。哪些因素影响了资产替代的行为值得大家探讨,梅耶斯(Myers, 1977)表明,成长价值较好的主体存在较高的债务代理成本。戴蒙德(Diamond, 1989)表明,年轻的公司(成长性)存在更多的资产替代和道德风险问题。[1]

研究文献中忽视了从行业层面来探讨债务代理成本,成长性行业面临的信息不对称程度更高,公司有较多好的投资项目,收益与风险往往成正比。好的投资项目面临的风险也是较大的,成长性行业面临的信息不对称程度更高,外部债权人难以核查公司的投资行为,所以成长性行业的公司易投资于高风险的项目,形成资产替代行为,从而侵占债权人利益。而成熟性行业由于信息不对称程度较低,资产抵押较多,可能会缓解公司侵占债权人利益,资产替代现象相对不严重。市场化程度更高的地区,信息更加透明,法律规范能够得到更有效地执行,另外,债权人自身的保护意识更强,可能在其贷款合约中进行了更好的约束,使得债务人违约成本更高,从而顾虑较多。所以,市场化程度越高,变异系数越小,资产替代现象越不严重。市场化程度越高,政府干预越少的地区市场识别机制

---

[1] 由于资产替代问题,当公司进行项目选择时,缺乏远见的企业试图让股票价值最大化会引致公司选择风险项目。然而,如果公司可以让贷方确信它只做安全项目,它将享受较低的贷款利率。成立时间较长的、基础更好的公司最好选择安全的项目,资产替代行为较少,而较年轻的公司则可能会选择风险较高的项目(Harris and Raviv, 1991)。

越强，越能识别出不同行业的特性，更具行业效应，在前几章也进行了一定的说明。基于上述分析，本章提出以下研究假设：

H8-1：成长性行业，其投资风险性更大，资产替代现象越严重；而成熟期和衰退期其变异系数更小，资产替代现象相对不严重。

H8-2：市场化程度越高，其投资风险性越小，资产替代现象越不严重；在市场化程度高的地区，行业特征比较明显。

梅耶斯（Myers，1977）认为，债务融资还会引发投资不足问题。因为股东控制投资决策，承担整个项目的成本，但只得到公司价值增值的小部分，它的另一部分价值是与债权人共享。高成长性带来更多的信息不对称，公司侵占债权人利益的行为变得更容易。斯密斯和瓦特（Smith and Watts，1992）研究表明，投资机会的增加降低了公司管理层行为的透明度，加剧了公司由于道德风险而做出损害债权人利益的行为，加剧了代理冲突。杨兴全和吴昊旻（2011）表明，高成长性加剧了公司的投资不足，公司的投资行为及其效率水平与其所在行业的成长性以及特定股权结构之下的代理冲突息息相关。所以，成长性行业与投资不足正相关，投资不足问题越严重，债务代理成本越高；而成熟期行业和衰退期行业的投资不足问题相对较少。市场化程度差异带来的投资不足问题的理论分析与前述类似。基于上述分析，本章提出以下研究假设：

H8-3：成长性行业与投资不足正相关，投资不足问题越严重，债务代理成本越高；而成熟期和衰退期的投资不足问题较少，债务代理成本相对较低。

H8-4：市场化程度越高，投资不足问题越不严重；在市场化程度高的地区，行业特征仍比较明显。

8.2 实证分析

8.2.1 行业生命周期影响资产替代行为的两阶段模型

第一阶段：
$$lev = a0 + a1(ndtax) + a2(assetstock) + a3(liquid) + a4(unique) + a5(oprisk) + a6(opncash) + a7(gdp) + \mu1$$

第二阶段：
$$scfo = a0 + a1(indcycle) + a2(totalindex) + a3(roe) + a4(lnsize) + a5(tobinq) + a6(state) + a7(pw\_lev) + a8(rate06) + \mu2$$

$$ssales = a0 + a1(indcycle) + a2(totalindex) + a3(roe) + a4(lnsize) + a5(tobinq) + a6(state) + a7(pw\_lev) + a8(rate06) + \mu2$$

样本选取来源和变量定义与第 5 章阐述的一致，scfo 表示公司当年与前两年经营活动产生的现金流量的变异系数；ssales 表示公司当年与前两年营业收入的变异系数。经营活动产生的现金流量和销售收入的变异系数，用来表示投资风险性，反映公司的资产替代行为。在现实中，资产替代这一变量很难准确刻画，参考前人的文献进行代理变量的选择。对资产替代变量的测度借鉴了布让德乐等（Bradley et al., 1984）、帕瑞罗和魏巴其（Parrino and Weisbach, 1999）、江伟和沈艺峰（2005）的研究方法，来测度投资风险。基础模型如上，在具体模型中被解释变量 scfo 或解释变量 ssales，具体模型分别用 x2、x3、x4 代替 indcycle，其余为控制变量。参数估计分为两个阶段，第一阶段运用稳健回归估计出 lev 模型中的 lev 预测值 pw_lev。再将 pw_lev 分别运用于 scfo 模型和 ssales 模型作为控制变量，这样处理的原因是 lev 在第 5 章已经存在多种影响因素，直接把 lev 运用于 scfo 模型和 ssales 模型不恰当，分成两个阶段处理更符合逻辑。① 两个阶段的回归模型的变量是不一致的，避免造成共线性。

8.2.2　不同行业发展阶段的变异系数差异

从表 8-1 中可知，w_scfo 均值和中位数分别是 0.248、0.203；w_ssales 均值和中位数分别是 0.241、0.193，两种变异系数差别不大，客观上也表明指标选取具有一定意义。从表 8-2 中可知，w_scfo 均值在成长期行业、成熟期行业、衰退期行业依次是 0.261、0.249、0.222，中位数依次是 0.209、0.207、0.177。另外，w_ssales 均值在成长期行业、成熟期行业、衰退期行业中依次是 0.257、0.238、0.221，中位数依次是 0.200、0.195、0.168，可知变异系数存在依次降低的现象，表明成长期的投资风险比较大，资产替代现象较严重。

表 8-1　描述性统计

Variable	Obs	Mean	SD	Min	p25	p50	p75	Max
w_scfo	15 077	0.248	0.187	0.014	0.118	0.203	0.322	1.006
w_ssales	15 077	0.241	0.193	0.013	0.111	0.193	0.309	1.083
indcycle	15 077	1.142	0.656	0.000	1.000	1.000	2.000	2.000
x2	15 077	0.296	0.457	0.000	0.000	0.000	1.000	1.000
x3	15 077	0.549	0.498	0.000	0.000	1.000	1.000	1.000
x4	15 077	0.154	0.361	0.000	0.000	0.000	0.000	1.000

---

① 与前述两阶段模型类似，财务杠杆也影响了资产替代行为，作为控制变量（江伟，沈艺峰，2005；等）。

表 8-2　　　　　不同行业发展阶段的变异系数差异

indcycle	stats	w_scfo	w_ssales
衰退期	N	2 329	2 329
	mean	0.222	0.221
	p50	0.177	0.168
	sd	0.178	0.190
	min	0.014	0.013
	max	1.006	1.083
成熟期	N	8 284	8 284
	mean	0.249	0.238
	p50	0.207	0.195
	sd	0.181	0.183
	min	0.014	0.013
	max	1.006	1.083
成长期	N	4 464	4 464
	mean	0.261	0.257
	p50	0.209	0.200
	sd	0.202	0.210
	min	0.014	0.013
	max	1.006	1.083

8.2.3 现金流变异系数的回归分析

从表 8-3 中可知，在全部模型中发现，indcycle 与 w_scfo 在 1% 的显著性水平上正相关，表明成长期行业，其投资风险性比较大，资产替代现象较严重。对市场化总指数按照分位数分为三组，分别对最高组和最低组进行分组回归，研究发现，模型 rsh 中，indcycle 与 w_scfo 的系数和 T 值均大于模型 rsl 中 indcycle 与

w_scfo 的系数和 T 值。① 结果表明，在市场化程度最高组中行业生命周期对于资产替代现象的效应更大、更明显。另外，totalindex 与 w_scfo 在 1% 的显著性水平上负相关，表明市场化程度越高的地区，市场更加透明，契约的签订更完善，投资风险性较低，资产替代现象相对不严重。从表 8-4 中也得出类似结果，分组回归中，在模型 rsh 中，x2 与 w_scfo 的系数和 T 值均非常明显大于模型 rsl 中 x2 与 w_scfo 的系数和 T 值。这表明，在市场化程度更高地区的行业生命周期特征对于资产替代现象的效应更明显。表 8-5 中的分组回归与前述结论类似，不再赘述。

表 8-3　　行业生命周期与现金流变异系数间全样本和市场化分组的两阶段回归一

变量	(1) rs	(2) ry	(3) fe	(4) re	(5) rsh	(6) rsl
indcycle	0.023 2***	0.023 2***	0.040 9***	0.023 3***	0.025 8***	0.022 3***
	(5.98)	(9.75)	(4.42)	(7.32)	(4.67)	(3.13)
w_totalindex	-0.005 83***	-0.005 83***	-0.010 9***	-0.006 94***	-0.016 9***	-0.002 12
	(-5.40)	(-3.76)	(-6.99)	(-7.86)	(-3.08)	(-0.61)
pw_lev	0.198***	0.198***	0.057 6**	0.164***	0.191***	0.221***
	(9.22)	(13.40)	(2.23)	(9.57)	(6.70)	(5.25)
state	-0.028 1***	-0.028 1***	-0.011 7	-0.024 4***	-0.025 8***	-0.032 6***
	(-5.20)	(-7.20)	(-1.60)	(-5.75)	(-2.80)	(-3.36)
w_roe	0.089 8***	0.089 8***	0.109***	0.098 1***	0.127***	0.073 5***
	(6.76)	(5.36)	(9.37)	(8.91)	(4.55)	(3.82)
w_tobinq	0.001 47	0.001 47	-0.008 37***	-0.002 18	-0.000 866	0.004 14
	(0.69)	(0.31)	(-4.26)	(-1.25)	(-0.28)	(1.08)

① 另外，分组通过稳健聚类年度回归中也得出类似的结论。

续表

变量	(1) rs	(2) ry	(3) fe	(4) re	(5) rsh	(6) rsl
w_lnsize	0.007 46***	0.007 46**	0.032 4***	0.011 7***	0.003 07	0.013 0***
	(3.22)	(2.47)	(10.48)	(6.34)	(0.77)	(3.37)
rate06	-0.011 4***	-0.011 4	-0.007 79***	-0.009 95***	0.001 71	-0.016 1**
	(-3.59)	(-1.57)	(-2.60)	(-3.34)	(0.38)	(-2.46)
_cons	0.087 3*	0.087 3	-0.379***	0.015 3	0.228**	-0.035 3
	(1.80)	(1.15)	(-6.11)	(0.39)	(2.26)	(-0.41)
N	15 077	15 077	15 077	15 077	5 025	5 032
F	26.51	116.5	37.48	336.3	11.43	9.189
Adj-R^2	0.026 4	0.026 4	0.022 5	0.016 5	0.033 5	0.024 6

注：模型 rs 表示稳健聚类公司回归；模型 ry 表示稳健聚类年度回归；模型 fe 表示固定效应回归；模型 re 表示随机效应回归；15 077 个样本分为三组，模型 rsh 表示市场化程度最高组、模型 rsl 表示市场化程度最低组，运用稳健聚类公司回归。固定效应模型和随机效应模型报告的是 r2_w (within)；随机效应模型报告的是 Wald chi2 检验。***、**、* 分别表示1%、5%、10%的显著性水平。

表8-4　行业生命周期与现金流变异系数间全样本和市场化分组的两阶段回归二

变量	(1) rs	(2) ry	(3) fe	(4) re	(5) rsh	(6) rsl
x2	0.026 0***	0.026 0***	0.038 6***	0.028 0***	0.034 1***	0.019 7*
	(4.60)	(5.07)	(2.91)	(6.15)	(4.14)	(1.90)
w_totalindex	-0.006 05***	-0.006 05***	-0.010 6***	-0.007 11***	-0.016 9***	-0.001 84
	(-5.52)	(-3.93)	(-6.85)	(-8.01)	(-3.09)	(-0.53)
pw_lev	0.189***	0.189***	0.056 6**	0.159***	0.186***	0.203***
	(8.81)	(12.32)	(2.19)	(9.29)	(6.57)	(4.82)
state	-0.027 9***	-0.027 9***	-0.012 0	-0.024 3***	-0.026 6***	-0.032 3***
	(-5.12)	(-7.13)	(-1.64)	(-5.73)	(-2.88)	(-3.30)

续表

变量	(1) rs	(2) ry	(3) fe	(4) re	(5) rsh	(6) rsl
w_roe	0.090 4***	0.090 4***	0.110***	0.098 5***	0.125***	0.076 1***
	(6.80)	(5.57)	(9.45)	(8.94)	(4.51)	(3.96)
w_tobinq	0.001 65	0.001 65	-0.008 46***	-0.002 12	-0.000 726	0.004 24
	(0.78)	(0.35)	(-4.30)	(-1.21)	(-0.24)	(1.10)
w_lnsize	0.008 08***	0.008 08**	0.032 5***	0.012 1***	0.003 23	0.013 6***
	(3.46)	(2.73)	(10.49)	(6.55)	(0.81)	(3.50)
rate06	-0.011 3***	-0.011 3	-0.007 85***	-0.009 88***	0.001 69	-0.016 2**
	(-3.56)	(-1.57)	(-2.62)	(-3.31)	(0.37)	(-2.47)
_cons	0.097 9**	0.097 9	-0.345***	0.028 6	0.245**	-0.023 7
	(2.02)	(1.31)	(-5.61)	(0.72)	(2.43)	(-0.28)
N	15 077	15 077	15 077	15 077	5 025	5 032
F	24.63	101.2	36.08	320.3	10.95	8.557
Adj-R^2	0.023 9	0.023 9	0.021 7	0.016 1	0.031 8	0.021 6

注：模型 rs 表示稳健聚类公司回归；模型 ry 表示稳健聚类年度回归；模型 fe 表示固定效应回归；模型 re 表示随机效应回归；15 077 个样本分为三组，模型 rsh 表示市场化程度最高组、模型 rsl 表示市场化程度最低组，运用稳健聚类公司回归。***、**、* 分别表示1%、5%、10%的显著性水平。

表8-5 行业生命周期与现金流变异系数间全样本和市场化分组的两阶段回归三

变量	(1) fe	(2) re	(3) rsh	(4) rsl	(5) ryh	(6) ryl
x3	0.005 95	-0.007 09*	-0.012 9*	0.005 70	-0.012 9*	0.005 70
	(0.47)	(-1.68)	(-1.66)	(0.65)	(-2.06)	(0.76)
w_totalindex	-0.010 2***	-0.006 63***	-0.019 3***	-0.001 08	-0.019 3***	-0.001 08
	(-6.61)	(-7.44)	(-3.52)	(-0.30)	(-5.41)	(-0.25)

续表

变量	(1) fe	(2) re	(3) rsh	(4) rsl	(5) ryh	(6) ryl
pw_lev	0.060 0**	0.148***	0.173***	0.191***	0.173***	0.191***
	(2.32)	(8.69)	(6.08)	(4.44)	(9.71)	(6.34)
state	-0.012 7*	-0.024 1***	-0.027 5***	-0.034 0***	-0.027 5***	-0.034 0***
	(-1.73)	(-5.66)	(-2.93)	(-3.47)	(-3.52)	(-5.72)
w_roe	0.113***	0.099 8***	0.123***	0.076 2***	0.123***	0.076 2***
	(9.69)	(9.05)	(4.46)	(3.96)	(5.26)	(4.10)
w_tobinq	-0.008 71***	-0.001 98	0.000 414	0.004 39	0.000 414	0.004 39
	(-4.43)	(-1.13)	(0.14)	(1.14)	(0.08)	(0.70)
w_lnsize	0.032 8***	0.012 2***	0.004 08	0.012 7***	0.004 08	0.012 7***
	(10.61)	(6.56)	(1.02)	(3.25)	(1.39)	(3.50)
rate06	-0.008 02***	-0.009 97***	0.001 88	-0.016 2**	0.001 88	-0.016 2
	(-2.68)	(-3.34)	(0.42)	(-2.46)	(0.35)	(-1.25)
_cons	-0.349***	0.040 6	0.275***	0.000 259	0.275**	0.000 259
	(-5.59)	(1.02)	(2.70)	(0.00)	(2.79)	(0.00)
N	15 077	15 077	5 025	5 032	5 025	5 032
F	35.02	284.5	9.074	8.250	—	9.313
Adj-R^2	0.021 1	0.015 6	0.025 0	0.020 0	0.025 0	0.020 0

注：模型 fe 表示固定效应回归；模型 re 表示随机效应回归；15 077 个样本分为三组，模型 rsh 表示市场化程度最高组、模型 rsl 表示市场化程度最低组，运用稳健聚类公司回归；模型 ryh 表示市场化程度最高组、模型 ryl 表示市场化程度最低组，运用稳健聚类年度回归。稳健聚类年度回归 F 值存在缺失现象。***、**、* 分别表示 1%、5%、10% 的显著性水平。"—"表示数据缺失。

8.2.4 销售收入变异系数的回归分析

从表 8-6 中可知，在模型 m1、模型 m2、模型 m3、模型 m4

中发现，indcycle 与 w_ssales 在 1% 的显著性水平上正相关，表明成长期行业投资风险性比较大，资产替代现象较严重。对市场化总指数按照分位数分为三组，分别对最高组和最低组进行分组回归，研究发现，模型 rsh 中 indcycle 与 w_ssales 的系数和 T 值均大于模型 rsl 中 indcycle 与 w_ssales 的系数和 T 值。[①] 另外，totalindex 与 w_ssales 在模型 m3、模型 m4 中在 1% 的显著性水平上负相关。这表明，市场化程度越高的地区，市场更加透明，契约的签订更完善，投资风险性较低，资产替代现象相对不严重。从表 8-7 中也得出类似结果，在分组回归中，模型 rsh 中 x2 与 w_ssales 在 1% 的显著性水平上正相关，而在模型 rsl 中没有发现此显著性。这表明，在市场化程度更高地区的行业生命周期特征对于资产替代的效应更明显。另外，表 8-8 和表 8-9 中的分组回归与前述结论类似，不再赘述。

表 8-6 行业生命周期与销售收入变异系数间两阶段回归一

变量	(1) rs	(2) ry	(3) fe	(4) re	(5) rsh	(6) rsl
indcycle	0.022 5***	0.022 5***	0.053 4***	0.023 4***	0.023 9***	0.013 9*
	(5.33)	(9.40)	(5.74)	(6.90)	(3.99)	(1.81)
w_totalindex	−0.002 27*	−0.002 27	−0.005 35***	−0.003 06***	−0.023 2***	0.004 48
	(−1.95)	(−1.15)	(−3.42)	(−3.30)	(−4.33)	(1.15)
pw_lev	0.225***	0.225***	0.086 0***	0.186***	0.203***	0.239***
	(9.58)	(10.15)	(3.32)	(10.54)	(6.57)	(5.94)
state	−0.040 5***	−0.040 5***	−0.027 7***	−0.037 0***	−0.044 2***	−0.050 4***
	(−6.61)	(−9.14)	(−3.76)	(−8.32)	(−4.51)	(−4.47)

---

① 另外，分组通过稳健聚类年度回归中也得出类似的结论。

续表

变量	(1) rs	(2) ry	(3) fe	(4) re	(5) rsh	(6) rsl
w_roe	0.0732***	0.0732***	0.0859***	0.0782***	0.110***	0.0323
	(5.11)	(3.54)	(7.36)	(7.00)	(3.74)	(1.58)
w_tobinq	0.00325	0.00325	-0.00926***	-0.00167	-0.000856	0.00851*
	(1.36)	(0.61)	(-4.69)	(-0.94)	(-0.25)	(1.89)
w_lnsize	0.00825***	0.00825	0.0386***	0.0154***	0.00544	0.0142***
	(3.22)	(1.68)	(12.45)	(7.97)	(1.31)	(3.29)
rate06	-0.0158***	-0.0158**	-0.0141***	-0.0150***	-0.00276	-0.0181***
	(-5.05)	(-2.33)	(-4.67)	(-4.99)	(-0.61)	(-2.82)
_cons	0.0526	0.0526	-0.545***	-0.0762*	0.276***	-0.0980
	(1.00)	(0.51)	(-8.76)	(-1.85)	(2.80)	(-1.07)
N	15 077	15 077	15 077	15 077	5 025	5 032
F	24.57	118.6	49.46	360.1	10.51	11.03
Adj-R^2	0.0284	0.0284	0.0295	0.0220	0.0392	0.0296

注：模型 rs 表示稳健聚类公司回归；模型 ry 表示稳健聚类年度回归；模型 fe 表示固定效应回归；模型 re 表示随机效应回归；15 077 个样本分为三组，模型 rsh 表示市场化程度最高组、模型 rsl 表示市场化程度最低组，运用稳健聚类公司回归。***、**、* 分别表示1%、5%、10%的显著性水平。

表8-7 行业生命周期与销售收入变异系数间两阶段回归二

变量	(1) rs	(2) ry	(3) fe	(4) re	(5) rsh	(6) rsl
x2	0.0282***	0.0282***	0.0589***	0.0313***	0.0327***	0.0138
	(4.64)	(6.57)	(4.43)	(6.45)	(3.71)	(1.27)
w_totalindex	-0.00257**	-0.00257	-0.00515***	-0.00328***	-0.0230***	0.00461
	(-2.18)	(-1.31)	(-3.30)	(-3.53)	(-4.34)	(1.18)
pw_lev	0.218***	0.218***	0.0841***	0.182***	0.200***	0.229***

续表

变量	(1) rs	(2) ry	(3) fe	(4) re	(5) rsh	(6) rsl
state	-0.040 4***	-0.040 4***	-0.027 9***	-0.036 9***	-0.044 9***	-0.050 1***
	(-6.55)	(-9.05)	(-3.79)	(-8.32)	(-4.57)	(-4.41)
	(9.26)	(10.16)	(3.24)	(10.36)	(6.49)	(5.65)
w_roe	0.073 7***	0.073 7***	0.086 8***	0.078 5***	0.109***	0.033 8*
	(5.15)	(3.62)	(7.42)	(7.02)	(3.70)	(1.65)
w_tobinq	0.003 37	0.003 37	-0.009 33***	-0.001 63	-0.000 776	0.008 56*
	(1.41)	(0.64)	(-4.72)	(-0.91)	(-0.23)	(1.89)
w_lnsize	0.008 86***	0.008 86*	0.038 6***	0.015 8***	0.005 55	0.014 6***
	(3.44)	(1.84)	(12.43)	(8.16)	(1.34)	(3.35)
rate06	-0.015 6***	-0.015 6**	-0.014 1***	-0.014 9***	-0.002 79	-0.018 1***
	(-5.02)	(-2.33)	(-4.69)	(-4.95)	(-0.62)	(-2.82)
_cons	0.061 6	0.061 6	-0.501***	-0.063 2	0.291***	-0.092 2
	(1.16)	(0.61)	(-8.12)	(-1.54)	(2.94)	(-0.99)
N	15 077	15 077	15 077	15 077	5 025	5 032
F	23.26	312.9	47.74	354.1	10.22	10.78
r2_w	0.027 0	0.027 0	0.028 5	0.021 5	0.038 4	0.028 7

注：模型 rs 表示稳健聚类公司回归；模型 ry 表示稳健聚类年度回归；模型 fe 表示固定效应回归；模型 re 表示随机效应回归；15 077 个样本分为三组，模型 rsh 表示市场化程度最高组、模型 rsl 表示市场化程度最低组，运用稳健聚类公司回归。***、**、* 分别表示 1%、5%、10% 的显著性水平。

表8-8 行业生命周期与销售收入变异系数间两阶段回归三

变量	(1) fe	(2) re	(3) rsh	(4) rsl	(5) ryh	(6) ryl
x3	-0.007 85	-0.012 5***	-0.014 1*	0.001 47	-0.014 1***	0.001 47
	(-0.62)	(-2.79)	(-1.70)	(0.16)	(-4.00)	(0.17)

续表

变量	(1) fe	(2) re	(3) rsh	(4) rsl	(5) ryh	(6) ryl
w_totalindex	-0.004 62***	-0.002 86***	-0.025 2***	0.005 09	-0.025 2***	0.005 09
	(-2.96)	(-3.07)	(-4.74)	(1.28)	(-4.04)	(1.15)
pw_lev	0.087 6***	0.172***	0.187***	0.220***	0.187***	0.220***
	(3.37)	(9.78)	(6.09)	(5.41)	(9.16)	(6.83)
state	-0.028 7***	-0.036 8***	-0.045 8***	-0.051 1***	-0.045 8***	-0.051 1***
	(-3.90)	(-8.26)	(-4.58)	(-4.47)	(-5.22)	(-6.22)
w_roe	0.090 0***	0.079 7***	0.107***	0.034 1*	0.107***	0.034 1
	(7.71)	(7.13)	(3.64)	(1.66)	(4.44)	(1.22)
w_tobinq	-0.009 64***	-0.001 49	0.000 278	0.008 66*	0.000 278	0.008 66
	(-4.88)	(-0.84)	(0.08)	(1.91)	(0.05)	(1.55)
w_lnsize	0.039 1***	0.015 9***	0.006 34	0.014 1***	0.006 34	0.014 1**
	(12.57)	(8.20)	(1.53)	(3.20)	(1.46)	(3.02)
rate06	-0.014 3***	-0.015 0***	-0.002 62	-0.018 2***	-0.002 62	-0.018 2*
	(-4.76)	(-4.97)	(-0.58)	(-2.82)	(-0.50)	(-1.96)
_cons	-0.493***	-0.048 1	0.320***	-0.077 1	0.320**	-0.077 1
	(-7.88)	(-1.17)	(3.22)	(-0.83)	(2.57)	(-0.81)
N	15 077	15 077	5 025	5 032	5 025	5 032
F	45.27	319.5	9.144	10.69	—	35.37
Adj-R^2	0.027 1	0.020 4	0.032 8	0.027 8	0.032 8	0.027 8

注：模型 fe 表示固定效应回归；模型 re 表示随机效应回归；15 077 个样本分为三组，模型 rsh 表示市场化程度最高组、模型 rsl 表示市场化程度最低组，运用稳健聚类公司回归；模型 ryh 表示市场化程度最高组、模型 ryl 表示市场化程度最低组，运用稳健聚类年度回归。***、**、* 分别表示 1%、5%、10% 的显著性水平。"—"表示数据缺失。

表8-9 行业生命周期与销售收入变异系数间两阶段回归四

变量	(1) rs	(2) ry	(3) fe	(4) re	(5) rsh	(6) rsl
x4	-0.028 9***	-0.028 9***	-0.088 3***	-0.027 0***	-0.030 1***	-0.020 9
	(-3.84)	(-5.10)	(-5.01)	(-4.34)	(-2.78)	(-1.57)
w_totalindex	-0.001 57	-0.001 57	-0.005 00***	-0.002 51***	-0.025 2***	0.004 87
	(-1.34)	(-0.79)	(-3.21)	(-2.71)	(-4.68)	(1.24)
pw_lev	0.217***	0.217***	0.090 9***	0.179***	0.194***	0.235***
	(9.29)	(9.41)	(3.50)	(10.11)	(6.27)	(5.83)
state	-0.040 3***	-0.040 3***	-0.028 3***	-0.036 8***	-0.044 3***	-0.051 4***
	(-6.55)	(-9.05)	(-3.85)	(-8.27)	(-4.46)	(-4.54)
w_roe	0.073 3***	0.073 3***	0.088 4***	0.079 3***	0.110***	0.031 9
	(5.11)	(3.51)	(7.58)	(7.10)	(3.71)	(1.56)
w_tobinq	0.003 55	0.003 55	-0.009 51***	-0.001 57	0.000 036 6	0.008 59*
	(1.49)	(0.66)	(-4.82)	(-0.88)	(0.01)	(1.90)
w_lnsize	0.007 96***	0.007 96	0.039 1***	0.015 3***	0.006 06	0.013 5***
	(3.10)	(1.61)	(12.59)	(7.89)	(1.47)	(3.10)
rate06	-0.016 0***	-0.016 0**	-0.014 2***	-0.015 1***	-0.002 58	-0.018 1***
	(-5.12)	(-2.30)	(-4.73)	(-5.03)	(-0.57)	(-2.81)
_cons	0.088 2*	0.088 2	-0.484***	-0.043 4	0.321***	-0.065 4
	(1.67)	(0.84)	(-7.82)	(-1.06)	(3.23)	(-0.71)
N	15 077	15 077	15 077	15 077	5 025	5 032
F	23.65	31.60	48.45	330.8	9.812	11.03
r2_w	0.025 6	0.025 6	0.028 9	0.021 3	0.034 9	0.029 3

注:模型rs表示稳健聚类公司回归;模型ry表示稳健聚类年度回归;模型fe表示固定效应回归;模型re表示随机效应回归;15 077个样本分为三组,模型rsh表示市场化程度最高组、模型rsl表示市场化程度最低组,运用稳健聚类公司回归。***、**、*分别表示1%、5%、10%的显著性水平。

8.2.5 进一步分析

8.2.5.1 因变量为现金流变异系数（scfo）的股权分置改革分组

从表 8-10 和表 8-11 可知，gqfz 的系数在 1% 显著性水平上与 w_scfo 负相关，表明在股权分置改革后，投资风险性降低、资产替代行为减少，可能因为股权融资的成本较低，对于资金的使用不够珍惜，误用资源的现象比较多，另外，资本市场相关的政策法规更趋于完善和规范，如《中华人民共和国公司法》或《中华人民共和国证券法》的执行力度进一步加大，对于公司违规处罚的加重，公司误用资源的现象可能就会降低了。[①] 另外，在模型 m1h、模型 m1l 中，indcycle 的系数在 1% 的显著性水平上均与 w_scfo 正相关，在模型 m2h、模型 m2l 中，x2 的系数也在 5% 的显著性水平上均与 w_scfo 正相关，这表明行业特征变量在股权分置改革前后的差异不大。但是，在模型 m2hh、模型 m2lh 中发现，x2 的系数在 5% 的显著性水平上均与 w_scfo 正相关，而在模型 m2hl、模型 m2ll 中没有发现显著的结果，表明市场化程度较高的地区，行业特征的效应更显著。

表 8-10 因变量为现金流变异系数的股权分置改革分组检验一

变量	(1) m1	(2) m1h	(3) m1hh	(4) m1hl	(5) m1l	(6) m1lh	(7) m1ll
indcycle	0.022 6***	0.023 1***	0.024 7***	0.018 3*	0.020 7***	0.024 6***	0.023 7**
	(5.67)	(4.93)	(3.14)	(1.88)	(3.47)	(2.72)	(2.27)
gqfz	-0.033 9***	—	—	—	—	—	—
	(-5.71)						

---

① 因变量换成 w_ssales 后，结论类似，不再赘述。

续表

变量	(1) m1	(2) m1h	(3) m1hh	(4) m1hl	(5) m1l	(6) m1lh	(7) m1ll
w_totalindex	-0.003 20***	-0.005 52***	-0.006 57	-0.006 24	0.001 88	-0.004 80	0.001 49
	(-2.65)	(-3.69)	(-0.52)	(-1.20)	(1.00)	(-0.74)	(0.19)
state	-0.034 3***	-0.032 6***	-0.022 5*	-0.033 8***	-0.039 6***	-0.028 4*	-0.029 9**
	(-6.19)	(-4.90)	(-1.84)	(-2.84)	(-4.29)	(-1.92)	(-2.05)
w_roe	0.080 2***	0.109***	0.067 9	0.113***	0.051 8**	0.041 7	0.022 7
	(5.87)	(5.97)	(1.52)	(4.69)	(2.41)	(1.10)	(0.60)
w_tobinq	0.006 44***	0.004 19*	0.002 81	0.003 68	0.026 8***	0.035 9	0.019 7
	(2.77)	(1.72)	(0.64)	(0.86)	(3.20)	(1.61)	(1.54)
w_lnsize	0.012 5***	0.014 9***	0.009 92	0.020 4***	0.006 61	-0.011 5*	0.013 9
	(4.99)	(5.26)	(1.58)	(4.53)	(1.33)	(-1.69)	(1.46)
pw_lev	0.197***	0.187***	0.140***	0.207***	0.200***	0.235***	0.177**
	(9.10)	(7.88)	(3.43)	(3.80)	(4.66)	(3.44)	(2.40)
rate06	-0.005 77*	-0.005 16	-0.000 313	-0.015 1***	-0.022 3	0.022 1	-0.035 9*
	(-1.85)	(-1.64)	(-0.05)	(-2.83)	(-1.54)	(0.62)	(-1.81)
_cons	-0.055 2	-0.118*	-0.005 86	-0.182*	0.100	0.276	0.032 1
	(-1.03)	(-1.90)	(-0.03)	(-1.79)	(0.78)	(1.15)	(0.15)
N	13 930	8 472	2 219	2 838	5 458	1 779	1 852
F	26.61	24.13	3.788	9.949	7.815	3.398	2.343
Adj-R²	0.030 6	0.036 4	0.019 6	0.040 5	0.022 8	0.028 7	0.014 8

注：模型m1表示全样本回归；模型m1h、模型m1l分别表示股权分置改革之后组和股权分置改革之前组；模型m1hh、模型m1hl分别表示股权分置改革之后组中市场化进程按照中位数划分为三组中的最高组和最低组；模型m1lh、模型m1ll分别表示股权分置改革之前组中市场化进程按照中位数划分为三组中的最高组和最低组；模型采用稳健聚类公司回归方法；***、**、* 分别表示1%、5%、10%的显著性水平。"—"表示数据缺失。

表 8-11　因变量为现金流变异系数的股权分置改革分组检验二

变量	(1) m2	(2) m2h	(3) m2hh	(4) m2hl	(5) m2l	(6) m2lh	(7) m2ll
x2	0.025 4***	0.027 3***	0.025 8**	0.017 0	0.019 5**	0.031 9**	0.020 2
	(4.37)	(3.97)	(2.15)	(1.21)	(2.24)	(2.39)	(1.29)
gqfz	-0.033 5***	—	—	—	—	—	—
	(-5.60)	—	—	—	—	—	—
w_totalindex	-0.003 45***	-0.005 83***	-0.007 09	-0.006 06	0.001 84	-0.004 89	0.001 78
	(-2.81)	(-3.85)	(-0.56)	(-1.16)	(0.97)	(-0.75)	(0.23)
state	-0.034 1***	-0.032 3***	-0.022 5*	-0.032 9***	-0.039 9***	-0.029 2*	-0.031 1**
	(-6.10)	(-4.82)	(-1.83)	(-2.72)	(-4.29)	(-1.96)	(-2.11)
w_roe	0.080 7***	0.107***	0.064 3	0.112***	0.054 0**	0.042 9	0.028 1
	(5.90)	(5.85)	(1.44)	(4.65)	(2.52)	(1.13)	(0.74)
w_tobinq	0.006 55***	0.004 27*	0.003 00	0.003 75	0.027 6***	0.037 9*	0.020 6
	(2.81)	(1.75)	(0.71)	(0.87)	(3.27)	(1.71)	(1.62)
w_lnsize	0.013 0***	0.015 3***	0.009 86	0.020 8***	0.007 53	-0.010 5	0.014 9
	(5.18)	(5.40)	(1.56)	(4.66)	(1.51)	(-1.54)	(1.56)
pw_lev	0.188***	0.180***	0.131***	0.195***	0.187***	0.226***	0.152**
	(8.70)	(7.59)	(3.22)	(3.60)	(4.38)	(3.31)	(2.09)
rate06	-0.005 79*	-0.005 10	0.000 174	-0.015 0***	-0.023 3	0.024 3	-0.036 7*
	(-1.85)	(-1.62)	(0.03)	(-2.81)	(-1.61)	(0.69)	(-1.85)
_cons	-0.043 0	-0.103*	0.022 6	-0.173*	0.109	0.263	0.045 7
	(-0.81)	(-1.66)	(0.11)	(-1.71)	(0.85)	(1.09)	(0.21)
N	13 930	8 472	2 219	2 838	5 458	1 779	1 852
F	25.20	22.82	3.193	9.521	7.234	3.174	2.076
Adj-R^2	0.028 3	0.034 4	0.014 9	0.038 7	0.020 0	0.027 0	0.011 2

注：模型 m2 表示全样本回归；模型 m2h、模型 m2l 分别表示股权分置改革之后组和股权分置改革之前组；模型 m2hh、模型 m2hl 分别表示股权分置改革之后组中市场化进程按照中位数划分为三组中的最高组和最低组；模型 m2lh、模型 m2ll 分别表示股权分置改革之前组中市场化进程按照中位数划分为三组中的最高组和最低组；模型采用稳健聚类公司回归方法；***、**、* 分别表示 1%、5%、10% 的显著性水平。"—"表示数据缺失。

另外，分组通过稳健聚类年度回归中，也得出类似的结论。

8.2.5.2 因变量为现金流变异系数（scfo）的货币政策分组

从表 8-12 和表 8-13 得知，rate 06 的系数在 1% 的显著性水平上与 w_scfo 负相关，在货币政策紧缩时期，贷款利率越高、资产替代行为越低，可能的因素是在货币政策紧缩时期，国家相关政策限制了信贷资源的供给，银行对资金的信贷更加谨慎，审核更加严格，在贷款合约中与信贷需求者签订的合约更加严苛，更明确其资金的使用用途和投资去向，所以在货币政策紧缩时期，资产替代行为更少。而在货币政策相对宽松时期，贷款利率较低，银行等金融机构拥有较充裕的资源，契约的签订相对于货币政策紧缩时期更容易，可能导致资金需求者更多发生资产替代行为。表格较多，因变量替换成 w_ssales 后的结果未报告，所发现的结论相似，不再赘述。

表 8-12　　　　　　　　货币政策分组检验一

变量	(1) m1	(2) m1h	(3) m1hh	(4) m1hl	(5) m1l	(6) m1lh	(7) m1ll
indcycle	0.023 2***	0.023 4***	0.028 6***	0.017 5*	0.021 2***	0.028 1***	0.013 0
	(5.98)	(4.60)	(3.57)	(1.73)	(3.94)	(3.68)	(1.32)
w_totalindex	-0.005 83***	-0.004 91***	0.000 039 3	-0.010 2	-0.005 89***	-0.018 8***	-0.006 78
	(-5.40)	(-2.88)	(0.00)	(-1.53)	(-3.92)	(-3.00)	(-1.30)
state	-0.028 1***	-0.028 6***	-0.017 9	-0.027 8**	-0.036 2***	-0.039 2***	-0.030 1**
	(-5.20)	(-3.91)	(-1.45)	(-2.14)	(-4.97)	(-3.34)	(-2.46)
w_roe	0.089 8***	0.097 2***	-0.004 92	0.111***	0.073 7***	0.131***	0.054 9*
	(6.76)	(3.92)	(-0.09)	(3.38)	(3.89)	(3.64)	(1.88)
w_tobinq	0.001 47	0.010 3***	0.011 3*	0.009 56	0.003 25	0.001 99	0.004 36
	(0.69)	(2.94)	(1.87)	(1.57)	(0.94)	(0.38)	(0.71)
w_lnsize	0.007 46***	0.016 2***	0.010 5	0.019 9***	0.006 12*	-0.005 10	0.016 9***
	(3.22)	(5.07)	(1.53)	(3.69)	(1.74)	(-0.91)	(3.09)

续表

变量	(1) m1	(2) m1h	(3) m1hh	(4) m1hl	(5) m1l	(6) m1lh	(7) m1ll
pw_lev	0.198***	0.173***	0.126***	0.199***	0.234***	0.234***	0.224***
	(9.22)	(7.91)	(3.04)	(4.27)	(5.84)	(3.83)	(3.14)
rate06	-0.011 4***	—	—	—	—	—	—
	(-3.59)	—	—	—	—	—	—
_cons	0.087 3*	-0.186***	-0.104	-0.239*	0.050 9	0.411***	-0.173
	(1.80)	(-2.69)	(-0.47)	(-1.90)	(0.69)	(3.08)	(-1.42)
N	15 077	4 552	1 311	1 617	6 514	2 148	2 172
F	26.51	22.30	4.327	7.970	12.67	6.873	4.393
Adj-R^2	0.026 4	0.037 9	0.021 0	0.036 4	0.024 8	0.037 2	0.020 5

注：模型 m1 表示全样本回归；模型 m1h、模型 m1l 分别表示货币政策紧缩和货币政策宽松下的分组；模型 m1hh、模型 m1hl 分别表示货币政策紧缩组中市场化进程按照中位数划分为三组中的最高组和最低组；模型 m1lh、模型 m1ll 分别表示货币政策宽松组中市场化进程按照中位数划分为三组中的最高组和最低组；模型采用稳健聚类公司回归方法；***、**、* 分别表示 1%、5%、10% 的显著性水平。"—" 表示数据缺失。

表 8-13　　　　　　　货币政策分组检验二

变量	(1) m2	(2) m2h	(3) m2hh	(4) m2hl	(5) m2l	(6) m2lh	(7) m2ll
x2	0.026 0***	0.029 7***	0.033 0***	0.019 3	0.022 5***	0.034 9***	0.009 56
	(4.60)	(3.99)	(2.65)	(1.33)	(2.84)	(3.05)	(0.65)
w_totalindex	-0.006 05***	-0.005 24***	-0.000 764	-0.010 1	-0.006 08***	-0.019 2***	-0.006 47
	(-5.52)	(-3.05)	(-0.06)	(-1.51)	(-4.00)	(-3.07)	(-1.24)
state	-0.027 9***	-0.028 4***	-0.018 2	-0.027 1**	-0.035 9***	-0.040 1***	-0.030 0**
	(-5.12)	(-3.86)	(-1.46)	(-2.07)	(-4.91)	(-3.38)	(-2.44)
w_roe	0.090 4***	0.094 5***	-0.008 32	0.110***	0.075 7***	0.130***	0.058 1**
	(6.80)	(3.82)	(-0.15)	(3.36)	(4.01)	(3.63)	(1.99)
w_tobinq	0.001 65	0.010 3***	0.011 0*	0.009 64	0.003 48	0.002 44	0.004 41
	(0.78)	(2.92)	(1.84)	(1.59)	(1.01)	(0.46)	(0.72)

续表

变量	(1) m2	(2) m2h	(3) m2hh	(4) m2hl	(5) m2l	(6) m2lh	(7) m2ll
w_lnsize	0.008 08***	0.016 5***	0.010 2	0.020 3***	0.006 72*	-0.004 67	0.017 1***
	(3.46)	(5.16)	(1.47)	(3.76)	(1.91)	(-0.83)	(3.08)
pw_lev	0.189***	0.167***	0.117***	0.191***	0.225***	0.229***	0.211***
	(8.81)	(7.65)	(2.83)	(4.09)	(5.63)	(3.72)	(2.99)
rate06	-0.011 3***	—	—	—	—	—	—
	(-3.56)	—	—	—	—	—	—
_cons	0.097 9**	-0.169*	-0.060 9	-0.232*	0.060 8	0.429***	-0.162
	(2.02)	(-2.45)	(-0.27)	(-1.85)	(0.83)	(3.22)	(-1.32)
N	15 077	4 552	1 311	1 617	6 514	2 148	2 172
F	24.63	21.34	3.469	7.746	11.79	6.206	4.319
Adj - R²	0.023 9	0.036 5	0.015 9	0.035 3	0.022 3	0.034 1	0.019 3

注：模型 m2 表示全样本回归；模型 m2h、模型 m2l 分别表示货币政策紧缩和货币政策宽松下的分组；模型 m2hh、模型 m2hl 分别表示货币政策紧缩组中市场化进程按照中位数划分为三组中的最高组和最低组；模型 m2lh、模型 m2ll 分别表示货币政策宽松组中市场化进程按照中位数划分为三组中的最高组和最低组；模型采用稳健聚类公司回归方法；***、**、* 分别表示1%、5%、10%的显著性水平。"—" 表示数据缺失。

8.2.6 行业生命周期影响投资不足行为的模型

表 8-14 表示瑞查得森（Richardson，2006）估计投资不足模型的变量定义。

表 8-14   变量定义

变量名称	变量描述
i_new	（购建固定资产、无形资产和其他长期资产所支付的现金 + 权益性投资所支付的现金 + 支付的其他与投资活动有关的现金 - 固定资产折旧 - 无形资产摊销）/资产总计
lnsize	ln（总资产）
lev	总负债/总资产

续表

变量名称	变量描述
casha	经营活动产生的现金流量净额/总资产
agenew	ln（上市年限）
tobinq	市场价值/账面价值
yretnd	不考虑现金红利再投资的年个股收益率

8.2.6.1 依据瑞查得森（Richardson，2006）估计投资不足模型：

$$i\_new = a0 + a1(l.lev) + a2(l.\ln size) + a3(l.tobinq) + a4(l.agenew) + a5(l.casha) + a6(l.yretnd) + a7(l.i\_new) + e$$

依据瑞查得森（Richardson，2006）模型估计出 e，e>0 表示企业存在过度投资，e<0 表示企业存在投资不足。本书主要考察行业特征对投资不足形成的债务代理成本的影响，对回归结果选取 e<0 的值，再对 e 取绝对值命名为 underin，underin 值越大表示投资不足的程度越大，即债务代理成本更大。

8.2.6.2 行业生命周期影响投资不足模型

$$underin = a0 + a1(indcycle) + a2(totalindex) + a3(roe) + a4(\ln size) + a5(tobinq) + a6(state) + a7(assetstock) + a8(opncash) + +a9(rate06) + \mu1$$

样本选取来源与第 5 章阐述的一致，在具体模型中被解释变量 underin，具体模型分别用 x2、x3、x4 代替 indcycle，其余为控制变量。如果按照前述运用两个阶段的回归会导致 pw_lev 值和 underin 值相关性太强，因为均涉及残差部分，非观测效应严重影响模型的参数估计,故行业生命周期影响投资不足的模型中没有加入 pw_lev 预测值。

8.2.7 不同行业发展阶段的投资不足差异

从表 8-15 和表 8-16 可知,主要变量相关的描述性统计值在合理的范围内,投资不足的均值在衰退期行业、成熟期行业和成长期行业中分别是 0.0399、0.0418、0.0435,可以得知呈现递增的趋势,成长期行业的投资不足是比较严重的。

表 8-15　　　　　　　描述性统计

Variable	Obs	Mean	SD	Min	p25	p50	p75	Max
w_underin	8 631	0.042	0.033	0.001	0.019	0.035	0.056	0.178
indcycle	8 631	1.155	0.659	0.000	1.000	1.000	2.000	2.000
x2	8631	0.307	0.461	0.000	0.000	0.000	1.000	1.000
x3	8 631	0.541	0.498	0.000	0.000	1.000	1.000	1.000
x4	8 631	0.152	0.359	0.000	0.000	0.000	0.000	1.000

表 8-16　　　　不同行业发展阶段的投资不足差异

indcycle	variable	N	mean	p50	sd	min	max
衰退期	w_underin	1 311	0.039 9	0.032 5	0.032 9	0.000 9	0.178 5
成熟期	w_underin	4 672	0.041 8	0.035 8	0.031 6	0.000 9	0.178 5
成长期	w_underin	2 648	0.043 5	0.035 9	0.034 2	0.000 9	0.178 5

8.2.8 行业生命周期对投资不足的效应实证

从表 8-17 中可知,在模型 m1、模型 m2 中发现,indcycle 与 w_underin 在 1% 的显著性水平上正相关,在模型 m3、模型 m4 中发现,x2 与 w_underin 在 5% 的显著性水平上正相关。这表明,成长期行业投资不足现象相对严重，债务代理成本相对较高。对市场化总指数按照分位数分为三组，分别对最高组和最低组进行分组回归，研究发现，模型 rsh 中 x2 与 w_underin 的系数和 T 值均大于模型 rsl 中 x2 与 w_underin 的系数和 T 值。[①] 另外，totalindex 与 w_underin 在 m1、m3 中在 10% 的显著性水平上负相关，表明市场化程度越高的地区，市场更加透明，投资不足现象相对不严重。从表 8-18 中也得出类似的结果，在分组回归中，模型 ryh 中 x3 与 w_underin 在 10% 的显著性水平上负相关，而在模型 ryl 中没有发现此显著性，表明在市场化程度越高的地区行业生命周期对于投资不足的效应更明显。

表 8-17 行业生命周期与投资不足间全样本和市场化分组的回归检验一

变量	(1) rsl	(2) ryl	(3) rs2	(4) ry2	(5) rsh	(6) rsl
indcycle	0.001 94***	0.001 94***	—	—	—	—
	(2.96)	(4.19)	—	—	—	—
w_totalindex	-0.000 369*	-0.000 369	-0.000 395**	-0.000 395	-0.000 963	-0.001 10*
	(-1.86)	(-1.48)	(-1.98)	(-1.62)	(-0.91)	(-1.81)
w_roe	-0.006 99***	-0.006 99**	-0.006 94***	-0.006 94**	-0.019 8***	-0.001 99
	(-2.79)	(-2.22)	(-2.77)	(-2.20)	(-3.80)	(-0.54)
w_lnsize	-0.003 12***	-0.003 12***	-0.003 08***	-0.003 08***	-0.003 23***	-0.002 92***
	(-7.90)	(-6.44)	(-7.78)	(-6.31)	(-5.33)	(-4.44)
w_tobinq	0.001 70***	0.001 70**	0.001 72***	0.001 72**	0.001 86***	0.002 19***
	(4.19)	(2.40)	(4.25)	(2.41)	(2.77)	(3.04)
state	-0.001 31	-0.001 31*	-0.001 29	-0.001 29	-0.000 864	-0.000 149
	(-1.47)	(-1.82)	(-1.44)	(-1.79)	(-0.57)	(-0.09)

① 另外，分组通过稳健聚类年度回归中也得出类似的结论。

续表

变量	(1) rs1	(2) ry1	(3) rs2	(4) ry2	(5) rsh	(6) rsl
w_assetstock	0.000 216	0.000 216	0.000 257	0.000 257	0.000 600	-0.000 354
	(0.08)	(0.04)	(0.10)	(0.04)	(0.14)	(-0.08)
w_opncash	0.026 8***	0.026 8***	0.027 0***	0.027 0***	0.028 2***	0.015 8*
	(5.36)	(4.61)	(5.39)	(4.67)	(3.18)	(1.82)
rate06	-0.001 84***	-0.001 84	-0.001 83***	-0.001 83	0.000 481	-0.004 29***
	(-2.86)	(-1.00)	(-2.85)	(-1.00)	(0.45)	(-3.36)
x2	—	—	0.002 32**	0.002 32***	0.002 73*	0.001 79
	—	—	(2.39)	(3.23)	(1.82)	(0.91)
_cons	0.117***	0.117***	0.118***	0.118***	0.115***	0.131***
	(13.70)	(7.65)	(13.79)	(7.67)	(6.62)	(9.29)
N	8 631	8 631	8 631	8 631	2 873	2 902
F	23.07	47.52	22.33	91.57	12.15	6.705
Adj-R^2	0.026 9	0.026 9	0.026 5	0.026 5	0.035 1	0.018 9

注：模型 rs1、模型 rs2 表示稳健聚类公司回归；模型 ry1、模型 ry2 表示稳健聚类年度回归；模型 rsh 表示市场化程度最高组、模型 rsl 表示市场化程度最低组，运用稳健聚类公司回归。***、**、* 分别表示 1%、5%、10% 的显著性水平。"—"表示数据缺失。

表 8-18　行业生命周期与投资不足间全样本和市场化分组的回归检验二

变量	(1) rs3	(2) ry3	(3) rs4	(4) ry4	(5) ryh	(6) ryl
x3	-0.000 509	-0.000 509	—	—	-0.002 29*	0.000 955
	(-0.59)	(-0.60)	—	—	(-2.31)	(0.71)
w_totalindex	-0.000 340*	-0.000 340	-0.000 301	-0.000 301	-0.001 11	-0.001 02**
	(-1.70)	(-1.39)	(-1.52)	(-1.20)	(-0.96)	(-2.22)

续表

变量	(1) rs3	(2) ry3	(3) rs4	(4) ry4	(5) ryh	(6) ryl
w_roe	-0.006 74***	-0.006 74*	-0.006 84***	-0.006 84**	-0.019 9***	-0.001 73
	(-2.69)	(-2.17)	(-2.74)	(-2.21)	(-4.70)	(-0.36)
w_lnsize	-0.003 08***	-0.003 08***	-0.003 15***	-0.003 15***	-0.003 19***	-0.003 04***
	(-7.79)	(-6.22)	(-8.00)	(-6.44)	(-5.94)	(-4.98)
w_tobinq	0.001 77***	0.001 77**	0.001 73***	0.001 73**	0.001 94**	0.002 20*
	(4.38)	(2.44)	(4.27)	(2.43)	(2.92)	(2.13)
state	-0.001 26	-0.001 26	-0.001 30	-0.001 30*	-0.000 954	-0.000 378
	(-1.41)	(-1.77)	(-1.46)	(-1.83)	(-1.04)	(-0.21)
w_assetstock	-0.000 121	-0.000 121	-0.000 163	-0.000 163	0.000 782	-0.000 848
	(-0.05)	(-0.02)	(-0.06)	(-0.03)	(0.09)	(-0.25)
w_opncash	0.026 6***	0.026 6***	0.026 2***	0.026 2***	0.028 5***	0.015 2*
	(5.26)	(4.63)	(5.23)	(4.54)	(2.86)	(1.86)
rate06	-0.001 87***	-0.001 87	-0.001 88***	-0.001 88	0.000 510	-0.004 35
	(-2.92)	(-1.01)	(-2.93)	(-1.02)	(0.30)	(-1.74)
x4	—	—	-0.002 77**	-0.002 77**	—	—
	—	—	(-2.47)	(-2.60)	—	—
_cons	0.119***	0.119***	0.120***	0.120***	0.117***	0.133***
	(13.87)	(7.78)	(14.13)	(7.83)	(4.49)	(8.96)
N	8 631	8 631	8 631	8 631	2 873	2 902
F	21.76	201.8	23.12	88.78	—	6.548
Adj-R^2	0.025 5	0.025 5	0.026 4	0.026 4	0.034 6	0.018 6

注：模型 rs1、模型 rs2 表示稳健聚类公司回归；模型 ry1、模型 ry2 表示稳健聚类年度回归；模型 ryh 表示市场化程度最高组、模型 ryl 表示市场化程度最低组，运用稳健聚类年度回归。***、**、* 分别表示1%、5%、10%的显著性水平。"—"表示数据缺失。

8.2.9 进一步分析

因变量为投资不足的股权分置改革分组。

从表 8-19 和表 8-20 可知，在模型 m1、模型 m2 中 gqfz 的系数在 5% 的显著性水平上与 w_underin 负相关，表明股权分置改革之后，投资不足现象减少，债务代理成本更低。另外，在 m1h 中，indcycle 的系数在 5% 的显著性水平上与 w_underin 正相关，而在模型 m1l 中，indcycle 的系数不显著。在模型 m2h 中，x2 的系数在 5% 的显著性水平上与 w_underin 正相关，而在 m2l 模型中 x2 的系数不显著。为表明，股权分置改革后，行业特征效应更加明显。

表 8-19　因变量为投资不足的股权分置改革分组检验一

变量	(1) m1	(2) m1h	(3) m1hh	(4) m1hl	(5) m1l	(6) m1lh	(7) m1ll
indcycle	0.001 88***	0.001 82**	0.000 664	0.001 83	0.001 76	0.000 053 0	0.003 92*
	(2.80)	(2.37)	(0.48)	(1.25)	(1.60)	(0.03)	(1.66)
gqfz	-0.002 43**	—	—	—	—	—	—
	(-2.33)	—	—	—	—	—	—
w_totalindex	-0.000 229	-0.000 063 2	-0.001 82	-0.000 553	-0.000 395	-0.001 85	-0.000 478
	(-1.03)	(-0.24)	(-0.79)	(-0.59)	(-1.09)	(-1.20)	(-0.32)
w_roe	-0.007 23***	-0.013 2***	-0.030 6***	-0.008 74	-0.001 66	-0.003 26	0.001 52
	(-2.77)	(-3.73)	(-3.54)	(-1.58)	(-0.43)	(-0.50)	(0.28)
w_lnsize	-0.003 08***	-0.003 05***	-0.003 29***	-0.003 16***	-0.001 39	-0.001 37	-0.002 14
	(-7.13)	(-6.56)	(-3.61)	(-3.83)	(-1.47)	(-0.91)	(-1.24)
w_tobinq	0.001 91***	0.001 44***	0.002 58***	0.001 34*	0.009 38***	0.010 5***	0.006 80**
	(4.22)	(3.10)	(2.86)	(1.73)	(4.33)	(2.55)	(2.56)

续表

变量	(1) m1	(2) m1h	(3) m1hh	(4) m1hl	(5) m1l	(6) m1lh	(7) m1ll
state	-0.001 74*	-0.002 42**	0.000 453	-0.004 63**	-0.000 097 9	-0.001 02	0.006 43**
	(-1.87)	(-2.26)	(0.22)	(-2.43)	(-0.06)	(-0.37)	(2.22)
w_assetstock	-0.000 604	-0.002 51	0.004 15	-0.005 56	0.004 00	0.006 83	0.013 6*
	(-0.23)	(-0.85)	(0.63)	(-1.05)	(0.88)	(0.89)	(1.76)
w_opncash	0.024 8***	0.030 6***	0.018 6	0.031 9***	0.013 1	0.022 0	0.012 1
	(4.79)	(4.97)	(1.42)	(3.14)	(1.42)	(1.34)	(0.75)
rate06	-0.001 20*	-0.001 26*	-0.000 109	-0.004 08***	-0.000 776	-0.017 1*	-0.000 151
	(-1.80)	(-1.87)	(-0.08)	(-3.82)	(-0.20)	(-1.86)	(-0.03)
_cons	0.114***	0.112***	0.127***	0.136***	0.064 6**	0.162***	0.068 7
	(11.80)	(10.18)	(3.83)	(6.53)	(2.29)	(2.70)	(1.44)
N	7 956	5 187	1 367	1 729	2 769	922	944
F	21.81	20.12	7.362	8.748	5.689	2.488	2.844
Adj - R^2	0.029 6	0.036 8	0.042 0	0.044 8	0.018 0	0.016 1	0.016 0

注:模型 m1 表示全样本回归;模型 m1h、模型 m1l 分别表示股权分置改革之后组和股权分置改革之前组;模型 m1hh、模型 m1hl 分别表示股权分置改革之后组中市场化进程按照中位数划分为三组中的最高组和最低组;模型 m1lh、模型 m1ll 分别表示股权分置改革之前组中市场化进程按照中位数划分为三组中的最高组和最低组;模型采用稳健聚类公司回归方法;***、**、* 分别表示1%、5%、10%的显著性水平。"—"表示数据缺失。

表 8-20 因变量为投资不足的股权分置改革分组检验二

变量	(1) m2	(2) m2h	(3) m2hh	(4) m2hl	(5) m2l	(6) m2lh	(7) m2ll
x2	0.002 14**	0.002 45**	0.001 39	-0.000 470	0.001 39	-0.000 022 0	0.004 67
	(2.16)	(2.25)	(0.66)	(-0.23)	(0.81)	(-0.01)	(1.22)
gqfz	-0.002 40**	—	—	—	—	—	—
	(-2.29)						

续表

变量	(1) m2	(2) m2h	(3) m2hh	(4) m2hl	(5) m2l	(6) m2lh	(7) m2ll
w_totalindex	-0.000 254	-0.000 102	-0.001 79	-0.000 504	-0.000 387	-0.001 85	-0.000 433
	(-1.14)	(-0.38)	(-0.77)	(-0.54)	(-1.05)	(-1.20)	(-0.29)
w_roe	-0.007 17***	-0.013 4***	-0.030 7***	-0.008 39	-0.001 41	-0.003 27	0.002 35
	(-2.75)	(-3.76)	(-3.55)	(-1.52)	(-0.36)	(-0.51)	(0.43)
w_lnsize	-0.003 05***	-0.003 03***	-0.003 30***	-0.003 20***	-0.001 31	-0.001 36	-0.001 96
	(-7.03)	(-6.48)	(-3.62)	(-3.86)	(-1.39)	(-0.91)	(-1.13)
w_tobinq	0.001 93***	0.001 44***	0.002 56***	0.001 37*	0.009 54***	0.010 6**	0.007 07***
	(4.26)	(3.10)	(2.82)	(1.77)	(4.39)	(2.55)	(2.64)
state	-0.001 72*	-0.002 41**	0.000 454	-0.004 66**	-0.000 086 6	-0.001 02	0.006 45**
	(-1.85)	(-2.25)	(0.22)	(-2.46)	(-0.05)	(-0.37)	(2.20)
w_assetstock	-0.000 594	-0.002 41	0.004 29	-0.006 37	0.003 80	0.006 83	0.013 0*
	(-0.23)	(-0.81)	(0.65)	(-1.20)	(0.83)	(0.89)	(1.67)
w_opncash	0.025 0***	0.030 9***	0.018 8	0.031 8***	0.013 0	0.021 9	0.013 6
	(4.81)	(5.01)	(1.43)	(3.13)	(1.40)	(1.33)	(0.84)
rate06	-0.001 20*	-0.001 26*	-0.000 124	-0.004 12***	-0.000 827	-0.017 1*	-0.000 034 3
	(-1.81)	(-1.87)	(-0.09)	(-3.86)	(-0.22)	(-1.87)	(-0.01)
_cons	0.115***	0.113***	0.127***	0.139***	0.064 5**	0.162***	0.067 1
	(11.89)	(10.29)	(3.83)	(6.69)	(2.29)	(2.69)	(1.41)
N	7 956	5 187	1 367	1 729	2 769	922	944
F	21.25	19.75	7.364	8.398	5.451	2.487	2.614
Adj-R^2	0.029 0	0.036 7	0.042 2	0.043 8	0.017 2	0.016 1	0.014 5

注：模型 m2 表示全样本回归；模型 m2h、模型 m2l 分别表示股权分置改革之后组和股权分置改革之前组；模型 m2hh、模型 m2hl 分别表示股权分置改革之后组中市场化进程按照中位数划分为三组中的最高组和最低组；m2lh、m2ll 分别表示股权分置改革之前组中市场化进程按照中位数划分为三组中的最高组和最低组；模型采用稳健聚类公司回归方法；***、**、* 分别表示 1%、5%、10% 的显著性水平。"—" 表示数据缺失。

从表 8-21 和表 8-22 可知，rate 06 的系数在 1% 的显著性水平上均与 w_underin 负相关，在货币政策紧缩时期，投资不足问题较轻，对债权人的侵害更小。可能的因素是，在货币政策紧缩时期，市场中流动资金有限，资金需求者为了获取信贷资源付出了较高的代价，面对较好的投资项目则更可能会抓住机会获取收益，不太可能出现面临净现值大于零的项目而闲置资金的现象。而在货币政策相对宽松时期，信贷资源的获取相对容易，则更可能发生侵占债权人利益的行为。另外，在模型 m2l 中发现，x2 的系数在 1% 的显著性水平上与 w_underin 正相关，而在模型 m2h 中不显著，表明在货币政策相对宽松时期，行业特征表现得更加明显。同时，在模型 m2lh 中发现，x2 的系数在 1% 的显著性水平上与 w_underin 正相关，而在模型 m2ll 中不显著，这表明，在货币政策相对宽松时期，行业效应在市场化程度更高的地方表现更加明显。

表 8-21　　因变量为投资不足的货币政策分组检验一

变量	(1) m1	(2) m1h	(3) m1hh	(4) m1hl	(5) m1l	(6) m1lh	(7) m1ll
indcycle	0.001 94***	0.001 89*	0.000 745	0.001 82	0.002 91***	0.002 85**	0.002 81
	(2.96)	(1.88)	(0.42)	(1.02)	(3.26)	(2.00)	(1.46)
w_totalindex	-0.000 37*	0.000 19	-0.005 5*	-0.001 1	-0.000 55**	0.000 068 6	0.000 022 5
	(-1.86)	(0.55)	(-1.74)	(-0.86)	(-2.05)	(0.05)	(0.02)
w_roe	-0.007***	-0.015***	-0.038***	-0.006 2	-0.007 9**	-0.013**	-0.006 5
	(-2.79)	(-3.06)	(-3.39)	(-0.82)	(-2.32)	(-2.08)	(-1.08)
w_lnsize	-0.003 1***	-0.002 9***	-0.003 6***	-0.002 7**	-0.003 2***	-0.003 14***	-0.003 76***
	(-7.90)	(-4.49)	(-3.20)	(-2.35)	(-5.37)	(-3.53)	(-3.45)
w_tobinq	0.001 70***	0.002 42***	0.003 62**	0.001 80	0.001 12*	0.001 07	0.000 777
	(4.19)	(3.02)	(2.48)	(1.42)	(1.70)	(0.97)	(0.54)

续表

变量	(1) m1	(2) m1h	(3) m1hh	(4) m1hl	(5) m1l	(6) m1lh	(7) m1ll
state	-0.001 31	-0.001 86	0.001 28	-0.002 99	-0.001 32	-0.001 28	0.000 959
	(-1.47)	(-1.31)	(0.51)	(-1.20)	(-1.03)	(-0.60)	(0.39)
w_assetstock	0.000 216	-0.012 8***	-0.009 92	-0.014 1**	0.006 04*	0.007 92	0.002 48
	(0.08)	(-3.24)	(-1.27)	(-2.02)	(1.73)	(1.40)	(0.35)
w_opncash	0.026 8***	0.033 7***	0.016 2	0.022 6	0.019 7***	0.023 9*	0.020 9
	(5.36)	(3.49)	(0.90)	(1.48)	(2.77)	(1.93)	(1.64)
rate06	-0.001 84***	—	—	—	—	—	—
	(-2.86)	—	—	—	—	—	—
_cons	0.117***	0.102***	0.178***	0.109***	0.107***	0.099 1***	0.117***
	(13.70)	(6.82)	(3.84)	(3.75)	(8.90)	(4.58)	(5.37)
N	8 631	2 714	789	936	3 913	1 297	1 322
F	23.07	14.75	7.209	3.650	9.889	4.997	2.464
Adj-R^2	0.026 9	0.043 0	0.060 7	0.029 8	0.018 7	0.021 4	0.008 27

注：模型 m1 表示全样本回归；模型 m1h、模型 m1l 分别表示货币政策紧缩下和货币政策宽松下的分组；模型 m1hh、模型 m1hl 分别表示货币政策紧缩组中市场化进程按照中位数划分为三组中的最高组和最低组；m1lh、m1ll 分别表示货币政策宽松组中市场化进程按照中位数划分为三组中的最高组和最低组；模型采用稳健聚类公司回归方法；***、**、* 分别表示 1%、5%、10% 的显著性水平。"—" 表示数据缺失。

表 8-22　因变量为投资不足的货币政策分组检验二

变量	(1) m2	(2) m2h	(3) m2hh	(4) m2hl	(5) m2l	(6) m2lh	(7) m2ll
x2	0.002 32**	0.002 01	0.001 34	-0.001 52	0.003 72***	0.005 56***	0.002 09
	(2.39)	(1.37)	(0.51)	(-0.57)	(2.76)	(2.63)	(0.69)
w_totalindex	-0.000 4**	0.000 17	-0.005 5*	-0.000 999	-0.000 6**	0.000 226	0.000 071 2
	(-1.98)	(0.48)	(-1.75)	(-0.81)	(-2.20)	(0.18)	(0.07)

续表

变量	(1) m2	(2) m2h	(3) m2hh	(4) m2hl	(5) m2l	(6) m2lh	(7) m2ll
w_roe	-0.006 9***	-0.015***	-0.039***	-0.005 9	-0.007 6**	-0.013**	-0.005 72
	(-2.77)	(-3.07)	(-3.39)	(-0.80)	(-2.23)	(-2.09)	(-0.96)
w_lnsize	-0.003 1***	-0.002 9***	-0.003 6***	-0.002 8**	-0.003 1***	-0.003 2***	-0.003 7***
	(-7.78)	(-4.45)	(-3.22)	(-2.36)	(-5.24)	(-3.56)	(-3.41)
w_tobinq	0.001 72***	0.002 43***	0.003 60**	0.001 85	0.001 16*	0.000 968	0.000 792
	(4.25)	(3.02)	(2.45)	(1.44)	(1.77)	(0.87)	(0.55)
state	-0.001 29	-0.001 85	0.001 26	-0.003 09	-0.001 24	-0.001 32	0.000 970
	(-1.44)	(-1.30)	(0.50)	(-1.25)	(-0.97)	(-0.62)	(0.39)
w_assetstock	0.000 257	-0.012 9***	-0.009 84	-0.015 3**	0.006 16*	0.008 42	0.001 87
	(0.10)	(-3.27)	(-1.27)	(-2.20)	(1.75)	(1.48)	(0.27)
w_opncash	0.027 0***	0.033 9***	0.016 2	0.022 5	0.020 0***	0.025 2**	0.021 1
	(5.39)	(3.51)	(0.90)	(1.47)	(2.79)	(2.03)	(1.65)
rate06	-0.001 83***	—	—	—	—	—	—
	(-2.85)	—	—	—	—	—	—
_cons	0.118***	0.103***	0.179***	0.112***	0.108***	0.099 3***	0.119***
	(13.79)	(6.93)	(3.89)	(3.85)	(8.93)	(4.57)	(5.44)
N	8 631	2 714	789	936	3 913	1 297	1 322
F	22.33	14.49	7.223	3.521	9.228	5.149	2.260
Adj-R^2	0.026 5	0.042 4	0.060 8	0.029 2	0.017 9	0.024 5	0.006 57

注：模型 m2 表示全样本回归；模型 m2h、模型 m2l 分别表示货币政策紧缩下和货币政策宽松下的分组；模型 m2hh、模型 m2hl 分别表示货币政策紧缩组中市场化进程按照中位数划分为三组中的最高组和最低组；模型 m2lh、模型 m2ll 分别表示货币政策宽松组中市场化进程按照中位数划分为三组中的最高组和最低组；模型采用稳健聚类公司回归方法；***、**、* 分别表示1%、5%、10%的显著性水平。"—"表示数据缺失。

8.3 稳健性检验

本书进行了以下稳健性测试：（1）行业层面的证据，依据每年21个行业共13年的273个样本计算出连续变量的行业均值进行回归，行业生命周期与变异系数 scfo、变异系数 ssales 在1%的显著性水平上正相关；市场化总指数与变异系数在5%的显著性水平上负相关；行业生命周期与投资不足，也在1%的显著性水平上正相关。（2）市场化水平的分指标变量：政府与市场关系指数、非国有经济发展指数、产品市场发育指数、要素市场发育指数、市场中介组织的发育和法律环境指数分别代替市场化总指数进行检验。（3）变量替代（cpi、rate1 分别替换宏观变量等）。（4）防止极端值效应，适当扩大或缩小 winsor 范围。（5）pooling 一般回归分析、中位数回归分析。在稳健性检验后，基本的研究结论是存在的。

8.4 本章小结

通过理论研究与实证研究发现：越是成长性行业，其投资风险性更大，资产替代现象越严重；而成熟期行业和衰退期行业为负，其变异系数更小，资产替代现象相对不严重。市场化程度越高，变异系数越小，资产替代现象越不严重。在市场化程度高的地区，行业特征比较明显。成长性行业与投资不足正相关，投资不足问题越严重，债务代理成本更高；而成熟期和衰退期为负，投资不足问题较少。市场化程度越高，投资不足问题越不严重。

在市场化程度高的地区行业特征仍比较明显。

进一步分析发现，在股权分置改革后，投资风险性降低、资产替代行为减少，更多的是债务融资，相对权益融资具有更大的约束力，加上资本市场相关的政策法规更趋于完善和规范，如《中华人民共和国公司法》或《中华人民共和国证券法》的执行力度加大，对于公司违规处罚的加重，公司误用资源的现象可能降低了。在货币政策紧缩时期，贷款利率越高、资产替代行为越低，可能的因素是此时市场中流动资金有限，银行对资金的使用更加谨慎，审核更加严格，在贷款合约中与信贷需求者签订的合约更加严格，更加明确其使用用途和投资去向，所以在货币政策紧缩时期，其资产替代行为越低。而在货币政策相对宽松时期，贷款利率较低，银行等金融机构拥有较充裕的资源，契约的签订相对于货币政策紧缩时期更容易，可能导致资金需求者发生更多的资产替代行为。在股权分置改革之后，投资不足现象减少，债务代理成本降低；在货币政策紧缩时期，投资不足问题较轻，对债权人利益的侵害更小。

第9章

全书研究结论

本章主要是对全书进行总结，内容包括，研究结论、研究启示、研究的局限性和未来的研究方向。

9.1 研究结论

公司财务和产业组织的交叉融合，是学者们关注的重要领域。本书通过第1~4章的分析，分别为导言、理论溯源、文献述评和制度环境，再通过理论分析与实证分析主要得出以下结论：

第5章的研究发现，相比于成熟期行业和衰退期行业，成长期行业的资产负债率更低，相比于成熟期行业和成长期行业，衰退期行业的资产负债率更高；在市场化程度越高地区的成长期行业对资产负债率的影响越显著。在资产负债率一定的情况下，相比于非成长期行业，成长期行业的债务期限更长，亦即长期债务比例和长期借款比例更高。市场化程度越高地区的公司长期债务比例和长期借款比例越低。市场化程度越高地区的行业特征对债务期限的影响越显著。相对于民营企业，国有企业更能获取债务资源且获取债务的期限更长。本书同时对我国公司终极控制人差异、股权分置改革和货币政策变化做出了进一步分析：中央控股的上市公司其债务率更高、债务期限更长，中央控股的上市公司比地方控股的上市公司能够获得更多的债务资源。行业效应在地方控股上市公司中的市场化程度较高组中更显著。在非成长性行业中，中央控股上市公司和地方控股上市公司具有显著差异。在股权分置改革后，公司债务融资比例增加，股权融资偏好下降，债务融资上升，但在债务融资中，长期债务占总债务的比率下降了。在股权分置改革之前，市场化程度越高的地区行业特征更显著；而在股权分置改革之后，市场化程度分组下的差异并不明显。货币政策处于紧缩时期，贷款利率越高，长期债务比例越低，融资成本的提高降低了对长期债务的获取，此现象在股权分置改革之后更加明显。研究发现，从行业层面在一定程度上支持了戴蒙德（Diamond，1991a）、佛兰乐瑞（Flannery，1986）构建理论模型提出的清算风险等假说。同时，也有助于理解不同行业生命周期对债务融资行为的效应。

　　第6章研究发现，相比于成熟期行业和衰退期行业，成长期行业的商业信用比例更低；商业信用是一种建立在信用基础上的债权债务契约，组织之间信用可靠性在市场化程度较高的地区比在市场化程度较低的地区更高，所以，市场化程度较高地区的公司其商业信用比例可能也较高；在资产负债率一定的情况下，商业信用与银行贷款存在替代效应；依据商业信用融资相对优势假说，相比于成熟期行业和衰退期行业，成长期行业缓解了银行贷款对商业信用的替代效应；银行资源有向大城市和发达地区集中的趋势，市场化程度较高地区的公司加剧了银行贷款对商业信用的替代效应；相对于企业成长性特征，行业特征对债务来源的影响效应更大。在股权分置改革之后，商业信用比例增加，可能的原因是在股权分置改革之后，股权融资偏好有所下降，债务融资比例增加，而长期债务比例下降，商业信用是债务融资的重要部分，大部分属于短期债务，从理论上可知，随着债务融资比例的提高商业信用的比例也会提高。另外，行业效应在股权分置改革之后的市场化程度更低的地区更显著。研究表明，不同行业生命周期对债务来源异质性的构成有重要影响。

第7章分析行业生命周期作用于债务资本成本。生命周期的早期阶段信息不对称比较严重（Petersen and Rajan，1994），清算风险较高的公司会尽量选择期限较长的债务，但面临着贷款利率比较高的风险（Diamond，1991a）等理论分析，通过两阶段模型发现：相比于非成长性行业，成长性行业的利息率更高，债务资本成本更大；相比于非成熟性行业，成熟性行业的利息率更低，债务资本成本更小；衰退期行业的利息率偏高。市场化程度越高的地区行业特征表现得更加明显，市场化更低的地区政府干预可能成为行业特征发挥效用的替代机制。国有企业贷款利率更低，市场化程度较低的地区产权性质特征更明显。进一步分析发现，中央控股的上市公司贷款利息更低，中央控股的上市公司比地方控股的上市公司能够获得更多的贷款优惠。行业效应在地方控股上市公司中的市场化程度较高组中更显著。在股权分置改革之后，债务资本成本呈现增加趋势，可能的原因，一方面，是股权分置改革之后公司趋向于债务融资，需求大于供给可能抬高了债务融资的成本；另一方面，随着资本市场的完善及利率市场化的不断推进，企业债务融资成本也会呈现增加趋势。在股权分置改革之后，成长性行业债务资本成本越高，成熟性行业债务资本成本越低，而在股权分置改革之前并不显著，行业特征在之后更加明显。可能的原因是在股权分置改革之后，我国的资本市场更趋完善，行业特征在信贷配置中发挥更大的作用。在股权分置改革之后市场化程度越低的地区，产权性质仍然在资源配置中具有重要的作用，国有企业贷款成本更低。贷款利率越高，企业支付的贷款成本越高,国家的货币政策在现实中得到有效执行,在一定程度上能够发挥资源配置的作用。在货币紧缩时期,经济形势比较低迷,行业特征的效应更加明显,而在货币政策比较宽松时期,行业特征的效应并不明显,反而产权性质的效应更大,产权性质效应在一定程度上替代了行业特征效应,更能发挥资源配置的效应。而在货币政策比较宽松的时期,信贷资源较多,政府背景的企业可能得到更多照顾,产权性质的效应则被强化。

第8章,对不同行业生命周期影响债务代理成本进行了理论分析,在不同行业的发展阶段,信息不对称存在差异,信息不对称下委托代理问题可能导致资产替代或投资不足等损害债权人利益的行为,有损于公司的整体价值(Jensen and Meckling,1976;Myers,1977),结合斯蒂格利茨和维斯(Stiglitz and Weiss,1981)构建理论模型提出的信贷配给假说等理论提出本书的研究假设,研究发现:成长性行业投资风险性更大,资产替代现象越严重;而成熟期行业和衰退期行业其变异系数更小,资产替代现象相对不严重。市场化程度越高,其投资风险性越小,资产替代现象越不严重;在市场化程度高的地区,行业特征比较明显。成长性行业与投资不足正相关,投资不足问题越严重,债务代理成本更高;而成熟期行业和衰退期行业的投资不足问题较少,债务代理成本相对较低。市场化程度越高,投资不足问题越不严重;在市场化程度高的地区,行业特征仍比较明显。进一步分析发现,在股权分置改革后,投资风险性降低、资产替代行为减少,更多的是债务融资,相对权益融资具有更大的约束力,加上资本市场相关的政策法规更趋于完善和规范,如《中华人民共和国公司法》或《中华人民共和国证券法》的进一步实施,对于公司违规处罚的加重,公司使用资源更趋规范。在货币政策紧缩时期,贷款利率越高、资产替代行为越低,可能的因素是在货币政策紧缩时期,市场中流动资金有限,银行对资金的使用更加谨慎,审核更加严格,在贷款合约中与信贷需求者签订的合约更加严格，更明确其资金的使用用途和投资去向，所以在货币政策紧缩时期，其资产替代行为越低。而在货币政策相对宽松时期，贷款利率较低，银行等金融机构拥有较充裕的资源，契约的签订相对于货币政策紧缩时期更容易，可能导致资金需求者更多地发生资产替代行为。在股权分置改革之后，投资不足现象减少，债务代理成本降低；货币政策紧缩时期，投资不足问题较轻，对债权人的侵害更小。

本书通过对研究主题的分析，丰富了生命周期演化论下不同行业发展阶段作用于债务融资行为的效应机理和理论依据，在一定程度上丰富了战略管理能够作为连接中观行业与微观债务融资行为的理论依据。这明晰了行业生命周期效应在企业价值创造中具有重要性，实现路径之一是行业生命周期效应作用于债务融资行为，体现其价值效应，现实中各会计主体应该重视不同行业的债务资源优化配置，以期能够更好地实现价值最大化。本书发现，成长性较好的行业其债务率不能太高，债务期限也不能过短。行业层面的证据在一定程度上支持了斯蒂格利茨和维斯（Stiglitz and Weiss，1981）、戴蒙德（Diamond，1991a）构建理论模型提出的信贷风险假说和清算风险假说，拓展了行业生命周期、债务内部结构、债务资本成本和债务代理成本等方面的文献。当然，研究也存在一定局限性。总之，本书的研究具有一定的理论意义与实践意义。

9.2 研究启示

通过本书的理论研究与实证研究，得出以下几点启示。

（1）应该重视行业不同发展阶段对于公司主体的重要性。在现实中，很多行业存在貌似繁荣的假象，政府主体和企业主体并没有系统地认识行业自身发展的客观规律,导致其存在误判现象。认识行业发展的客观规律是很重要的,尤其对于政府制定科学的行业发展规划以及企业制定发展战略具有重要的意义。行业的发展有其客观规律,不能人为地将其快速催生或消灭。

(2) 集体性的"误判"带来某些行业的债务率不合理,最终影响了企业主体的价值创造。本书研究发现,相比于其他行业,成长性较好的行业其债务率不能太高,债务期限也不能过短。

(3) 在转轨经济时期,国有经济在国民经济发展中具有重要的作用,仍需加快市场化进程和国有企业改革。市场化程度较高的地区,政府的干预功能较弱化,加快市场化进程有利于市场机制在资源配置中的积极作用。在转轨时期,国有企业在国家经济发展中具有重要的作用,但国有企业也需要进一步改革。

(4) 进一步完善各项法律法规,如《中华人民共和国破产法》,尽管在处置性制度、救济性制度对破产实体、破产程序问题上均作出更加明确、具体的规定,增设了企业重整制度规定以及在有利于保证职工权益等方面都进行了大的制度改进,但是,在实际操作执行时,还是存在制度落实的问题。只有更加明确债务作为破产清算的硬约束,才能更好地发挥债务融资的效用。

(5) 保护债权人权益。在不同的行业发展阶段,对债权人的利益侵占存在差异。基于我国偿债保障机制尚未有效建立,债权人对企业清算的执行成本又太大,就明显增加了债权人的投资风险。为了减少投资风险就需要制定偿债事前保障制度安排与偿债事后保障制度安排。加强偿债事前保障机制的制度安排,表现在建立和完善对债务人的风险评估和信用评价制度、债务期限和债务资金用途的制度、强制性的信息披露制度等方面。加强事后保障机制的制度安排是健全出现偿债危机时对债权的保护措施,主要依赖强制性的法律程序,包括和解、破产清算与重组等措施。偿债保障制度安排的完善及有效实施,是确保债权人权益的重要措施。

9.3 研究的局限性与后续研究方向

本书尽管对行业生命周期影响复杂债务融资行为进行了理论研究与实证研究，并提供了一定的经验证据，但本书还是存在些许不足：行业生命周期划分的概念很难界定，也很难具体划分出准确的阶段，本书主要参考以前学者们的划分方法；行业生命周期一般时间很长，时间跨度还不够长，尚不能准确地描述行业生命周期，但本书相比于其他中文文献时间跨度是比较长的。本书主要讨论了行业的生命周期特征，对于行业的其他特征（如管制等）并没有探讨。由于数据的限制，非上市公司数据（中国工业企业数据库）中缺失变量值较多，本书中的有些结论尚不能用非上市公司数据进行再次验证。在以后的研究中，应该试着刻画一些代理变量并以此更好地验证相关的研究结果。另外，本书中的资产替代变量和投资不足变量的刻画均是参考已有文献，具有一定的合理性，但是这些变量的选取能否很准确地描述债务代理成本，也是作者需要考虑的问题。在后续研究中，作者应该更加深入地分析以上问题，以期研究得到进一步完善。

参考文献

一、中文文献

［1］［美］安德烈·施莱弗（Andrei Shleifer），罗伯特·维什尼（Robert W. Vishny）编著；赵红军译. 掠夺之手——政府病及其治疗［M］. 北京：中信出版社，2004.

［2］巴曙松，刘孝红，牛播坤. 转型时期中国金融体系中的地方治理与银行改革的互动研究［J］. 金融研究，2005（5）：25-37.

［3］［美］保罗·萨缪尔森，威廉·诺德豪斯著. 萧琛译. 经济学（第19版·教材版）［M］. 北京：商务印书馆，2013.

［4］步丹璐，张晨宇. 产权性质、风险业绩和薪酬粘性. 中国会计评论［J］. 2012（3）：325-346.

［5］淳伟德：《中国上市公司股权分置改革效应研究》［J］. 经济管理出版社，2012年版.

［6］丁守海. 股权分置改革效应的实证分析［J］. 经济理论与经济管理，2007（1）：54-59.

［7］段云，国瑶. 政治关系、货币政策与债务结构研究［J］. 南开管理评论，2012（5）：84-94.

［8］樊纲，王小鲁，马光荣. 中国市场化进程对经济增长的贡献［J］. 经济研究，2011（9）：4-16.

［9］樊纲，王小鲁，朱恒鹏. 中国市场化指数［M］. 北京：经济科学出版社，2010.

［10］樊纲，王小鲁，朱恒鹏. 中国市场化指数［M］. 北京：经济科学出版社，2011.

［11］范从来，袁静. 成长性、成熟性和衰退性产业上市公

司并购绩效的实证分析［J］. 中国工业经济，2002（8）：65-72.

［12］方军雄. 所有制、制度环境与信贷资金配置［J］. 经济研究，2007（12）：82-92.

［13］冯根福，吴林江，刘世彦. 我国上市公司资本结构形成的影响因素分析［J］. 经济学家，2000（5）：59-66.

［14］高西有. 中国金融体制的效率评价及改革［J］. 经济与管理研究，2000（6）：36-40.

［15］郭鹏飞，孙培源. 资本结构的行业特征［J］. 经济研究，2003（5）：66-73.

［16］［英］海，莫瑞斯（Hay，A. Morris，J.）著；张维迎等译. 产业经济学与组织（下）［M］. 北京：经济科学出版社，2001.

［17］何维达. 我国衰退产业安全评价及政策研究［M］. 北京：知识产权出版社，2011.

［18］洪锡熙，沈艺峰. 我国上市公司资本结构影响因素的实证分析［J］. 厦门大学学报（哲学社会科学版），2000（3）：114-120.

［19］胡奕明，林文雄，李思琦，谢诗蕾. 大贷款人角色：我国银行具有监督作用吗？［J］. 经济研究，2008（10）：52-64.

［20］胡奕明，谢诗蕾. 银行监督效应与贷款定价——来自上市公司的一项经验研究［J］. 管理世界，2005（5）：27-36.

［21］胡援成. 企业资本结构与效益及效率关系的实证研究［J］. 管理世界，2002（10）：146-152.

［22］黄少安，张岗. 中国上市公司股权融资偏好分析［J］. 经济研究，2001（11）：12-20.

［23］江伟，沈艺峰. 大股东控制、资产替代与债权人保护［J］. 财经研究，2005（12）：95-106.

［24］姜付秀，刘志彪，李焰. 不同行业内公司之间资本结构差异研究［J］. 金融研究，2008（5）：172-185.

[25] 姜付秀,刘志彪. 行业特征、资本结构与产品市场竞争[J]. 管理世界, 2005 (10): 74 – 81.

[26] 蒋琰. 权益成本,债务成本与公司治理:影响差异性研究[J]. 管理世界, 2009 (11): 144 – 155.

[27] 蓝发钦,陈杰. 股权分置改革后中国上市公司大股东的行为特征研究[J]. 华东师范大学学报(哲学社会科学版), 2008 (4): 77 – 83.

[28] 李广子,刘力. 债务融资成本与民营信贷歧视[J]. 金融研究, 2009 (12): 137 – 150.

[29] 李晓西. 中国经济改革30年市场化进程卷[M]. 重庆:重庆大学出版社, 2008.

[30] 李扬,张晓晶,常欣,汤铎铎,李成. 中国主权资产负债表及其风险评估(下)[J]. 经济研究, 2012 (7): 4 – 21.

[31] 李芸达. 产权制度、投资—现金流敏感性与投资效率[D]. 南京大学, 2012.

[32] 廖理等. 股权分置改革与中国资本市场[M]. 北京:商务印书馆, 2012.

[33] 林毅夫,李志赟. 中国的国有企业与金融体制改革[J]. 经济学(季刊), 2005 (3): 913 – 935.

[34] 刘慧凤,杨扬. 公允价值会计信息对银行贷款契约有用吗[J]. 财贸经济, 2012 (1): 57 – 63.

[35] 刘伟. 经济发展和改革的历史性变化与增长方式的根本转变[J]. 经济研究, 2006 (1): 4 – 10.

[36] 柳松. 股权分置下的"股权融资偏好"悖论之诠释[J]. 广东金融学院学报, 2005 (6): 25 – 29.

[37] 陆正飞,辛宇. 上市公司资本结构主要影响因素之实证研究[J]. 会计研究, 1998 (8): 34 – 37.

[38] 吕长江,王克敏. 上市公司资本结构、股利分配及管理股权比例相互作用机制研究[J]. 会计研究, 2002 (3): 39 – 48.

[39][美]梅森·A.卡彭特（Mason A. Carpenter），杰瑞德·桑德斯（Wm. Gerard Sanders）著．战略管理：动态观点[M]．北京：机械工业出版社，2009．

[40] 闵丹，韩立岩．市场结构、行业周期与资本结构[J]．管理世界，2008（2）：82-89．

[41] 朴哲范．上市公司金融效率与监管机制研究[M]．北京：经济管理出版社，2011．

[42] 屈耀辉．中国上市公司资本结构的调整速度及其影响因素[J]．会计研究，2006（6）：56-62．

[43] 佘运久．资本市场的协调发展[M]．北京：中国发展出版社，2001．

[44] 沈根祥，朱平芳．上市公司资本结构决定因素实证分析[J]．数量经济技术经济研究，1999（5）：54-57．

[45] 沈艺峰，肖珉，黄娟娟．中小投资者法律保护与公司权益资本成本[J]．经济研究，2005（6）：115-124．

[46] 沈艺峰．资本结构理论史[M]．北京：经济科学出版社，1999．

[47] 盛勇，程文．风险断桥金融专家点拨[M]．北京：企业管理出版社，1998．

[48] 石晓军，张顺明．经济周期中商业信用与银行借款替代行为研究[J]．管理科学学报，2010（12）：10-22．

[49] 孙铮，刘凤委，李增泉．市场化程度、政府干预与企业债务期限结构[J]．经济研究，2005（5）：52-63．

[50][美]汤普森等著．战略管理：概念与案例[M]．北京：北京大学出版社，2009．

[51] 田满文．中国农业上市公司债务融资效率比较研究[J]．农业经济问题，2009（9）：75-82．

[52] 童盼，陆正飞．负债融资、负债来源与企业投资行为——来自中国上市公司的经验证据[J]．经济研究，2005

(5): 75-84.

[53] 汪群, 丁源, 张阳. 战略管理拓展 [M]. 北京: 科学出版社, 2008.

[54] 王克明, 余洋. 股权分置改革对公司股权融资偏好的影响——以青岛海尔为例 [J]. 管理案例研究与评论, 2010 (6): 449-459.

[55] 魏志华, 王贞洁, 吴育辉, 李常青. 金融生态环境、审计意见与债务融资成本 [J]. 审计研究, 2012 (3): 98-105.

[56] 肖作平, 吴世农. 我国上市公司资本结构影响因素实证研究 [N]. 证券市场导报, 2002 (8): 39-44.

[57] 肖作平. 资本结构影响因素和双向效应动态模型——来自中国上市公司面板数据的证据 [J]. 会计研究, 2004 (2): 36-41.

[58] 谢德仁, 陈运森. 金融生态环境、产权性质与负债的治理效应 [J]. 经济研究, 2009 (5): 118-129.

[59] 阎达五, 耿建新, 刘文鹏. 我国上市公司配股融资行为的实证研究 [J]. 会计研究, 2001 (9): 21-27.

[60] 杨德银. 金融效率论 [M]. 北京: 中国金融出版社, 1999.

[61] 杨兴全, 吴昊旻. 成长性、代理冲突与公司财务政策 [J]. 会计研究, 2011 (8): 40-45.

[62] 杨兴全. 上市公司融资效率问题研究 [M]. 中国财政经济出版社, 2005.

[63] 叶康涛, 陆正飞. 中国上市公司股权融资成本影响因素分析 [J]. 管理世界, 2004 (5): 127-131.

[64] 易行健, 张德常. 不对称信息、简单分类、信贷约束和信贷集中共存 [J]. 财贸经济, 2007 (11): 15-23.

[65] 余明桂, 潘红波. 政府干预、法治、金融发展与国有企业银行贷款 [J]. 金融研究, 2008 (9): 1-22.

[66] 余明桂,潘红波.政治关系、制度环境与民营企业银行贷款[J].管理世界,2008(8):9-21.

[67] 袁淳,荆新,廖冠民.国有公司的信贷优惠:信贷干预还是隐性担保?——基于信用贷款的实证检验[J].会计研究,2010(8):49-54.

[68] 张文魁,袁东明.中国经济改革30年——1978~2008年国有企业卷[M].重庆:重庆大学出版社,2008.

[69] 赵蒲,孙爱英.资本结构与产业生命周期[J].管理工程学报,2005(3):42-46.

[70] 中国证券监督管理委员会编.中国资本市场二十年[M].北京:中信出版社,2012.

[71] 周业安,程栩,郭杰.高管背景特征与资本结构动态调整——国际比较与中国经验[J].经济理论与经济管理,2012(11):11-22.

二、英文文献

[1] Abdel-Khalik A. R. The effect of aggregating accounting reports on the quality of the lending decision: An empirical investigation [J]. Journal of Accounting Research, 1973: 104-138.

[2] Agarwal R., Gort M. The evolution of markets and entry, exit and survival of firms [J]. The Review of Economics and Statistics, 1996: 489-498.

[3] Agarwal R. Technological activity and survival of firms [J]. Economics Letters, 1996, 52(1): 101-108.

[4] Aktas N., E. De Bodt et al. The information content of trade credit [J]. Journal of Banking & Finance, 2012, 36(5): 1402-1413.

[5] Altman E. I. Financial ratios, discriminant analysis and the prediction of corporate bankruptcy [J]. The Journal of Finance, 1968, 23(4): 589-609.

[6] Amit R., Schoemaker P. J. H. Strategic assets and organizational rent. Strategic Management Journal, 1993, 14 (1): 33 -46.

[7] Angelini P., Di Salvo R. and Ferri G. Availability and cost of credit for small businesses: customer relationships and credit cooperatives [J]. Journal of Banking & Finance, 1998, 22 (6): 925 -954.

[8] Ansoff H. I. Corporate Strategy [M]. McGraw - Hill, New York, 1965.

[9] Audretsch D. B. Innovation and industry evolution [M]. Mit Press, 1995.

[10] Baas T., Schrooten M. Relationship banking and SMEs: A theoretical analysis [J]. Small Business Economics, 2006, 27 (2 -3): 127 -137.

[11] Barclay M. J., C. W. Smith et al. On the debt capacity of growth options [J]. Journal of Business, 2006, 79 (1): 37 -59.

[12] Barney J. B. Looking inside for competitive advantage [J]. The Academy of Management Executive, 1995, 9 (4): 49 -61.

[13] Barney J. Firm resources and sustained competitive advantage [J]. Journal of Management, 1991, 17 (1): 99 -120.

[14] Baule R. The Cost of Debt Capital Revisited [R]. Available at SSRN 2045998, 2012.

[15] Baxter N. D. leverage, risk of ruin and the cost of capital [J]. the Journal of Finance, 1967, 22 (3): 395 -403.

[16] Bayus B. L., Kang W. and Agarwal R. Creating Growth in New Markets: A Simultaneous Model of Firm Entry and Price [J]. Journal of Product Innovation Management, 2007, 24 (2): 139 -155.

[17] Berens J. L., Cuny C. J. The capital structure puzzle revisited [J]. Review of Financial Studies, 1995, 8 (4):

1185 – 1208.

[18] Berger A. N., Udell G. F. Relationship lending and lines of credit in small firm finance [J]. Journal of Business, 1995, 68 (3): 351.

[19] Berger A. N., Udell G. F. Some evidence on the empirical significance of credit rationing [J]. Journal of Political Economy, 1992, 100 (5): 1047.

[20] Berger, A. N., G. F. Udell. The economics of small business finance: The roles of private equity and debt markets in the financial growth cycle [J]. Journal of Banking & Finance, 1998. 22 (6 – 8): 613 – 673.

[21] Berkman H., Cole R. A. and Fu L. Expropriation through loan guarantees to related parties: Evidence from China [J]. Journal of Banking and Finance, 2009, 33: 141 – 156.

[22] Bhaskarabhatla A., Klepper S. Latent submarket dynamics and industry evolution: lessons from the US laser industry [J]. Industrial and Corporate Change, 2014: dtt060.

[23] Biais, B., C. Gollier. Trade credit and credit rationing [J]. Review of Financial Studies, 1997, 10 (4): 903 – 937.

[24] Blackwell D. W., Noland T. R. and Winters D. B. The value of auditor assurance: Evidence from loan pricing [J]. Journal of Accounting Research, 1998: 57 – 70.

[25] Boot A. W. A., Thakor A. V. Moral hazard and secured lending in an infinitely repeated credit market game [J]. International Economic Review, 1994: 899 – 920.

[26] Booth, Laurence, Varouj Aivazian, Asli Demirguc – Kunt and Vojislav Maksimovic. Capital structures in developing countries [J]. Journal of Finance, 2001 (56): 87 – 130.

[27] Bradley M., G. Jarell and E. H. Kim. On the Existence of

an Optimal Capital Structure: Theory and Evidence [J]. Journal of Finance, 1984, 39: 857 – 878.

[28] Brander J. T. Lewis. Oligopoly and Financial Structure [J]. American Economic Review, 1986, 76: 956 – 970.

[29] Brandt L., Li H. Bank discrimination in transition economies: ideology, information, or incentives? [J]. Journal of Comparative Economics, 2003, 31 (3): 387 – 413.

[30] Brennan M. J., Schwartz E. S. Corporate income taxes, valuation, and the problem of optimal capital structure [J]. Journal of Business, 1978, 51 (1): 103 – 114.

[31] Buenstorf G. Evolution on the shoulders of giants: entrepreneurship and firm survival in the German laser industry [J]. Review of Industrial Organization, 2007, 30 (3): 179 – 202.

[32] Bulan, Laarni T. and Yan Zhipeng. Tests of the Pecking Order Theory and the Firm Life Cycle [R]. Available at SSRN: http://ssrn.com/abstract = 1347430, 2009, 1 (6).

[33] Burkart M., T. Ellingsen. In – kind finance: A theory of trade credit [J]. American Economic Review, 2004, 94 (3): 569 – 590.

[34] Campello M. Capital Structure and Product Markets Interactions: Evidence From Business Cycles [J]. Journal of Financial Economics, 2003, 68 (3): 353 – 378.

[35] Cefis E., Marsili O. Survivor: The role of innovation in firms' survival [J]. Research Policy, 2006, 35 (5): 626 – 641.

[36] Chen A. H. Recent developments in the cost of debt capital [J]. The Journal of Finance, 1978, 33 (3): 863 – 877.

[37] Chen G., Firth M. and Xu L. Does the type of ownership control matter? Evidence from China's listed companies [J]. Journal of Banking & Finance, 2009, 33 (1): 171 – 181.

[38] Cheung Y. L. , Rau P. R and Stouraitis A. Helping hand or grabbing hand? Central vs. local government shareholders in Chinese listed firms [J]. Review of Finance, 2010, 14 (4): 669 - 694.

[39] Chevalier J. A. Capital Structure and product-market competition-empirical-evidence from the supermarket industry [J]. American Economic Review, 1995, 85 (3): 415 - 435.

[40] Clayton M. J. Debt, investment and product market competition: A note on the limited liability effect [J]. Journal of Banking & Finance, 2009, 33 (4): 694 - 700.

[41] Cole R. A. The importance of relationships to the availability of credit [J]. Journal of Banking & Finance, 1998, 22 (6): 959 - 977.

[42] DeAngelo H. , R. Masulis. Optimal capital structure under corporate and personal taxation [J]. Journal of Financial Economics, 1980, 8: 3 - 29.

[43] Degryse H. , Van Cayseele P. Relationship lending within a bank - based system: Evidence from European small business data [J]. Journal of Financial Intermediation, 2000, 9 (1): 90 - 109.

[44] Demirgüç - Kunt A. , Maksimovic V. Institutions, financial markets, and firm debt maturity [J]. Journal of Financial Economics, 1999, 54 (3): 295 - 336.

[45] Demirguc - Kunt A. , V. Maksimovic. Institutions, financial markets, and firm debt maturity [J]. Journal of Financial Economics , 1999, 54 (3): 295 - 336.

[46] Denis D. J. , The Persistent puzzle of corporate capital structure: Current challenges and new directions [J]. Financial Review, 2012, 47 (4): 631 - 643.

[47] Devos E. , Dhillon U. and Jagannathan M. et al. Why are firms unlevered? [J]. Journal of Corporate Finance, 2012, 18 (3):

664 – 682.

[48] Diamond D. W. Reputation acquisition in debt markets [J]. Journal of Political Economy, 1989, 97 (4): 828 – 862.

[49] Diamond D. W., Debt maturity structure and liquidity risk [J]. The Quarterly Journal of Economics, 1991, 106 (3): 709 – 737.

[50] Diamond D. W., Monitoring and reputation – the choice between bank loans and directly placed debt [J]. Journal of Political Economy, 1991, 99 (4): 689 – 721.

[51] Durand D. Costs of debt and equity funds for business: Trends and problems of measurement [C] //Conference on Research in Business Finance. NBER, 1952: 215 – 262.

[52] Fabbri D., A. M. C. Menichini. Trade credit, collateral liquidation, and borrowing constraints [J]. Journal of Financial Economics, 2010, 96 (3): 413 – 432.

[53] Faccio M. Politically connected firms [J]. American Economic Review, 2006, 96: 369 – 386.

[54] Fama E. F. Efficient capital markets: A review of theory and empirical work [J]. The Journal of Finance, 1970, 25 (2): 383 – 417.

[55] Fama E. F., Jensen M. C. Agency problems and residual claims [J]. Journal of Law and Economics, 1983: 327 – 349.

[56] Fan, Joseph P. H., Twite Garry J. and Titman Sheridan. An international comparison of capital structure and debt maturity choices. AFA 2005 Philadelphia Meetings [R]. Available at SSRN: http: //ssrn. com/abstract =423483, 2011, 10 (4).

[57] Farrar D. E., Farrar D. F., selwyn L. E. E. L. Taxes, corporate financial policy and return to investors [J]. National Tax Journal, 1967: 444 – 454.

[58] Fazzari S., Hubbard R. G. and Petersen B. C. Financing constraints and corporate investment [J]. Brookings Papers on Economic Activity, 1988, 141 – 195.

[59] Fisman R., Estimating the value of political connections [J]. American Economic Review, 2001, 91: 1095 – 1102.

[60] Fisman R., I. Love. Trade credit, financial intermediary development, and industry growth [J]. Journal of Finance, 2003, 58 (1): 353 – 374.

[61] Flannery M. J., Asymmetric information and risky debt maturity choice [J]. The Journal of Finance, 1986, 41 (1): 19 – 37.

[62] Fries S., M. Miller et al. Debt in industry equilibrium [J]. Review of Financial Studies, 1997, 10 (1): 39 – 67.

[63] Gavish B, Kalay A. On the asset substitution problem [J]. Journal of Financial and Quantitative Analysis, 1983, 18 (01): 21 – 30.

[64] Ge Y., J. P. Qiu. Financial development, bank discrimination and trade credit [J]. Journal of Banking & Finance, 2007, 31 (2): 513 – 530.

[65] Giannetti M. Do better institutions mitigate agency problems? Evidence from corporate finance choices [J]. Journal of Financial and Quantitative Analysis, 2003, 38 (1): 185 – 212.

[66] Gilson S. Transaction cost and capital structure choice: Evidences from financially distressed firms [J]. Journal of Finance, 1997, 52 (1): 161 – 196.

[67] Gort M., S. Klepper. Time paths in the diffusion of productInnovations [J]. Economic Journal, 1982, 92 (367): 630 – 653.

[68] Goyal V. K., K. Lehn et al. Growth opportunities and corporate debt policy: The case of the US defense industry [J]. Journal

of Financial Economics, 2002, 64 (1): 35-59.

[69] Graham J. R., C. R. Harvey. The theory and practice of corporate finance: Evidence from the field [J]. Journal of Financial Economics, 2001, 60 (2-3): 187-243.

[70] Guariglia A., S. Mateut Credit channel, trade credit channel, and inventory investment: Evidence from a panel of UK firms [J]. Journal of Banking & Finance, 2006, 30 (10): 2835-2856.

[71] Harhoff D., Körting T. Lending relationships in Germany-empirical evidence from survey data [J]. Journal of Banking & Finance, 1998, 22 (10): 1317-1353.

[72] Harris M., Raviv A. Capital structure and the informational role of debt [J]. The Journal of Finance, 1990, 45 (2): 321-349.

[73] Harris M., A. Raviv. Theory of capital structure [J]. Journal of Finance, 1991, 46 (1): 297-355.

[74] Hirsch Julia, Walz Uwe. Financing decisions along a firm's life-cycle: Debt as a commitment device [R]. Available at SSRN: http://ssrn.com/abstract = 1501153 or http://dx.doi.org/10.2139/ssrn.1501153.2009, 11 (6).

[75] Hovakimian Armen, Gayane Hovakimian and Hassan Tehranian. Determinants of target capital structure [J]. Journal of Financial Economics, 2004, 71: 517-540.

[76] Hyytinen A., Pajarinen M. Is the cost of debt capital higher for younger firms? [J]. Scottish Journal of Political Economy, 2007, 54 (1): 55-71.

[77] Jensen M. C., Meckling W. H. Theory of the firm: Managerial behavior, agency costs and ownership structure [J]. Journal of Financial Economics, 1976, 3 (4): 305-360.

[78] Jensen M. Agency costs of free cash flow, corporate Finance, and takeovers [J]. American Economic Review, 1986 (76): 323-329.

[79] Jõeveer K. What do we know about the capital structure of small firms? [J]. Small Business Economics, 2013, 41 (2): 479-501.

[80] Jovanovic B., MacDonald G. M. The Life cycle of a competitive industry [J]. Journal of Political Economy, 1994: 322-347.

[81] Kale J. R., Noe T. H. Risky debt maturity choice in a sequential game equilibrium [J]. Journal of Financial Research, 1990, 13 (2): 155-65.

[82] Kaplan S. N., Zingales L. Do investment – cash flow sensitivities provide useful measures of financing constraints? [J]. The Quarterly Journal of Economics, 1997, 112 (1): 169-215.

[83] Kaplan S. N., Zingales L. Investment – cash flow sensitivities are not valid measures of financing constraints [J]. The Quarterly Journal of Economics, 2000, 115 (2): 707-712.

[84] Karniouchina E. V., Carson S. J. and Short J. C. et al. Extending the firm vs. industry debate: Does industry life cycle stage matter? [J]. Strategic Management Journal, 2013, 34 (8): 1010-1018.

[85] Kayo E. K., H. Kimura. Hierarchical determinants of capital structure [J]. Journal of Banking & Finance, 2011, 35 (2): 358-371.

[86] Khwaja A. I., Mian A. Dolenders favor politically connected firms? Rent provision in an emerging financial market [J]. Quarterly Journal of Economics, 2005, 120: 1371-1411.

[87] Kim J. B., Simunic D. A. and Stein M. T. et al. Voluntary audits and the cost of debt capital for privately held firms [J]. Contemporary Accounting Research, 2011, 28 (2): 585-615.

[88] Kim J. B. , Song B. Y and Tsui J. S. L. Auditor quality, tenure, and bank loan pricing [R]. 2007 -03 -01) [2010 -08 - 25]. http: //papers. ssrn. com/sol3/papers. cfm, 2007.

[89] Kim Wi Saeng, Eric H. Sorensen. Evidence on the impact of the agency costs of debt on corporate debt policy [J]. The Journal of Financial and Quantitative Analysis, 1986: 131 -144.

[90] Klepper S. , Graddy E. The evolution of new industries and the determinants of market structure [J]. The RAND Journal of Economics, 1990: 27 -44.

[91] Klepper S. Entry, exit, growth and innovation over the product life cycle [J]. The American Economic Review, 1996: 562 -583.

[92] Korajczyk R. , Levy A. Capital structure choice: Macroeconomic conditions and financial constraints [J]. Journal of Financial Economics, 2003 (68): 75 -109.

[93] La Porta R. , Lopez - de - Silanes F. and Shleifer A. et al. Law and finance [J]. Journal of Political Economy, 1998, 106: 1113 -1155.

[94] La Porta R. , Lopez - de - Silanes F. and Shleifer A. Government ownership of banks [J]. The Journal of Finance, 2002, 57 (1): 265 -301.

[95] Machauer A. , Weber M. Bank behavior based on internal credit ratings of borrowers [J]. Journal of Banking & Finance, 1998, 22 (10): 1355 -1383.

[96] MacKay P. , G. M. Phillips. How does industry affect firm financial structure? [J]. Review of Financial Studies, 2005, 18 (4): 1433 -1466.

[97] Maksimovic V. , J. Zechner. Debt, agency costs and industry equilibrium [J]. Journal of Finance, 1991, 46 (5): 1619 -

1643.

[98] Maksimovic V. Capital structure in repeated oligopolies [J]. Rand Journal of Economics, 1988, 19 (3): 389 –407.

[99] Malerba Franco. Innovation and the evolution of industries [J]. Journal of Evolutionary Economics, 2006, 16 (1): 3 –23.

[100] Mansi S. A., Maxwell W. F. and Miller D. P. Does auditor quality and tenure matter to investors? Evidence from the bond market [J]. Journal of Accounting Research, 2004, 42 (4): 755 –793.

[101] McGahan A. M., Porter M. E. How much does industry matter, really? Strategic Management Journal, 1997, 18 (SUMMER): 15 –30.

[102] Mian S. L., C. W. Smith. Accounts receivable management policy – theory and evidence [J]. Journal of Finance, 1992, 47 (1): 169 –200.

[103] Miguel Alberto de, Pindado Julio. Determinants o f capital structure: New evidence from Spanish panel data [J]. Journal of Corporate Finance, 2001, 7 (1): 77 – 99.

[104] Misangyi V. F., Elms H. and Greckhamer T. et al. A new perspective on a fundamental debate: A multilevel approach to industry, corporate, and business unit effects [J]. Strategic Management Journal, 2006, 27 (6): 571 –590.

[105] Modigliani F., Miller M. H. Corporate income taxes and the cost of capital: A correction [J]. The American Economic Review, 1963, 53 (3): 433 –443.

[106] Modigliani Franco, Merton H. Miller. The cost of capital, corporation finance and the theory of investment [J]. American Economic Review, 1958, 48 (3): 261 –297.

[107] Myers S. C. The capital structure puzzle [J]. The Journal of Finance, 1984, 39 (3): 574 –592.

[108] Myers S., N. Majluf. Corporate financing and investment decisions when firms have information that investors do not have [J]. Journal of Financial Economics, 1984, 13: 187-221.

[109] Myers S. C. Determinants of corporate borrowing [J]. Journal of Financial Economics, 1977, 5 (2): 147-175.

[110] Nelson R. R., Winter S. G. An evolutionary theory of economic change [M]. Harvard University Press, 1982.

[111] Nelson R. R., Winter S. G. Evolutionary theorizing in economics [J]. The Journal of Economic Perspectives, 2002, 16 (2): 23-46.

[112] Nilsen J. H. Trade credit and the bank lending channel [J]. Journal of Money Credit and Banking, 2002, 34 (1): 226-253.

[113] Opler T. C., S. Titman. Financial distress and corporate performance [J]. Journal of Finance, 1994, 49 (3): 1088-1089.

[114] Parrino R., Weisbach M. S. Measuring investment distortions arising from stockholder-bondholder conflicts [J]. Journal of Financial Economics, 1999, 53 (1): 3-42.

[115] Pavitt K. Sectoral patterns of technical change: Towards a taxonomy and a theory [J]. Research policy, 1984, 13 (6): 343-373.

[116] Petersen M. A., Rajan R. G. The benefits of lending relationships: Evidence from small business data [J]. The journal of finance, 1994, 49 (1): 3-37.

[117] Petersen M. A., R. G. Rajan. The Effect of credit market competition on lending relationships [J]. Quarterly Journal of Economics, 1995, 110 (2): 407-443.

[118] Petersen M. A., R. G. Rajan. Trade credit: Theories and evidence [J]. Review of Financial Studies, 1997, 10 (3): 661-691.

[119] Pittman J. A. , Fortin S. Auditor choice and the cost of debt capital for newly public firms [J]. Journal of Accounting and Economics, 2004, 37 (1): 113 –136.

[120] Porter M. E. Competitive strategies [M]. New York, Free Press, 1980.

[121] Rajan R. G. , L. Zingales. What do we know about capital structure – some evidence from international data [J]. Journal of Finance , 1995, 50 (5): 1421 –1460.

[122] Richardson S. Over – investment of free cash flow [J]. Review of Accounting Studies, 2006, 11 (2 –3): 159 –189.

[123] Robb, Alicia and Robinson, David T. The capital structure decisions of new firms [R]. Available at SSRN: http: //ssrn. com/abstract =1345895. 2009, 2 (11).

[124] Rotemberg, J. J. , D. S. Scharfstein. Shareholder – value maximization and product – market competition [J]. Review of Financial Studies, 1990, 3 (3): 367 –391.

[125] Rothaermel F. T. , Hill C. W. L. Technological discontinuities and complementary assets: A longitudinal study of industry and firm performance [J]. Organization Science, 2005, 16 (1): 52 –70.

[126] Sapienza P. The effects of government ownership on bank lending [J]. Journal of Financial Economics , 2004, 72: 357 –384.

[127] Schumpeter J. A. The Theory of Economic Development: An inquiry into profits, capital, credit, interest, and the business cycle (1912/1934) [M]. Transaction Publishers, 1982.

[128] Smith Jr C. W, Warner J. B. On financial contracting: An analysis of bond covenants [J]. Journal of Financial Economics, 1979, 7 (2): 117 –161.

[129] Smith Jr C. W. , Watts R. L. The investment opportunity

set and corporate financing, dividend, and compensation policies [J]. Journal of Financial Economics, 1992, 32 (3): 263 -292.

[130] Sosa M. L. Application - specific R&D capabilities and the advantage of incumbents: Evidence from the anticancer drug market [J]. Management Science, 2009, 55 (8): 1409 -1422.

[131] Stiglitz J. E., Weiss A. Credit rationing in markets with imperfect information [J]. The American Economic Review, 1981: 393 -410.

[132] Stiglitz J. E. On the irrelevance of corporate financial policy [J]. American Economic Review, 1974, 64 (6): 851 -866.

[133] Strebulaev I. A., Yang B. The mystery of zero-leverage firms [J]. Journal of Financial Economics, 2013, 109 (1): 1 -23.

[134] Suárez F. F. Utterback J. M. Dominant designs and the survival of firms [J]. Strategic Management Journal, 1995, 16 (6): 415 -430.

[135] Taylor A., Helfat C. E. Organizational linkages for surviving technological change: Complementary assets, middle management, and ambidexterity [J]. Organization Science, 2009, 20 (4): 718 -739.

[136] Titman S., R. Wessels. The determinants of capital structure choice [J]. Journal of Finance, 1988 (43): 1 -19.

[137] Wernerfelt B. A resource-based view of the firm [J]. Strategic Management Journal, 1984, 5 (2): 171 -180.